新文科·新传媒·新形态 精品系列

直播
营销基础与实务

AIGC版

陈玉 袁银凤 孙志权◎主编

孔晓波 蔡秋婷 解素敏◎副主编

人民邮电出版社

北 京

图书在版编目（CIP）数据

直播营销基础与实务：AIGC版 / 陈玉，袁银凤，孙志权主编. -- 北京：人民邮电出版社，2025. --（新文科·新传媒·新形态精品系列教材）. -- ISBN 978-7-115-67191-2

Ⅰ. F713.365.2

中国国家版本馆 CIP 数据核字第 2025FX7568 号

内 容 提 要

　　随着人工智能技术的迅速发展，AIGC将推动直播行业不断向智能化、个性化方向发展。本书将AIGC深度融入直播营销，详细介绍AIGC在直播营销前期筹备、直播内容创作、主播人设打造、选品排品、引流推广和数据分析等方面的应用。全书共10章，前7章为理论篇，后3章为实战篇。其中理论篇主要介绍直播营销的基础知识，包括直播营销概述，直播营销前期筹备，主播的打造与管理，AI直播与数字人主播，直播商品规划，直播流量与用户运营，以及直播营销活动执行与复盘。实战篇以抖音、淘宝和微信视频号等主流的直播营销平台为例，详细介绍直播营销全流程的具体操作，让读者在学习直播营销知识的同时提高实际操作能力。

　　本书既可作为网络与新媒体、电子商务、市场营销等专业相关课程的教材，也可作为直播行业从业者、市场营销人员、内容创作者等提升直播营销水平和AIGC应用技能的参考用书。

◆ 主　　编　陈　玉　袁银凤　孙志权

　　副 主 编　孔晓波　蔡秋婷　解素敏

　　责任编辑　林明易

　　责任印制　陈　犇

◆ 人民邮电出版社出版发行　　北京市丰台区成寿寺路 11 号

　　邮编　100164　电子邮件　315@ptpress.com.cn

　　网址　https://www.ptpress.com.cn

　　涿州市京南印刷厂印刷

◆ 开本：787×1092　1/16

　　印张：13.75　　　　　　　　2025 年 7 月第 1 版

　　字数：284 千字　　　　　　2025 年 7 月河北第 1 次印刷

定价：56.00 元

读者服务热线：(010)81055256　印装质量热线：(010)81055316

反盗版热线：(010)81055315

AIGC（Artificial Intelligence Generated Content，人工智能生成内容）的兴起与广泛应用是AI（Artificial Intelligence，人工智能）技术在内容创作领域的一次重大突破和创新。从简单的文本、图片生成，到复杂的音乐、视频生成，3D模型创作，乃至虚拟人物、场景的创造，AIGC在不断拓宽内容创作的边界，并深刻改变了内容的创作方式。在直播营销领域，AIGC不仅可以自动化生成高质量、个性化、贴合用户需求的营销内容，还可以赋能主播成长、直播间打造、选品、宣传引流和数据分析等方面。这既能降低直播营销团队的营销成本，又能提高直播营销的效率，增强直播营销的效果。

党的二十大报告明确提出："必须坚持科技是第一生产力、人才是第一资源、创新是第一动力，深入实施科教兴国战略、人才强国战略、创新驱动发展战略，开辟发展新领域新赛道，不断塑造发展新动能新优势。"AIGC在直播营销领域的广泛应用，不仅推动直播行业的转型升级，还为我国经济的高质量发展注入新的动力。作为直播营销领域的相关从业人员，要紧跟时代发展潮流，与时俱进，主动学习并了解AIGC的应用场景，掌握AIGC工具的使用方法和技巧，切实提升自身在直播营销领域的专业素养，为建设科技强国、教育强国贡献力量。

为了让读者更加全面、系统地学习AIGC在直播营销领域的应用，我们精心策划并编写了本书。

一、本书内容

本书共10章，各章具体内容如下。读者在学习过程中要循序渐进，注重理论与实践的结合，以便更好地掌握本书内容。

- **第1章**：主要讲解直播营销的基础知识，包括直播的发展历程、变现模式，直播营销的优势、常见形式、发展趋势和产业链，直播平台，直播营销规范（法律法规、禁忌行为），以及直播营销新职业。
- **第2章**：主要讲解直播营销前期筹备的相关知识，包括直播营销基本流程，组建直播营销团队，策划直播营销内容和搭建直播间。
- **第3章**：主要讲解主播的打造与管理的相关知识，包括主播人设的打造，主播的形象管理，主播个人素质的培养，主播核心能力的培养，以及合作主播的选择。
- **第4章**：主要讲解AI直播与数字人主播的相关知识，包括AI直播的优势、核心技术，数字人主播的概念、特点、类型和生成工具，以及使用腾讯智影开启数字人直播的具体操作。

前言

- **第5章**：主要讲解直播商品规划的相关知识，包括直播选品、直播商品定价和直播商品管理。
- **第6章**：主要讲解直播流量与用户运营的相关知识，包括直播流量的类型、机制，以及直播引流策略和直播用户运营。
- **第7章**：主要讲解直播营销活动执行与复盘的相关知识，包括直播营销话术设计、直播控场和直播复盘。
- **第8章**：主要讲解抖音直播营销实战的知识和技能，根据直播营销的基本流程进行抖音直播营销实战，涵盖直播策划、执行与复盘等环节。
- **第9章**：主要讲解淘宝直播营销实战的知识和技能，根据直播营销的基本流程进行淘宝直播营销实战，以掌握淘宝直播玩法，结合店铺运营，打造高效转化的直播场景。
- **第10章**：主要讲解微信视频号直播营销实战的知识和技能，根据直播营销的基本流程进行微信视频号直播营销实战，融合社交与内容营销，促进商品销售。

二、本书特色

本书具有以下特色。

（1）内容全面，融入AIGC。本书全面围绕支撑直播营销活动的各项内容展开，包括开播筹备、商品规划、引流推广、直播话术设计、直播执行、直播复盘等，循序渐进、层层深入，可以使读者全方位了解直播营销的知识和技能。此外，在详细介绍直播营销知识和技能的同时，本书还详细阐述AIGC在直播营销各个环节的具体应用。

（2）案例丰富，深化理解。本书前7章不仅在每章开篇利用"引导案例"引入章节内容，还在理论知识讲解过程中穿插"案例在线"板块，通过案例深入剖析直播营销的策略、方法和技巧。读者可以通过案例学习如何提升直播营销效果，规避直播营销的风险。

（3）着重实践，知行合一。本书注重理论与实践的结合，在前7章设置了"课堂讨论""课堂活动""课堂实训"和"课后练习"板块，还在最后3章详细讲解抖音直播营销、淘宝直播营销和微信视频号直播营销的操作。通过这些实践训练，读者可以将所学知识转化为实际操作能力，真正做到知行合一。

（4）立德树人，提升素养。本书前7章不仅在章首页的"学习目标"中添加与职业素养有关的目标，还在正文中设置"素养课堂"板块，包含党的二十大精神、职业道德、法律法规等内容，帮助读者提高个人素养。

三、本书使用指南

（1）本书 AIGC 内容的重点解读

市面上关于直播营销的书籍众多。本书的独特之处在于：带领读者深入探索 AIGC 在直播营销全流程中的应用，从直播前的策划、内容创作、引流预热，到直播中的主播表现、互动环节，再到直播后的数据分析、复盘优化，每一个环节都有 AIGC 的身影，具体如图 1 所示。

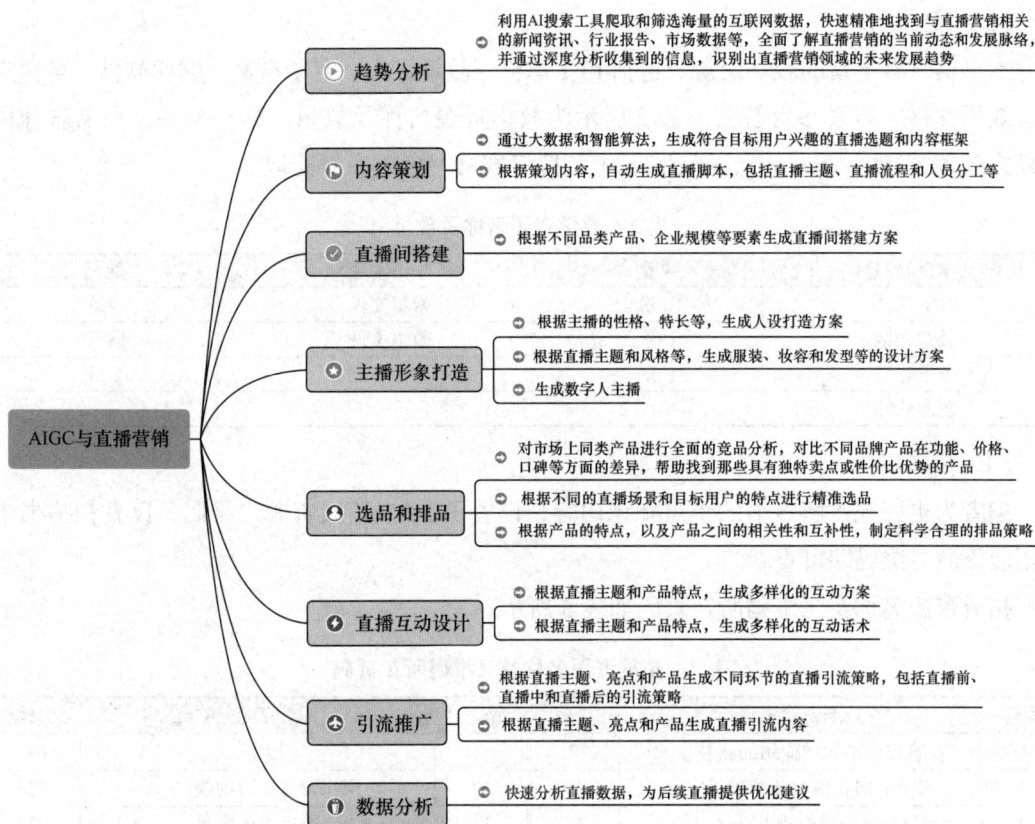

图 1　本书 AIGC 内容的重点解读

（2）学时安排

本书作为教材使用时，建议安排 48 学时。其中，理论部分可安排 24 学时，实训部分可安排 24 学时，各章的学时安排如表 1 所示。

表 1　各章的学时安排

章节	章标题	理论学时	实训学时	章节	章标题	理论学时	实训学时
第1章	直播营销概述	3	2	第6章	直播流量与用户运营	3	2
第2章	直播营销前期筹备	4	2	第7章	直播营销活动执行与复盘	4	3
第3章	主播的打造与管理	4	2	第8章	抖音直播营销实战	—	3
第4章	AI直播与数字人主播	3	2	第9章	淘宝直播营销实战	—	3
第5章	直播商品规划	3	2	第10章	微信视频号直播营销实战	—	3

（3）教学资源

本书提供有丰富的教学资源，包括PPT课件、教学大纲、电子教案、题库软件、素材文件、效果文件，以及参考答案。表2所示为教学资源名称及数量。如有需要，用书教师可登录人邮教育社区（www.ryjiaoyu.com），搜索本书书名或书号获取。

表 2　教学资源名称及数量

教学资源名称	数量	教学资源名称	数量
PPT课件	10份	素材文件	14个
教学大纲	1份	效果文件	18个
电子教案	1份	参考答案	2份
题库软件	1个	—	—

（4）拓展资源

编者为更好地讲解本书的重点知识内容，设置了20个拓展资源二维码，读者扫描书中的拓展资源二维码即可查看。

拓展资源名称及二维码所在页码如表3所示。

表 3　拓展资源名称及二维码所在页码

编号	拓展资源名称	页码	编号	拓展资源名称	页码
1	直播营销领域应用的新技术	7	11	压力测试	68
2	《互联网直播服务管理规定》	10	12	用作发音练习的绕口令	73
3	《网络直播营销管理办法（试行）》	10	13	李敏个人资料	81
4	《网络主播行为规范》	11	14	才华与魅力并存的带货主播	83
5	《互联网营销师国家职业技能标准》	17	15	洛天依直播带货案例	101
6	波司登直播营销案例	21	16	直播引流封面图示例	128
7	组建直播营销团队注意事项	26	17	直播引流海报示例	129
8	FAB法则	36	18	镜号、景别和拍摄方式	130
9	色彩心理学	65	19	衣物清洁剂详细信息	164
10	心理承受能力测试	67	20	直播复盘案例	169

（5）微课视频

编者为本书的重点知识内容录制了配套的微课视频，读者扫描书中的微课视频二维码即可观看。

微课视频名称及二维码所在页码如表4所示。

表4　微课视频名称及二维码所在页码

章节	微课视频名称	页码	章节	微课视频名称	页码
1.6 实训1	使用AI搜索工具探索直播营销的发展	19	8.1	使用豆包规划直播营销内容	170
1.6 实训2	调研直播营销新职业有关岗位	20	8.4	使用豆包生成直播脚本和话术	174
2.5 实训1	使用通义设计直播互动策划方案	52	8.5	策划直播引流方案并制作宣传物料	176
2.5 实训2	使用讯飞星火生成整场直播脚本	53	9.3	为直播商品进行定价和排品	186
2.5 实训3	使用抖音直播伴侣搭建虚拟直播间	55	9.4	使用通义策划直播营销方案	188
3.6 实训1	使用文心一言打造健身主播人设	81	9.5	使用通义生成直播脚本和营销话术	188
3.6 实训2	使用豆包为健身主播设计妆发与着装方案	82	9.6	使用通义创建智能体并生成直播引流文案	191
4.4 实训1	利用豆包生成数字人主播打造方案	99	9.7	使用创客贴AI生成直播预告封面图	192
4.4 实训2	利用腾讯智影生成数字人形象	100	10.1	开通微信视频号直播并开启带货功能	196
5.4 实训2	使用智谱清言生成直播排品方案	120	10.4	使用文心一言生成排品方案	199
6.4 实训2	使用创客贴AI设计直播引流海报和小红书笔记封面图	140	10.5	使用文心一言策划直播营销方案	200
7.4 实训1	使用通义创建AI智能体并生成直播营销话术	164	10.6	使用文心一言生成直播脚本和营销话术	201
7.4 实训2	处理上错产品链接的直播突发事件	166	10.7	生成直播引流文案并制作宣传物料	203

（6）效果预览

编者为更好地展示实训案例的完成效果，设置了6个效果预览二维码，读者扫描书中的效果预览二维码即可查看。

效果预览名称及二维码所在页码如表 5 所示。

表 5　效果预览名称及二维码所在页码

编号	效果预览名称	页码
1	直播互动策划方案	53
2	李敏人设打造方案	81
3	李敏的妆发与着装方案	82
4	数字人主播打造方案	99
5	直播商品详细信息	120
6	直播排品方案	121

四、编者留言

本书由陈玉、袁银凤、孙志权担任主编，孔晓波、蔡秋婷、解素敏担任副主编。由于编者水平有限，书中难免存在不足之处，敬请广大读者、专家批评指正。

编　者

2025 年 6 月

第 1 章

直播营销概述 / 1

1.1 初识直播 / 2
1.1.1 直播的发展历程 / 2
1.1.2 直播的变现模式 / 3

1.2 初识直播营销 / 4
1.2.1 直播营销的优势 / 4
1.2.2 直播营销的常见形式 / 5
案例在线：京东携手多乐士开启工厂直播 / 5
1.2.3 直播营销的发展趋势 / 6
1.2.4 直播营销的产业链 / 7

1.3 直播平台 / 8
1.3.1 传统电商平台 / 8
1.3.2 社交媒体平台 / 8
1.3.3 兴趣电商平台 / 9

1.4 直播营销规范 / 10
1.4.1 直播营销法律法规 / 10
1.4.2 直播营销禁忌行为 / 11
案例在线：某护肤品品牌因直播虚假宣传
    被罚 / 12
1.4.3 直播平台规则 / 13

1.5 直播营销新职业 / 15
1.5.1 网络主播 / 15
1.5.2 互联网营销师 / 16
1.5.3 用户增长运营师 / 17
1.5.4 全媒体运营师 / 17
1.5.5 生成式人工智能系统应用员 / 18

1.6 课堂实训 / 19
实训 1 使用 AI 搜索工具探索直播营销的
    发展 / 19
实训 2 调研直播营销新职业有关岗位 / 20

1.7 本章总结 / 21

1.8 课后练习 / 21

第 2 章

直播营销前期筹备 / 22

2.1 直播营销基本流程 / 23
2.1.1 直播营销策划筹备 / 23
2.1.2 直播营销实施执行 / 24
2.1.3 直播营销后期传播 / 24
2.1.4 直播营销复盘 / 25

2.2 组建直播营销团队 / 25
2.2.1 直播营销团队人员配置 / 25
2.2.2 直播营销团队组建方案 / 26

2.3 策划直播营销内容 / 27
2.3.1 直播选题策划 / 27
2.3.2 直播互动策划 / 29
案例在线：科沃斯别出心裁的周年庆
    直播 / 32
2.3.3 直播促销策划 / 32
2.3.4 直播脚本策划 / 34
2.3.5 AIGC 辅助直播营销内容策划 / 37

2.4 搭建直播间 / 43
2.4.1 直播设备及物料的配置 / 43
2.4.2 直播场地的选择 / 46
2.4.3 直播场地的布置 / 47
2.4.4 虚拟直播间的搭建 / 50
案例在线：淘宝服饰携手华裳格打造中式
    美学秀场直播间 / 51

2.5 课堂实训 / 52
实训 1 使用通义设计直播互动策划
    方案 / 52
实训 2 使用讯飞星火生成整场直播
    脚本 / 53
实训 3 使用抖音直播伴侣搭建虚拟
    直播间 / 55

2.6 本章总结 / 56

目录

2.7　课后练习 / 56

第 3 章
主播的打造与管理 / 57

3.1　主播人设的打造 / 58
　　3.1.1　主播人设的定位 / 58
　　3.1.2　主播人设的渲染 / 60
　　案例在线：深度解析专业健身主播人设
　　　　　　的塑造 / 62

3.2　主播的形象管理 / 62
　　3.2.1　形象管理的原则 / 63
　　3.2.2　妆发打造和着装搭配 / 64
　　3.2.3　镜头感的管理 / 66

3.3　主播个人素质的培养 / 67
　　3.3.1　心理素质 / 67
　　3.3.2　心态管理 / 68
　　3.3.3　情绪管理 / 69
　　3.3.4　文化修养 / 70
　　3.3.5　道德素养 / 72

3.4　主播核心能力的培养 / 73
　　3.4.1　语言表达能力 / 73
　　3.4.2　控场能力 / 73
　　3.4.3　团队协作能力 / 74
　　3.4.4　随机应变能力 / 75
　　3.4.5　创新能力 / 75
　　案例在线：京剧演员化身主播收获众多
　　　　　　粉丝 / 76

3.5　合作主播的选择 / 77
　　3.5.1　主播层级划分 / 77
　　3.5.2　寻找合作主播的有效渠道 / 78
　　3.5.3　筛选与评估主播的关键指标 / 79

3.6　课堂实训 / 80

　　实训 1　使用文心一言打造健身主播
　　　　　　人设 / 80
　　实训 2　使用豆包为健身主播设计妆发与
　　　　　　着装方案 / 82

3.7　本章总结 / 83
3.8　课后练习 / 83

第 4 章
AI 直播与数字人主播 / 84

4.1　AI 直播 / 85
　　4.1.1　AI 直播的优势 / 85
　　4.1.2　AI 直播的核心技术 / 86
　　案例在线：居然之家利用 AI+3D 技术
　　　　　　赋能家居卖场直播 / 91

4.2　数字人主播 / 91
　　4.2.1　数字人主播的概念和特点 / 91
　　4.2.2　数字人主播的类型 / 92
　　4.2.3　生成数字人主播的工具 / 94

4.3　使用腾讯智影开启数字人直播 / 95
　　4.3.1　数字人直播功能介绍 / 95
　　4.3.2　制作直播节目 / 95
　　4.3.3　串联直播节目 / 96
　　4.3.4　开启直播 / 97
　　案例在线：蒙牛数字人主播"奶思"助力
　　　　　　直播营销 / 98

4.4　课堂实训 / 98
　　实训 1　利用豆包生成数字人主播打造
　　　　　　方案 / 98
　　实训 2　利用腾讯智影生成数字人
　　　　　　形象 / 100

4.5　本章总结 / 101
4.6　课后练习 / 101

第5章

直播商品规划 / 102

5.1 直播选品 / 103
5.1.1 直播选品的定义与原则 / 103
5.1.2 直播选品的渠道 / 105
5.1.3 直播选品的策略 / 106
5.1.4 AI 辅助直播选品 / 108
案例在线：某直播间因选品违规被
　　　　罚款 / 109

5.2 直播商品定价 / 110
5.2.1 直播商品的定价因素 / 110
5.2.2 直播商品的定价策略 / 112

5.3 直播商品管理 / 115
5.3.1 直播商品功能划分 / 115
5.3.2 直播排品策略 / 117
案例在线：花卉绿植带货直播间灵活的
　　　　商品配置 / 118

5.4 课堂实训 / 119
实训1 在抖音精选联盟完成直播
　　　选品 / 119
实训2 使用智谱清言生成直播排品
　　　方案 / 120

5.5 本章总结 / 122
5.6 课后练习 / 122

第6章

直播流量与用户运营 / 123

6.1 直播流量概述 / 124
6.1.1 直播流量的类型 / 124
6.1.2 直播流量机制 / 126

6.2 直播引流 / 127

6.2.1 直播引流内容的策划 / 127
6.2.2 直播前引流策略 / 130
案例在线：顾家家居"热爱你的热爱"
　　　　直播营销活动 / 132
6.2.3 直播中引流策略 / 132
6.2.4 直播后引流策略 / 133

6.3 直播用户运营 / 133
6.3.1 直播用户概述 / 134
6.3.2 构建直播用户画像 / 134
6.3.3 直播用户的管理与维护 / 135

6.4 课堂实训 / 138
实训1 使用宙语 Cosmos AI 生成直播
　　　引流文案 / 138
实训2 使用创客贴 AI 设计直播引流
　　　海报和小红书笔记封面图 / 140

6.5 本章总结 / 143
6.6 课后练习 / 143

第7章

直播营销活动执行与复盘 / 144

7.1 直播营销话术设计 / 145
7.1.1 直播营销话术的类型和设计
　　　要点 / 145
7.1.2 不同品类产品营销话术的设计 / 149
案例在线：森马服饰直播间令人着迷的
　　　　营销话术 / 150
7.1.3 AI 智能体辅助撰写直播营销
　　　话术 / 151

7.2 直播控场 / 152
7.2.1 把控直播节奏 / 152
7.2.2 调节直播气氛 / 153
案例在线：老板电器直播间热闹氛围的
　　　　营造 / 154

目录

7.2.3　应对突发事件 / 155

7.3　直播复盘 / 156

　7.3.1　直播复盘的基本思路 / 156

　7.3.2　直播复盘的具体内容 / 157

　7.3.3　直播营销数据分析 / 159

7.4　课堂实训 / 164

　实训 1　使用通义创建 AI 智能体并生成
　　　　　直播营销话术 / 164

　实训 2　处理上错产品链接的直播突发
　　　　　事件 / 166

　实训 3　为某女装服饰直播间分析直播
　　　　　营销数据 / 167

7.5　本章总结 / 169

7.6　课后练习 / 169

第 8 章

抖音直播营销实战 / 170

8.1　使用豆包规划直播营销内容 / 170

8.2　搭建直播间 / 171

8.3　直播商品规划 / 172

8.4　使用豆包生成直播脚本和话术 / 174

**8.5　策划直播引流方案并制作宣传
　　　物料 / 176**

8.6　设置抖音直播间并开播 / 179

8.7　抖音直播数据分析 / 180

第 9 章

淘宝直播营销实战 / 183

9.1　搭建直播间 / 183

9.2　挑选直播商品 / 184

9.3　为直播商品进行定价和排品 / 186

9.4　使用通义策划直播营销方案 / 188

**9.5　使用通义生成直播脚本和营销
　　　话术 / 188**

**9.6　使用通义创建智能体并生成直播
　　　引流文案 / 191**

**9.7　使用创客贴 AI 生成直播预告
　　　封面图 / 192**

9.8　设置直播间并开播 / 193

9.9　淘宝直播数据分析 / 194

第 10 章

微信视频号直播营销实战 / 196

**10.1　开通微信视频号直播并开启带货
　　　　功能 / 196**

10.2　搭建直播间 / 197

10.3　挑选直播商品 / 198

10.4　使用文心一言生成排品方案 / 199

**10.5　使用文心一言策划直播营销
　　　　方案 / 200**

**10.6　使用文心一言生成直播脚本和
　　　　营销话术 / 201**

**10.7　生成直播引流文案并制作宣传
　　　　物料 / 203**

**10.8　设置微信视频号直播间
　　　　并开播 / 206**

10.9　微信视频号直播数据分析 / 207

第1章
直播营销概述

　　直播指网络直播，是一种以直播平台为载体，以视频直播为主要形式，对现场正在发生、发展的事件进行同步播放和双向互动的网络传播方式。与图文内容相比，直播具有更加直观的场景表现力，便于主播与用户进行"面对面"的实时互动，从而快速建立产品与用户之间的连接。当下，直播发展迅速，不仅成为人们重要的交流方式，也成为个人和企业实现产品营销和品牌传播的工具。

学习目标

- 掌握直播与直播营销的基础知识，熟悉当前的直播营销新职业。
- 熟悉当前主流的直播平台，并能根据业务需求进行选择。
- 树立法律意识，培养职业道德，合规、诚信地开展直播营销。

引导案例	赣榆区的直播产业发展

　　赣榆区地处江苏省和山东省交界的黄海之滨，拥有丰富的海洋资源和农业资源，素有"黄海明珠"的美称。从2018年开始，赣榆区积极推动直播产业发展，抖音和快手等直播平台成为赣榆区对外展示的新窗口。赣榆区不仅在直播间中展示真实的农村生活，而且打造出一批拥有大量粉丝的直播达人（在某些特定群体中有一定影响力的人），开发了"直播+生鲜销售"的新模式。

　　为发挥出直播的优势，赣榆区以区领导为电子商务大发展指挥部总指挥，配齐专业团队，形成上下联动的工作机制。赣榆区将政府"筑巢引凤"、电商平台"招贤纳士"、本土人才"领路带头"相结合，组织人员到各地学习，并与快手、拼多多等平台联合举办直播技能提升专项培训班，培养了大量的电商和直播人员。另外，赣榆区充分利用直播相关资源，让基层干部直接加入直播行列中，积极扶持直播平台搭建，促进产品资源对接，形成"主播+干部"的特色直播模式。

　　经过积极的部署，赣榆区的直播效果显著。2023年，赣榆区实现电商交易额190亿元，增长11.76%，快递上行量1.4亿件，增长19.12%。赣榆区电商物流产业园、海头镇电商产业集聚区获批省级电子商务示范基地，赣榆海产品电商集聚区被评为第二批江苏省县域电商产业集聚区。

案例思考：（1）赣榆区的直播产业发展有什么特别之处？

（2）赣榆区的直播产业发展可以给我们带来怎样的启发？

1.1 初识直播

截至 2024 年 6 月，我国网络直播用户规模达 7.77 亿人，占网民整体的 70.6%。作为数字经济催生的新业态，直播的出现与发展不仅丰富了人们的娱乐生活，而且为各行业创造了丰富的就业岗位，推动了数字经济与实体经济的深度融合。

1.1.1 直播的发展历程

近年来，随着互联网和智能手机的普及，直播行业的发展非常迅速。然而这一行业的崛起并非一蹴而就，而是经历了长时间的积累和演变。根据直播的技术发展、内容变化以及用户市场的演变等，我国直播的发展历程可以分为 4 个阶段。

1. 直播 1.0 时代（2005—2011 年）

2005 年，我国第一个视频直播平台——9158 网站成立，视频直播出现，我国直播行业进入 1.0 时代。这一阶段的直播以 PC（Personal Computer，个人计算机）端为主，内容相对单一，主要集中在秀场直播领域。秀场直播以才艺展示、聊天互动为主，可以为人们提供展示自我、娱乐和社交互动的平台。2008 年，六间房网站成立，它与 9158 网站共同成为视频直播的早期主流平台。2011 年，YY 开始测试线上直播业务。YY 凭借其在语音领域的雄厚基础，迅速发展壮大，成为 9158 和六间房的强大竞争对手。然而，由于技术限制和用户需求的局限性，直播的市场规模相对较小，用户基数有限，尚未形成广泛的行业影响力。

2. 直播 2.0 时代（2012—2014 年）

2012 年开始，PC 端游戏直播平台兴起，如斗鱼、虎牙直播等。游戏直播成为网络直播的重要组成部分，吸引了大量游戏玩家和用户的关注。游戏主播通过直播游戏过程，分享游戏技巧，与用户互动等方式，赢得广泛的关注。除游戏直播和秀场直播，一些平台也开始尝试直播其他内容，如美食直播、旅行直播等。这些新的直播内容不仅能够满足用户多样化的需求，也为直播行业的发展注入了新的活力。

3. 直播 3.0 时代（2015 年）

随着 4G（4th-Generation Mobile Communication Technology，第四代移动通信技术）网络的应用和普及，自 2015 年开始，花椒直播、映客直播等移动端 App（Application，

应用程序）进入直播市场，推动直播向全民化的时代发展。同时，受直播功能创新、国家政策支持等因素的推动，直播行业的商业化模式逐渐成熟。

4. 直播 4.0 时代（2016 年至今）

2016 年，淘宝、快手、蘑菇街、京东等平台上线直播功能，布局直播电商，开启直播带货模式。因此，2016 年也被一些业内人士视作"直播电商元年"。2017—2018 年，直播电商潜力被挖掘，参与者逐渐增加，各平台也开始完善直播电商链路。2019 年，直播电商迎来爆发期，行业规模爆发性增长，直播带货全面进入大众视野，直播购物逐渐流行并普及。2021 年，我国进入"全民直播"的时代，直播电商业态遍地开花。直播电商产品从早期的美妆个护、休闲零食等核心品类，走向更广泛的品类，包容性也越来越强。2023 年，AI（Artificial Intelligence，人工智能）技术在直播中得到广泛的应用，如一些品牌及服务商借助 AI 技术积极布局数字人主播，以补充店播（企业自己组织直播带货活动销售产品）角色。2024 年，直播电商产业链逐渐完善，企业不再局限于单一平台直播，多平台布局直播的情况越发普遍，对全渠道整合与监测的需求也不断增加。在这一阶段，直播的多元化发展趋势明显，涵盖娱乐、电商、教育、新闻等多个领域，未来这种多元化将进一步深化。

1.1.2　直播的变现模式

直播是当前互联网行业中流量变现速度较快的渠道，能够帮助个人或企业更快地实现盈利。总的来说，直播的变现模式主要有赞赏模式、带货模式、广告模式和内容付费模式等。

1. 赞赏模式

赞赏模式是直播的基本变现模式，主要是指用户在直播平台上付费充值，购买各种虚拟道具或者礼物送给主播，激励主播。主播通过获得的虚拟道具或礼物可以兑换成现金收入。但一般来说，主播不会获得全部赞赏收入，直播平台会从赞赏收入中按照一定比例抽取分成。

> **课堂讨论**
>
> 　你有在直播间给主播送过礼物吗？若有，请说说送礼物的理由。网上有关直播赞赏的看法不一，为促进直播的绿色发展，你认为，作为主播，可以从哪些方面维护直播环境？

2. 带货模式

带货模式是近年来兴起的直播变现模式，它将直播与电商相结合，主播在直播过程中推荐产品，用户通过链接直接购买产品。目前，带货模式可以分为达人直播和商家自播两种方式。

（1）达人直播。达人一般没有自己的货源，需要与厂商、品牌等对接后，通过直播间推荐产品。达人直播中的产品和品牌多样且上新速度快。用户在直播间购买达人推荐的产品，除了基于对品牌的信任和产品的需求，也基于对达人的信任。

（2）商家自播。商家自播是由商家组建直播营销团队开展的直播，主播一般由直播营销团队中的人员担任，观看直播的用户多是品牌的粉丝，对品牌有一定的忠诚度。

3．广告模式

当主播拥有一定的影响力或大量粉丝后，会吸引企业的关注。企业可以委托主播宣传产品和品牌，主播则收取一定的广告费用。这种变现方式可以是主播个人私下接洽，也可以由直播平台统一安排。除此之外，直播平台也会在首页、直播间或直播礼物中植入广告为企业宣传产品和品牌，并按照展示量／点击量来结算费用，这也属于广告模式。

4．内容付费模式

随着直播内容的多样化，一些高质量、专业性的直播内容开始实行付费观看。用户可以通过购买课程、计时付费等方式进入直播间观看。内容付费模式对直播的私密性要求较高，通常适用于在线教育、一对一咨询等领域。付费直播的内容质量相对较高，能够有效地吸引和留住粉丝，为平台和主播增加新的变现方式。

1.2　初识直播营销

直播营销是随着直播的发展而出现的一种新兴的营销方式，指主播通过直播平台，以实时在线直播的形式，向用户展示和推荐产品，从而达到营销目的，促成交易。

1.2.1　直播营销的优势

直播营销受到越来越多个人或企业的青睐，主要是因为其具备以下 3 个优势。

1．互动性

直播能够帮助企业深入、详细地讲解产品和品牌，同时可以安排专业人员回答用户的问题，使用户的问题得到解决。此外，用户之间也可以针对直播当中发现的问题，进行发言互动，从而真正地实现企业与用户、用户与用户之间的互动。

2．真实性

直播营销通过实时展示产品，能够让用户亲眼看到产品的实际效果。这种真实性可以增强用户对直播间的信任感。同时，直播中的真实互动和反馈也能够让用户更加真实地了解产品和品牌。

3．实时性

直播营销可以实时传递信息。这种实时性可以让企业及时了解用户的需求和反馈，从而及时调整营销策略。同时，实时性也可以让企业在第一时间回复用户的问题，从而提高用户的满意度和忠诚度。

1.2.2　直播营销的常见形式

当前直播营销的形式有很多，常见的如表 1-1 所示。

表 1-1　常见的直播营销形式

营销形式	详解
产品分享式	主播通过直播向用户分享和推荐产品，详细介绍产品的外观、细节、使用方法等，从而激发用户的购买欲望
产地直销式	主播在产品的产地或生产现场进行直播，展示产品的生产过程、原料来源等，增强用户对产品的信任感
发布会式	主播通过直播的形式开展发布会，详细介绍新产品、新服务，以及发布公司战略调整或其他重要信息，以吸引用户了解和购买产品
教学式	主播以授课的方式在直播中分享一些有价值的知识或技能，如 Excel 制表技巧、化妆技巧等，让用户感受到主播的专业性。当用户对主播具有一定的信任后，主播再推广一些相关产品，以及与所分享知识或技能相关的培训服务，使用户基于对主播的信任而产生购买行为
才艺表演式	主播通过直播表演才艺吸引用户，并在表演过程中进行产品推广或品牌宣传
测评式	主播对产品进行开箱展示、实验和测试，分享产品的优缺点和使用感受，为用户提供购买参考
访谈式	主播邀请行业知名人士等进行访谈，分享行业见解、个人经历等，同时推广相关产品
场景式	通过构建特定的场景，如旅游、开车等，将产品融入其中，让用户在观看直播的过程中感受到产品在实际使用场景中的效果和优势，以增强用户的代入感和体验感
砍价式	主播与商家合作，先在直播中分析产品的优缺点，待确定用户有购买意向后，再向商家砍价，为用户争取更优惠的价格
海淘式	主播在商场、免税店等地进行直播，让观看的用户仿佛置身于真实的购物环境中，从而激发用户的购买欲望
展示日常式	通过直播展示主播个人的日常生活、工作环境或企业的日常状态等，增强主播或企业与用户之间的连接和信任，从而激发用户的观看兴趣

案例在线　　　　　　　**京东携手多乐士开启工厂直播**

随着人们生活水平的提高，人们对家居涂料的品质要求越来越高。乳胶漆作为家居装修的重要材料，其品质直接关系到用户居住环境的舒适度与健康。为让用户了解乳胶漆，2024 年 4 月，京东携手多乐士开展了一场新颖独特的直播营销活动——走进多乐士工厂。

这次直播直接在多乐士的生产工厂开启。京东采销人员化身主播，在多乐士工程师的带领下参观多乐士高度自动化的生产线。在参观过程中，多乐士的工程师不仅详细介绍了乳胶漆的生产环节，还多次强调多乐士在品控方面的专业实力。参观生产线后，京东采销人员向用户介绍了多乐士的多款热门产品，并对这些产品进行多项实验，如抗污实验、耐水实验、抗粉化实验、遮盖力实验等，直观地展现出多乐士乳胶漆的优异性能。另外，京东采销人员还在直播中创新性地增设"采销小课堂"环节。在该环节，京东采销人员普及了挑选多乐士乳胶漆的技巧及评估乳胶漆环保性能的方法。此次直播不仅加深了用户对多乐士乳胶漆品质的认识，增强了用户对多乐士乳胶漆的信任，还能帮助用户挑选到更符合自身需求的乳胶漆。

案例点评：此次直播巧妙地结合了多种营销形式，主要包括产地直销式、测评式和教学式，不仅成功地展示了多乐士乳胶漆的品质，增强用户对多乐士乳胶漆的信任度和购买意愿，还提升了多乐士的品牌影响力。

1.2.3　直播营销的发展趋势

近年来，我国直播行业呈现稳步发展的态势，展示出强大的发展活力和增长潜力。总体来看，直播营销的发展趋势主要集中在以下4个方面。

1. 直播营销市场规模平稳增长

艾瑞咨询相关数据显示，2023年，中国直播电商行业的整体规模达到4.9万亿元，同比增速为35.2%。2023年，美团加速布局直播业务，加大对商家自播的扶持力度，并上线达人直播激励计划。2024年，京东推出企业家数字人直播形式，借此进一步布局直播生态建设。除此之外，还有许多企业和机构布局直播，将直播作为拓展业务的重要手段。由此可见，我国直播营销的市场规模将保持平稳增长趋势，并具有较大的发展潜力和增长空间。

2. 直播营销内容愈加多元化

目前，直播营销可以应用于多个领域，不仅涵盖传统的产品销售，还逐渐融入教育、旅游、房产、本地生活等多个领域中。面对超7亿名用户的市场，单一的直播内容或形式难以满足庞大的市场需求，因此，直播营销的多元化发展将成为必然趋势。例如，抖音直播机构运营负责人介绍，抖音在"才艺垂类、多元垂类"的基础上，进一步细分出11大品类共41个赛道。这种多元化的直播内容不仅有助于满足用户多样化的兴趣爱好，也为直播平台和主播提供了更广阔的发展空间。

3. 直播营销日益规范化

直播行业迅猛发展的同时，伴随而来的是主播言行失范、数据造假、假冒伪劣产品频现等问题。为规范行业发展，相关部门与平台纷纷出台一系列规章制度，对直播行业进行规范与引导。例如，《网络交易监督管理办法》《网络直播营销管理办法（试行）》等一系列法律法规陆续出台，将网络直播明确纳入网络交易监管范围，进一步规范了直播营销的市场秩序。

4. 新兴技术深度赋能

随着5G（Fifth Generation Mobile Communication Technology，第五代移动通信技术）、AI、大数据等新兴技术的不断成熟，这些技术正逐渐融入直播营销的全流程。图1-1所示为新兴技术赋能直播营销全流程的部分应用场景。这些新兴技术的深度赋能，不仅推动直播行业的技术创新与产业升级，还进一步提升用户体验，增强直播内容的吸引力与互动性，为直播行业的持续、健康发展注入了新的活力与动力。

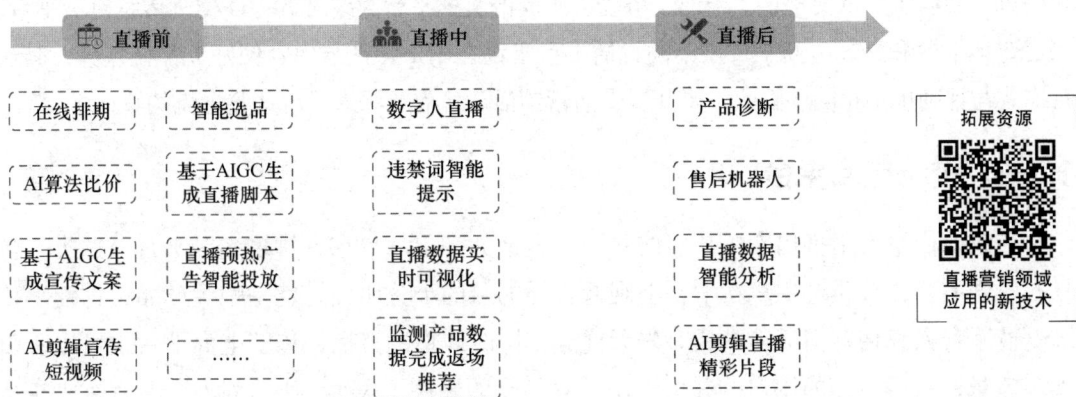

图 1-1 新兴技术赋能直播营销全流程的部分应用场景

1.2.4 直播营销的产业链

直播营销的产业链由供应端、平台端和需求端构成。其中，供应端主要包括产品供应商，如厂商、品牌商、经销商、原产地、零售商等；内容供应商，如 MCN（Multi-Channel Network，多频道网络）机构、主播等；平台端即抖音、快手、淘宝等直播平台；需求端则是用户。图 1-2 所示为我国直播营销的产业链示意图。

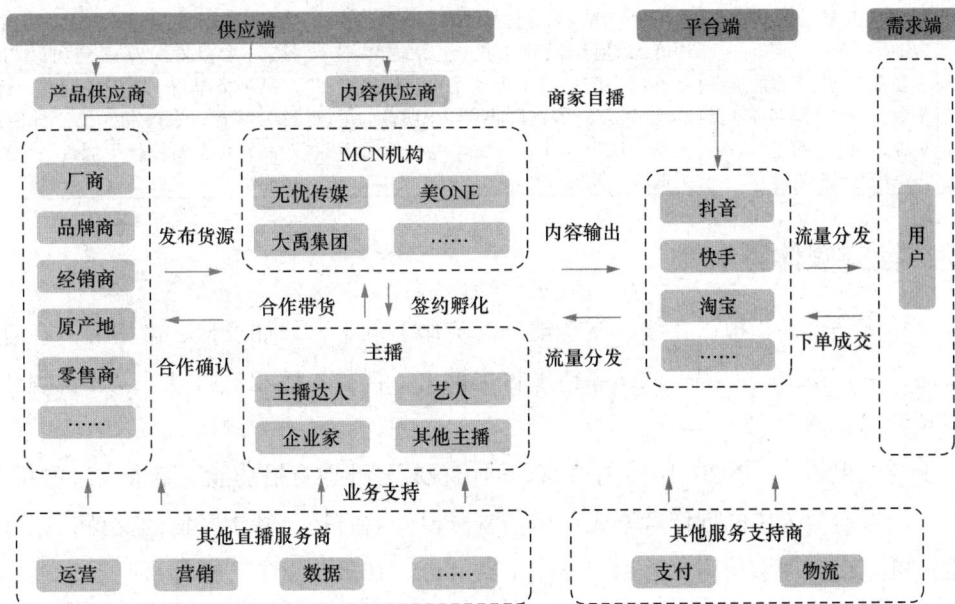

图 1-2 我国直播营销的产业链示意图

1.3 直播平台

直播平台（即直播营销平台，为方便理解，本书统称为直播平台）扮演着展示直播内容并促进产品销售的重要角色。当前，市场上主流的直播平台大致可分为 3 类：传统电商平台、社交媒体平台和兴趣电商平台。不同直播平台不仅在用户特性与内容偏好上存在差异，其运营模式与规则也不相同。因此，要开展直播营销活动，需要深入了解这些主流的直播平台。

1.3.1 传统电商平台

传统电商平台指推出直播功能的电商平台，如淘宝、京东、拼多多等平台。这类平台具有较强的营销性质。用户在平台上观看直播的目的十分明确，就是购买产品，这使得传统电商平台在直播营销活动中具有先天优势。同时，借助直播，传统电商平台也可以吸引更多流量，获得更多的用户，并增强用户对平台的黏性。表 1-2 所示为淘宝、京东、拼多多等主流传统电商平台的相关特点。

表 1-2　淘宝、京东、拼多多等主流传统电商平台的相关特点

平台	直播特点	用户特征	产品特征
淘宝	直播生态体系非常成熟，产品覆盖广泛，内容丰富。要在淘宝中开展直播，需要借助淘宝主播 App 等平台	女性用户多于男性用户，年龄多分布在 18～40 岁，"80 后""90 后"为主，"00 后"增速较快，购物目的和需求明确。用户使用平台的频率较高，偏好美妆、珠宝、美食等直播内容	产品种类丰富，供应链完善，优势类目为美妆、女装、食品、家居百货、鞋包配饰等。产品转化主要依赖于品牌影响力、产品质量和营销推广
京东	商家自播为主，强调品质化和专业化，开展直播营销需要借助京东内容助手 App	男女用户比例相差不大，年龄多为 22～45 岁，购物目的和需求明确。用户对平台的信任度较高，偏好食品饮料、母婴、手机通信、家用电器、计算机办公等直播内容	产品种类丰富，供应链完善，自营产品及物流服务优质，优势类目为 3C 数码产品和家用电器等。产品转化主要依赖于平台背书、产品质量和营销推广
拼多多	多多直播是拼多多的直播平台。平台实施多种减负措施，商家参与平台活动可以快速提升流量	女性用户明显多于男性用户，年龄多在 24～50 岁，购物目的和需求明确。用户活动维度多元化，转化率高，偏向于购买低价、折扣产品	产品种类丰富，供应链完善，优势类目为零食、农产品、生活日用品等。产品转化主要依赖于低价、折扣和营销推广

1.3.2 社交媒体平台

社交媒体平台是指提供在线社交功能和交流服务的平台，如微信、微博等。在直播火热发展的当下，微信、微博等社交媒体平台也推出了视频号功能，用户可以在视频号中观看直播和发起直播。

（1）微信视频号。2020 年 10 月 2 日，微信视频号开通直播功能，流量入口不断增加，以微信公众号运营为主的创作者率先在微信视频号开启直播。基于微信的支持，在微信视频号直播可直接触达微信用户。用户不用下载 App，在微信点击链接即可观看直播、购买产品，非常便捷。完整的微信生态还可以缩短微信视频号直播的运营环节，主播可以通过微信公众号、微信小程序、企业微信等直接为直播间引流。

（2）微博视频号。2020 年 7 月，微博视频号正式上线。用户在微博视频号中不仅可以发布和浏览短视频，还能观看或发起直播。微博视频号的用户群体相对广泛，直播的流量主要依赖于用户的关注和转发，以及平台的推荐算法。用户如果要在微博视频号中购买直播间的产品，需要点击产品链接，然后跳转至电商平台，再在电商平台上完成下单。

与传统电商平台相比，社交媒体平台具有以下特点：社交属性强、电商属性弱；私域流量占据优势地位；平台内用户以社交沟通、休闲娱乐为主，购物次之。

专家指导

私域流量是指企业或个人自主经营和管理的流量，如粉丝群的流量、个人微信号的流量等。与之相反的是公域流量，即所有企业或个人都可以触达的流量，主要是平台自身的流量。

1.3.3　兴趣电商平台

兴趣电商是一种基于人们对美好生活的向往，满足用户潜在购物兴趣，提升用户生活品质的电商。兴趣电商平台即通过丰富多彩、创意十足的内容激发用户的潜在兴趣，引导用户在轻松愉快的氛围中购物的平台，包括抖音、快手、小红书等。在这类平台中，内容是获取用户流量的重要工具，直播用于促进成交和转化。表 1-3 所示为抖音、快手、小红书等主流兴趣电商平台的相关特点。

表 1-3　抖音、快手、小红书等主流兴趣电商平台的相关特点

平台	直播特点	用户特征	产品特征
抖音	涵盖各种兴趣和领域，直播内容非常丰富。此外，抖音拥有精准的推荐算法，会根据用户的喜好、标签等主动向用户推荐符合其观看兴趣的直播间	男女用户占比均衡，年龄多在 18～35 岁，男性用户偏好游戏、汽车、运动等直播内容，女性用户偏好美妆、母婴、穿搭、美食等直播内容	产品种类较丰富，供应链质量参差不齐，优势类目为食品、美妆、电子产品、服饰、生活用品等。内容运营效果和品牌效应是影响产品转化的核心因素
快手	与抖音非常相似，特别的是，快手采用去中心化的普惠算法，其本质是智能分发、叠加推荐以及热度加权，任何主播都有获得平台流量的机会	男性用户比女性用户占比高，用户多在 35 岁以下。用户偏好才艺、美妆、科普、汽车、运动等直播内容。粉丝对主播的信任度比较高	产品种类较丰富，供应链质量参差不齐，优势类目为服饰、美妆和家居用品等。粉丝黏性和忠诚度是影响产品转化的核心因素
小红书	强调内容创造和分享，从主播个人生活出发的直播内容更容易受到用户喜爱	女性用户占比明显高于男性用户，年龄多在 18～35 岁。用户热衷分享购物、旅行等生活经验，且消费能力和购买意愿较强。用户更关注美妆、穿搭、美食教程、运动等直播内容	产品种类较丰富，供应链质量参差不齐，优势类目为服饰、美妆和美食等。内容运营效果和粉丝黏性是影响产品转化的核心因素

课堂活动

分别在淘宝、抖音和微信视频号中浏览直播板块，并观察各个平台的直播入口设置、直播内容类型和购买流程等，然后总结这 3 个直播平台的优缺点。

1.4 直播营销规范

企业在互联网中开展直播营销活动，应当遵守相关法律法规和规章制度，这对于保障用户的合法权益，维护公平的市场秩序以及促进直播营销行业健康发展具有重要意义。

1.4.1 直播营销法律法规

截至 2024 年，我国已经出台许多可用于规范直播营销活动的法律法规。这些法律法规可以为直播营销市场提供坚实的法律保障，从而促进市场健康、有序地发展。下面介绍一些与直播营销相关的法律法规。

1. 《互联网直播服务管理规定》

2016 年 11 月，国家互联网信息办公室发布《互联网直播服务管理规定》（以下简称《规定》），旨在促进互联网直播健康有序发展，弘扬社会主义核心价值观，维护国家利益和公共利益，为广大网民特别是青少年成长营造风清气正的网络环境。《规定》明确提出，互联网直播服务提供者和互联网直播发布者在提供互联网新闻信息服务时，都应当依法取得互联网新闻信息服务资质；互联网直播服务提供者应对直播内容实施先审后发管理；互联网直播服务提供者应当按照"后台实名、前台自愿"的原则进行注册认证。

拓展资源

《互联网直播服务管理规定》

2. 《网络直播营销管理办法（试行）》

2021 年 4 月，国家互联网信息办公室、公安部、商务部等七部门联合发布《网络直播营销管理办法（试行）》（以下简称《办法》），旨在规范直播营销行为，保护用户合法权益，促进直播营销健康有序发展。《办法》对在我国境内通过互联网站、应用程序、小程序等，以视频直播、音频直播、图文直播或多种直播相结合等形式开展营销的商业活动予以规范，按照全面覆盖、分类监管的思路，一方面，将参与直播营销活动的各类主体、线上线下的各项要素纳入监管范围；另一方面，细化直播平台、直播间运营者、直播营销人员等的权责边界，进一步明确各方主体责任。

拓展资源

《网络直播营销管理办法（试行）》

3. 《网络主播行为规范》

2022 年 6 月，国家广播电视总局、文化和旅游部联合发布了《网络主播行为规范》

（以下简称《规范》），旨在进一步加强网络主播职业道德建设，规范从业行为，强化社会责任，树立良好形象，共同营造积极向上、健康有序、和谐清朗的网络空间。

《规范》共有 18 条，涵盖"网络主播应当坚持正确政治方向、舆论导向和价值取向；崇尚社会公德、恪守职业道德、修养个人品德；坚持健康的格调品位，自觉摒弃低俗、庸俗、媚俗等低级趣味，自觉反对流量至上、畸形审美、'饭圈'乱象、拜金主义等不良现象，自觉抵制违反法律法规、有损网络文明、有悖网络道德、有害网络和谐的行为；应当引导用户文明互动、理性表达、合理消费，共建文明健康的网络表演、网络视听生态环境"等重要内容。

拓展资源

《网络主播行为规范》

4.《中华人民共和国电子商务法》

《中华人民共和国电子商务法》（以下简称《电子商务法》）由第十三届全国人民代表大会常务委员会第五次会议于 2018 年 8 月 31 日通过。《电子商务法》的适用范围为中华人民共和国境内的电子商务活动，该法所称电子商务，是指通过互联网等信息网络销售商品或者提供服务的经营活动。直播带货实际属于电子商务活动的一种新兴形式，因此也在《电子商务法》规定范围之内。《电子商务法》明确了电子商务经营者的义务与责任，规范了电子商务合同的订立与履行，加强了对消费者权益的保护，可以很好地规范直播营销行为，维护市场秩序。

5. 其他相关法律法规

除上述列举的法律法规，我国还有许多能够有效规范直播营销行为的相关法律法规及政策。例如，《中华人民共和国消费者权益保护法实施条例》不仅为消费者提供多项权益保护，还对无理由退货、经营者的义务作了更细化、更具体的规定；《中华人民共和国广告法》规范了网络广告活动；《中华人民共和国产品质量法》对网络销售的产品质量提出要求；《网络交易监督管理办法》则规范网络交易活动，维护网络交易秩序，保障网络交易各方主体合法权益。这些法律法规为直播营销市场提供明确的法律框架和行为规范，可以确保行业的绿色、健康、有序发展。

1.4.2　直播营销禁忌行为

要想布局直播营销，企业需要了解直播营销有关的禁忌行为，这不仅有助于避免法律风险，提升用户信任，还可以树立良好形象，促进合规经营。

1. 虚假宣传

虚假宣传即在直播营销过程中，对产品的性能、功能、质量、销售状况、用户评价、曾获荣誉等编造出与实际不相符的虚假信息，导致用户产生误解的行为。同时，夸大产品的性能、功能、质量，虚构用户评价、销售数据，使用无法验证或虚假的科研成果、统计资料作为证明材料等都会被认定为虚假宣传。企业在开展直播营销活动时，应当树立诚信经营的理念，确保所有的宣传信息真实可靠。

案例在线　　　　　　**某护肤品品牌因直播虚假宣传被罚**

　　2024年10月，某护肤品品牌因直播虚假宣传被宁波市××区市场监督管理局罚款9万元。根据行政处罚决定书，该品牌在其抖音官方旗舰店直播带货时发布了虚假宣传广告，涉及旗下多款产品。具体来看，直播讲解旗下某姜黄素水乳套装时，主播宣称"8小时长效，七天包包减少41%，14天减少35%"等；直播讲解旗下某玻尿酸水乳套装时，主播宣称"15min补水+104.2%""30min褪红−18.06%""4周修护+42.86%"等。宁波市××区市场监管局认为，对于上述主播在直播中描述的产品功效，该品牌无法提供有效证据予以证明；"15min补水+104.2%""30min褪红−18.06%"等均未表明数据出处。此外，宁波市××区市场监督管理局还认为，该品牌在直播带货时发布的护肤品宣传内容与化妆品备案信息上的功效不一致。

　　案例点评：某护肤品品牌的直播行为构成虚假宣传，不仅会误导用户，使用户对产品产生不切实际的期望，还可能对用户的健康和安全造成潜在威胁。宁波市××区市场监督管理局对该品牌处以9万元的罚款，不仅体现出有关部门对直播虚假宣传问题的零容忍态度，也向其他企业发出明确信号——在直播营销领域，任何虚假宣传行为都将受到法律的制裁。

2. 价格欺诈

　　价格欺诈是指利用虚假的或者容易使人误解的价格，诱骗用户进行交易的行为。这包括虚构原价、虚假折扣、低标高结、不履行价格承诺等不正当价格行为。

　　（1）虚构原价。标示的原价属于虚假、捏造，并不存在或者从未有过该价格的交易记录。例如，主播声称直播间产品的原价为998元，现价只需299元，但实际上该产品从未以998元的价格销售过。

　　（2）虚假折扣。宣称提供折扣，但折扣后的价格实际上并不低于原价或未低于在其他销售渠道中的价格。例如，主播声称直播间产品的原价为199元，直播价为99元，但实际上在其他平台或店铺中该产品的价格也是99元或更低。

　　（3）低标高结。以低价吸引用户，但结算时却以高价结算。例如，主播在直播中宣称某产品仅需1元，但结算时却要求支付更高的金额。

　　（4）不履行价格承诺。承诺的价格优惠或折扣在结算时未得到履行。例如，主播在直播中承诺满减优惠或赠品，但在结算时未兑现。

3. 使用违禁词

　　违禁词是指在直播营销中不得使用的词汇。这些词汇可能涉及虚假宣传、误导用户、侵犯他人权益或违反社会公德等方面。直播营销不得使用的违禁词主要包括以下6类。

　　（1）极限用语。例如，"国家级""世界级""最高级""第一""唯一"等，这些词语往往用于夸大产品，而无法提供确切的证据支持其真实性，容易误导用户。

（2）时限用语。例如，"随时结束""仅此一次""随时涨价"等，这些词语没有明确的时间限制，容易使用户产生误解，影响交易的公平性。

（3）不文明用语。例如，辱骂、人身攻击等带有不文明色彩的词语，这些词语会损害主播的公共文明形象，影响直播营销的氛围和效果。

（4）权威性词语。例如，"国家领导人推荐""国家机关专供"等，这些词语借国家、国家机关名称进行宣传，容易误导用户认为产品具有特殊待遇或保障。

（5）暗示性引导和刺激消费词语。例如，"点击有惊喜""点击获取""点击试穿""领取奖品""秒杀""抢爆""再不抢就没了""错过就没机会了"等，这些词语可能诱导用户产生购买行为，损害用户的合法权益。

（6）化妆品虚假宣传用语。例如，"特效""高效""美白"等，这些词语无法证实产品的真实效果，属于虚假夸大宣传。

4. 侵犯知识产权

知识产权是公民、法人或其他组织对其智力劳动成果、商业和其他特定相关客体等所享有的占有、使用、处分和收益的权利，包括商标权、专利权和著作权等。一般来说，在直播中销售假冒注册商标的产品，如假冒的品牌服装、鞋子、包包、手表等，未经授权使用他人的歌曲、图片、视频等素材进行直播，或销售未经授权的专利产品等均属于侵犯知识产权的行为。企业应当熟悉《中华人民共和国著作权法》《中华人民共和国商标法》《中华人民共和国专利法》等相关的法律法规，以避免在直播营销中侵犯他人的知识产权。

> **素养课堂**
>
> 作为学生，我们要树立知识产权意识，建立"保护知识产权就是保护创新"的理念。这不仅有助于保护创新成果不被侵犯，还能促进整个社会的创新氛围和科技发展。例如，在学习中避免直接复制他人的文字、图片；引用他人的作品时注明出处和作者；拒绝购买和使用盗版书籍、电影、音乐等，这些都是尊重他人知识产权的行为。

1.4.3　直播平台规则

为维护平台秩序，提升用户信任，直播平台也会发布一系列的规则。直播平台的规则一般会明确主播、企业等的权利和义务，规定禁止的行为。了解直播平台规则，不仅有助于确保直播内容的合规性，还可以帮助企业更好地规划直播内容。当前的直播平台较多，下面以抖音、微信视频号、淘宝这三个主流平台为例进行介绍。

1. 抖音

抖音规则中心中详细罗列了平台规则、电商规则、短视频规则和直播规则等。其中，直播规则涵盖直播产品、直播引流、直播内容、直播互动、虚拟人直播等多个方面。

（1）直播产品有关的规则。根据抖音相关规则，直播间严禁推广高风险食品（如存在食品安全隐患的食品、法律禁止广告的食品等）、动物活体等。另外，直播产品标题禁止使用误导性、极限用词和夸大促销性词语（如亏本、清仓等）；直播产品的主图和详情页禁止展示不相关的广告信息；产品信息不得存在夸大宣传、虚假宣传、假冒授权或分享三无产品的情况。

（2）直播引流有关的规则。根据抖音相关规则，直播间不能用低俗、色情、擦边等内容和文字来引流，同时不能使用不健康行为和用户做约定来引导用户点赞等。另外，直播间不得使用文字显示微信群、微信号、QQ 号、手机号，或以主播口播等方式引导用户进入私域。

（3）直播内容有关的规则。根据抖音相关规则，直播间禁止出现涉及损害国家尊严或利益、妨碍社会安定、危害人身资金安全、妨碍社会发展管理秩序等情形。同时，直播间也不得出现包含淫秽、赌博、迷信、恐怖、暴力，以及民族、种族、宗教、性别歧视的内容。另外，直播间不得为抬高自家产品，进行恶意对比，贬低其他方产品；不得出现疑似抄袭、盗用他人内容的侵权行为，以及假冒官方标签或假冒专业人士的行为，如直接盗用某知名服装主播的直播片段内容。

（4）直播互动有关的规则。根据抖音相关规则，直播间互动玩法应遵守平台规范，包括抽奖、赠品、优惠折扣等营销玩法，需真实、客观、准确地描述活动、奖品、赠品和优惠信息。另外，主播在与用户互动时，不得侮辱、谩骂，以及使用低俗语言攻击他人。

（5）虚拟人直播有关的规则。根据抖音相关规则，直播间允许适当使用虚拟人技术，但是使用虚拟人进行直播，或创建以虚拟人为人设的账号，必须在平台注册相应的虚拟人形象。虚拟人背后的真人使用者必须进行实名注册和认证。使用已注册的虚拟人形象进行直播时，必须由真人驱动进行实时互动，不允许完全由 AI 驱动。

2. 微信视频号

微信规则中心中包含基础规则、创作者专项、直播专项、机构 / 服务商相关、带货相关和其他 6 个板块的内容。其中，直播专项板块详细列明了与直播有关的规则，包括《微信视频号直播行为规范》《微信视频号直播内容引人不适认定细则》《微信视频号直播间低质量内容认定细则》等多项内容。

（1）《微信视频号直播行为规范》。该规范内容主要包括注册规范、信息发布规范两大类。注册规范中明确主播应提供真实、合法的身份信息进行实名认证，以及暂不接受参与微信视频号直播的人群。信息发布规范则罗列出严重违规和其他违规行为，如直播间出现散布谣言，扰乱社会秩序，破坏社会稳定的情形，将会构成严重违规，导致账号被永久封禁。

（2）《微信视频号直播内容引人不适认定细则》。该细则属于《微信视频号直播行为规范》的组成部分，其对直播中可能引起用户观感不适的内容进行罗列，如不雅吃播、特效妆容或道具等，从而达到让主播规范直播内容的目的。

（3）《微信视频号直播间低质量内容认定细则》。该细则根据法律法规及《微信视频号运营规范》等平台规则制定，罗列了录播及其他非真实直播、标题党、虚假演绎类直播等低质量直播内容，从而达到持续优化直播内容的目的。

3．淘宝

作为我国规模较大的电商平台，淘宝拥有一套非常全面且详细的规则体系，包括店铺管理、产品管理、营销推广、内容推广、交易管理等多个方面。其与直播有关的规则同样也非常全面且详细，涵盖主播准入、直播运营、市场管理与违规处理等多个方面。

（1）主播准入。根据《淘宝直播管理规则》，符合条件的用户可入驻淘宝成为主播，以开展直播营销活动。其准入要求包括完成认证、账号状态正常、具备一定的推广素质和客户服务能力等。

（2）直播运营。《淘宝直播管理规则》中不仅详细列明了直播信息发布要求、直播间挂品要求等，如主播设置账号的昵称、头像、简介、封面图、直播间标题等信息时应遵守相关法律法规和相关发布要求，不得包含涉嫌侵犯他人权利、有违公序良俗或干扰平台运营秩序等相关信息，还规范了有关发布交付信息及打赏等行为。

（3）市场管理。《淘宝直播管理规则》中与市场管理相关的内容主要包括认证与报备管理、发布要求管理、诉讼应对管理等多个方面，与《淘宝平台规则总则》等规则相互补充，共同规范直播有关行为。

（4）违规处理。《淘宝直播管理规则》中违规处理部分主要是罗列出直播的有关违规行为及处理情形，如将违规行为分为一般违规、严重违规、特别严重违规，3 类违规行为分别累计计次，累计次数在每年的 12 月 31 日 23 时 59 分 59 秒清零。

1.5　直播营销新职业

随着直播营销行业的不断发展，市场也逐渐涌现出一系列与之相关的新职业，如网络主播、互联网营销师、用户增长运营师、全媒体运营师、生成式人工智能系统应用员等。这些新职业的出现，不仅有助于推动直播营销行业的规范化、专业化发展，还能为更多的人才提供就业机会。

1.5.1　网络主播

2024 年 7 月 31 日，人力资源和社会保障部、国家市场监督管理总局、国家统计局联合发布 19 个新职业、28 个新工种信息，其中包括近年来广受关注的网络主播。网络主播是指基于互联网，以直播、实时交流互动、上传音视频节目等形式发声、出镜，提供网络表演、视听信息服务的人员。网络主播主要的工作任务包括以下6个方面。

（1）进行网络表演、视听需求分析，协助确定直播或拍摄脚本内容。

（2）编写网络表演、视听内容发播稿或直播脚本文案，并进行备稿。

（3）设计基于节目定位、直播主题和主播个人特点的出镜、声音、妆造形象。

（4）制作传播符合社会主义核心价值观的内容，控制网络表演、交流互动、视听节目等制作进程，引导话题方向和内容。

（5）有序组织实施线上互动活动，管理连麦、弹幕、评论等互动内容，处置同步或异步传播中用户互动突发情况。

（6）参与网络表演、视听内容等传播中的数据统计、分析和优化等。

1.5.2　互联网营销师

2020年6月，人力资源和社会保障部、国家市场监督管理总局和国家统计局三方联合发布了互联网营销师这一新职业。

1. 互联网营销师的定义与工作任务

互联网营销师，是指在数字化信息平台上，运用网络的交互性与传播公信力，对企业产品进行多平台营销推广的人员。互联网营销师的主要工作任务包括以下8个方面。

（1）研究数字化平台的用户定位和运营方式。

（2）接受企业委托，审核企业资质和产品质量等信息。

（3）选定相关产品，设计策划营销方案，制定佣金结算方式。

（4）搭建数字化营销场景，通过直播或短视频等形式对产品进行多平台营销推广。

（5）提升自身传播影响力，增强用户群体活跃度，促进产品从关注到购买的转化率。

（6）签订销售订单，结算销售货款。

（7）负责协调产品的售后服务。

（8）采集分析销售数据，对企业或产品提出优化性建议。

2. 互联网营销师涵盖的工种

互联网营销师涵盖选品员、直播销售员、视频创推员与平台管理员4个工种。以下为4个工种的工作职能。

（1）选品员。负责产品选择、产品卖点提炼、商务谈判，以及在直播流程设计中参与实施管理工作等。

（2）直播销售员。负责在直播过程中宣传推广企业的产品，以及进行直接的直播营销。

（3）视频创推员。通过视频的创作及推广，为后续的直播营销充分预热和赋能，并进一步开展用户互动工作。

（4）平台管理员。针对直播平台进行后台管理，包括账号管理、数据监控，并通过分析账号、数据等，指导企业优化直播营销过程。

🔧 专家指导

2021 年，人力资源和社会保障部、中共中央网络安全和信息化委员会办公室、国家广播电视总局共同发布了《互联网营销师国家职业技能标准》，将互联网营销师职业分为 5 个等级。读者可扫描右侧二维码，查看《互联网营销师国家职业技能标准》对各个等级的要求。

1.5.3　用户增长运营师

用户增长运营师这一新职业与网络主播于同一文件中确定，是指运用数字化工具，从事企业或机构用户增长、管理及运营等工作的人员。用户增长运营师主要的工作任务如下。

（1）根据企业或机构的发展阶段、经营目标设定用户增长目标。

（2）运用线上、线下的营销手段为企业或机构吸纳新用户，并建立与用户的在线交互社群，确保用户的留存。

（3）在社群内根据用户类别、需求等特征进行标签化管理，制定标准化运营和服务流程。

（4）为用户提供咨询、交易等服务，激发用户活跃性，提升用户对企业或机构的认可度和信任度。

（5）收集用户对产品、服务的反馈，提供给生产相关部门参考、改进。

1.5.4　全媒体运营师

2020 年，全媒体运营师作为新职业被发布，后被纳入《中华人民共和国职业分类大典（2022 年版）》。该职业的设立，对提升互联网新兴行业的水平与质量，促进媒体运营行业的转型和升级有很大的帮助。全媒体运营师，是指综合利用各种媒介技术和渠道，采用数据分析、创意策划等方式，从事对信息进行加工、匹配、分发、传播、反馈等工作的人员。全媒体运营师主要工作任务包括以下 5 个方面。

（1）运用网络信息技术和相关工具，对媒介和用户进行数据化分析，辅助媒体运营和信息传播。

（2）负责策划和加工文字、声音、影像、动画、网页等信息内容。

（3）将信息载体向目标用户进行精准分发、传播和营销。

（4）采集相关数据，根据实时数据分析、监控情况，精准调整媒体分发的渠道、策略和动作。

（5）建立全媒体传播矩阵，构建多维度立体化的信息出入口，对各端口进行协同运营。

全媒体运营师共5个职业方向，分别为创意策划、视听运营、直播运营、流量运营和数据分析。随着全媒体运营师自身能力的提升，他们能够胜任企业中的多个部门、多种职位，包括媒体运营、企划专员、营销策划、直播运营、主播经纪人等。

1.5.5　生成式人工智能系统应用员

随着AI技术的发展，AI工具的能力不断增强。除了能与人类对话、互动，AI工具还能根据人类的指令自动生成文本、图片、音视频等内容。这种能力在内容创作领域发挥出了巨大作用，也推动人工智能生成内容（Artificial Intelligence Generated Content，AIGC）技术的发展。作为一种先进的技术，AIGC技术近年来在多个领域展现出强大的应用潜力。例如，就直播营销而言，AIGC工具不仅可以自动生成与直播内容相关的文本、图片、音视频等素材，还能根据预设的模板或用户自定义的参数生成具有独特外观和性格特点的虚拟形象。因此，在这一背景下，生成式人工智能系统应用员这一全新职业应运而生。

生成式人工智能系统应用员，是指运用生成式人工智能技术及工具，从事生成式人工智能系统设计、调用、训练、优化、维护管理等工作的人员。生成式人工智能系统应用员的主要工作任务如下。

（1）设计数据输入、模型选择、输出格式等生成式人工智能系统整体架构，制定生成策略。

（2）调用不同生成式人工智能模型或应用开发接口（Application Programming Interface，API），生成文本、图像、音频、视频等内容。

（3）依法依规收集、处理和标注训练数据，对数据标注进行质量评估、抽样检验，训练不同应用场景中的生成式人工智能模型。

（4）分析系统性能瓶颈，调整模型参数，改进算法或引入新技术，优化生成式人工智能系统的性能并提升效率。

（5）在实际应用场景中部署训练和优化后的生成式人工智能系统。

（6）检查和更新生成式人工智能系统。

（7）管理相关文档和资源，按照服务规范提供技术咨询、支持和培训。

专家指导

虽然生成式人工智能系统应用员不直接参与直播营销活动，但他们的工作成果可以为直播营销活动提供强大的技术支持和创意来源。

1.6　课堂实训

实训 1　使用 AI 搜索工具探索直播营销的发展

1. 实训背景

传统搜索工具依赖于关键词匹配，用户需要输入精准的关键词才能获得相关结果。然而，AI 搜索工具通过运用先进的自然语言处理和大数据分析等技术，能够深入理解用户的查询意图，识别和过滤掉虚假、低质量的信息，直接提供经过筛选和验证的信息，可以大大缩短用户获取有用信息的时间。随着 AI 技术的不断进步，AI 搜索工具在直播营销中的应用也越来越广泛，能够大幅提升搜索效率和效果。

> 微课视频
>
> 使用 AI 搜索工具探索直播营销的发展

2. 实训要求

（1）熟悉 AI 搜索工具。
（2）使用 AI 搜索工具深入探索直播营销的发展。

3. 实训步骤

步骤 01 ◗ 熟悉 AI 搜索工具。在网上搜索我国主流的 AI 搜索工具，如秘塔 AI 搜索、纳米 AI 搜索、百度 AI 搜索等，熟悉这些 AI 搜索工具的界面布局、查询语法等，并验证其对自然语言的理解能力和信息筛选能力，最后总结各工具的特点、优点和缺点，并填入表 1-4 中。

表 1-4　AI 搜索工具总结

工具	特点	优点	缺点
如：秘塔 AI 搜索	界面简洁无广告……		

步骤 02 ◗ 使用 AI 搜索工具深入探索直播营销。选择一款适合自己的 AI 搜索工具，在其中搜索与直播营销有关的内容，如搜索"直播营销的发展趋势""直播营销未来""AI 在直播营销中应用"等，查看 AI 搜索工具的回答，了解直播营销的未来发展方向和趋势等。

实训 2　调研直播营销新职业有关岗位

1. 实训背景

直播营销行业发展迅速，不仅催生出大量的直播平台和网络主播，还推动了相关新职业的涌现。这些新职业涉及的岗位涵盖直播运营、直播策划、直播技术、直播销售等多个领域，为求职者提供了广阔的就业机会和发展空间。为更好地适应市场变化，提升个人职业竞争力，深入调研直播营销新职业有关岗位十分重要。通过了解这些岗位的工作内容、技能要求、薪资待遇以及职业发展前景等信息，求职者可以更加清晰地认识自己的职业定位和发展方向，从而制定更加科学合理的职业规划。

2. 实训要求

（1）调研直播营销新职业有关岗位。

（2）掌握直播营销新职业有关岗位的工作内容和相关要求。

微课视频

调研直播营销
新职业有关
岗位

3. 实训步骤

步骤 01　调研直播营销新职业有关岗位。通过 AI 搜索工具搜索直播营销新职业有关的行业报告或新闻报道，了解当前直播营销新职业有关的热门岗位，如直播销售员、电商主播、互联网营销师等。

步骤 02　掌握直播营销新职业有关岗位的工作内容和相关要求。进入智联招聘、BOSS 直聘、前程无忧等招聘网站首页，在搜索框中输入"电商主播"等关键词并进行搜索，此时网站将显示目前正在招聘中的相关岗位。单击其中任意一个岗位，查看岗位要求和任职要求等职位描述，如图 1-3 所示。

图 1-3　查看岗位要求和任职要求等职位描述

步骤 03　整理资料。整理收集到的资料，分类归纳各岗位的工作内容、技能要求、薪资待遇等信息，然后分析各岗位的职业发展前景，如市场需求、行业趋势等，再结合自身兴趣和实际情况，将收集到的资料用于个人职业规划，明确自身职业定位和发展方向。

1.7　本章总结

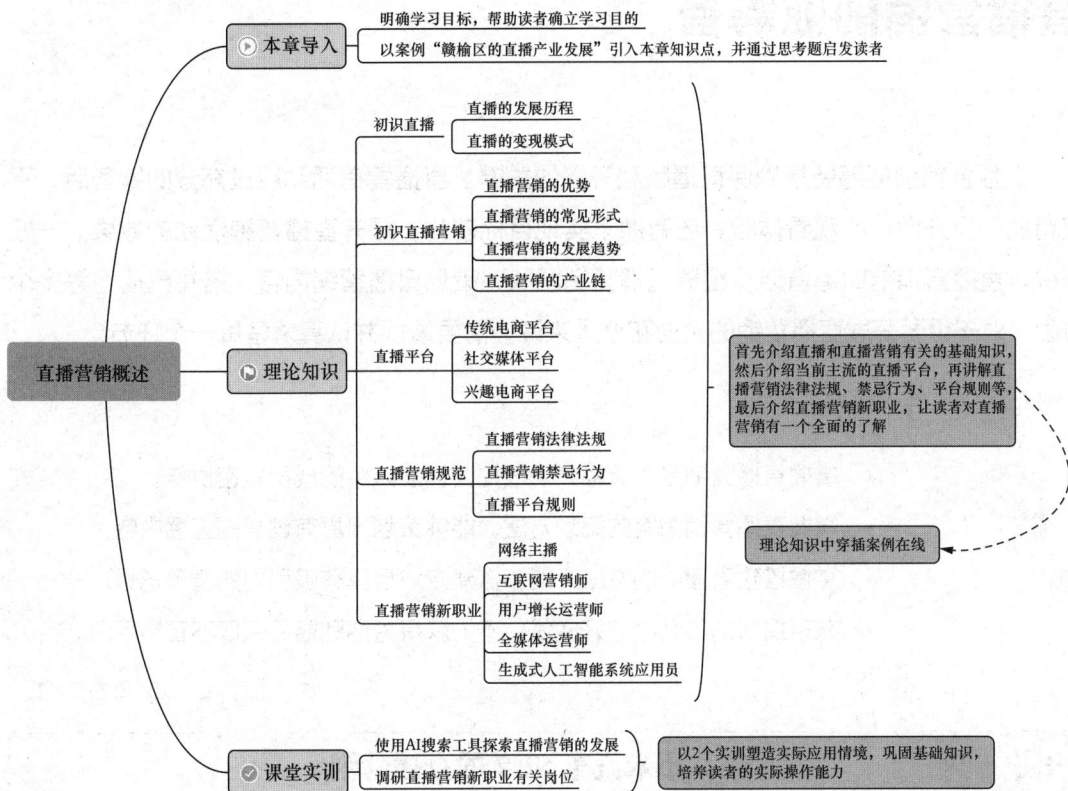

本章导入
- 明确学习目标，帮助读者确立学习目的
- 以案例"赣榆区的直播产业发展"引入本章知识点，并通过思考题启发读者

直播营销概述

理论知识
- 初识直播
  - 直播的发展历程
  - 直播的变现模式
- 初识直播营销
  - 直播营销的优势
  - 直播营销的常见形式
  - 直播营销的发展趋势
  - 直播营销的产业链
- 直播平台
  - 传统电商平台
  - 社交媒体平台
  - 兴趣电商平台
- 直播营销规范
  - 直播营销法律法规
  - 直播营销禁忌行为
  - 直播平台规则
- 直播营销新职业
  - 网络主播
  - 互联网营销师
  - 用户增长运营师
  - 全媒体运营师
  - 生成式人工智能系统应用员

首先介绍直播和直播营销有关的基础知识，然后介绍当前主流的直播平台，再讲解直播营销法律法规、禁忌行为、平台规则等，最后介绍直播营销新职业，让读者对直播营销有一个全面的了解

理论知识中穿插案例在线

课堂实训
- 使用AI搜索工具探索直播营销的发展
- 调研直播营销新职业有关岗位

以2个实训塑造实际应用情境，巩固基础知识，培养读者的实际操作能力

1.8　课后练习

1. 利用 AI 搜索工具搜索有关虚拟人直播和数字人直播的资料和报道，总结虚拟人直播和数字人直播可能会对直播营销产生的影响。

2. 分别从传统电商平台、社交媒体平台和兴趣电商平台中选择一个直播平台，然后对比各个平台在直播营销方面的异同点，以及各自的优势和局限性。

3. 在网络中搜索近两年主播或品牌开展直播营销被处罚的 2～3 个案例，详细说明主播或品牌被处罚的具体原因（如虚假宣传、违规销售、侵犯消费者权益等），并分析处罚对主播或品牌声誉的后续影响，然后结合案例总结主播或品牌在开展直播营销时应避免的违规行为。

4. 扫描右侧二维码阅读波司登直播营销案例，然后思考并回答下列问题。

（1）案例中，波司登采取的是哪种直播营销形式？

（2）波司登此次的直播营销活动是如何进行变现的？

拓展资源

波司登直播营销案例

第2章
直播营销前期筹备

　　直播营销前期筹备是确保直播顺利开播的关键。直播营销活动经过充分的筹备后，不仅有助于提升用户的观看体验，还有助于实现目标转化，提升直播营销活动的效果。一般来说，直播营销前期筹备涉及组建直播营销团队、策划直播营销内容、搭建直播间等多个方面。对于想要开展直播营销的企业和个人来说，需要重视并认真筹备每一个环节。

学习目标

- 掌握直播营销基本流程，使直播营销团队中的成员紧密协作。
- 掌握直播营销内容的策划方法，能够策划出具有创意的直播内容。
- 掌握搭建直播间的方法，能够搭建专业且具有吸引力的直播场景。
- 在直播营销策划中守好底线，不为获得短期利益而采取不正当手段。

引导案例　　　　　　　　　**小米汽车 SU7 的直播营销**

　　2024 年 3 月 28 日 19:00，小米汽车针对首款车型 SU7 正式开启上市发布会。此次发布会在哔哩哔哩和抖音等平台同时进行直播，时长约 2.5 小时，仅仅在抖音的直播观看人次就达到了 1200 万人。发布会后，小米汽车在微信、微博等平台上公布订单数据。数据显示，小米汽车在交易开放后实现大定（已交付定金、确认购车意向的用户订单）4 分钟破 1 万台、7 分钟破 2 万台、27 分钟破 5 万台的惊人成绩。与此同时，与小米汽车 SU7 有关的话题更是登上各大平台的热搜榜，引发大量用户关注和讨论。

　　实际上，小米汽车的直播营销团队很早就开始筹备 SU7 的发布会直播，对推广宣传、内容策划、后期传播等的每一个环节都力求做到精益求精。在推广宣传上，小米汽车的直播营销团队下足了功夫。直播营销团队不仅在微博、微信公众号、抖音等官方账号上发布与 SU7 有关的预热海报、答网友问笔记、悬念视频等宣传内容，还通过精准投放广告，与其他知名博主合作，吸引大量用户的关注和讨论。另外，直播营销团队还联合汽车、科技领域的知名博主发布汽车照片、汽车测评、试驾反馈、技术特性介绍等内容，以扩大产品和品牌的影响力。上市发布会直播当日，小米汽车更是联合小鹏汽车、长城汽车、深蓝汽车等品牌发布"向前"主题的直播营销海报。结合这一系列营销手段，小米汽车 SU7 上市发布会直播当天吸引了千万名用户的实时观看。在内容策划上，发布会直播以小米汽车 SU7 为焦点，全方位、多角度地介绍了车型、配色、价格、续航能力和智能生态，展现出小米 SU7 在未来出行领域的前瞻视野和技术实力。此外，发布会直播并未止步于产品本身，而是更进一步，深入探讨小米汽车的战略定位与长远愿景，不仅为用户勾勒出小米汽车作为新兴汽车品牌的市场定位与差异化竞争优势，还成功地将品牌理念与用户对于高品质、智能化生活的向往紧密相连，激发用户的情感共鸣与品牌认同感。在后期传播阶段，小米汽车的直播营销团队继续发力，不仅在微信、微博等官方账号上分享发布会的直播回放，为错过直播的用户提供回看服务，还精心剪辑了发布会直播的精彩内容，制作了一系列精彩纷呈的短视频合集。

案例思考：（1）针对小米汽车 SU7 开展的直播营销属于什么形式？

（2）为什么开直播前要进行筹备？请结合小米汽车 SU7 的发布会直播进行回答。

2.1　直播营销基本流程

一场完整直播营销活动的背后有着明确且细致的工作流程，主要涉及策划筹备、实施执行、后期传播和复盘等关键环节。企业和个人掌握直播营销的基本流程有助于合理分配资源，如人力、财力和物力，确保直播营销活动的顺利进行。

2.1.1　直播营销策划筹备

直播营销策划筹备属于直播营销活动的前期准备环节。该环节涉及的工作较多，一般包括表 2-1 所示的具体事项。

表 2-1　直播营销策划筹备环节的具体事项

事项	具体内容
明确直播营销目标	具体指一场直播营销活动预期实现的目标，如提升品牌知名度、促进产品销售、增加粉丝等。同时，直播营销目标应当是可量化且符合实际的，如销售额突破 50 万元、新增粉丝 5000 人等
确定直播营销团队成员	确定好直播营销团队的人员配置和职能分工，保证团队成员职责分明、各司其职，共同协作完成直播营销活动
制订直播营销策划方案	直播营销策划方案是对直播营销活动整体思路的梳理性文件，内容包括直播营销目标、直播营销主题、直播平台、直播营销内容框架、直播营销形式、直播营销互动玩法、直播营销推广计划、成本费用预算等
选择并布置直播场地	根据直播的需要选择合适的直播场地，如办公室、线下门店、种植基地等，并适当布置场地，创造美观、真实的直播环境

续表

事项	具体内容
准备直播设备	准备直播可能需要使用的软硬件设备，如手机、计算机、摄像头、补光灯等，并提前调试好直播设备，防止设备发生故障
准备直播物料	准备直播需要使用的样品及辅助道具（手写板、计算器等），以及直播封面图、直播标题、直播脚本、宣传短视频等
开展宣传推广	根据宣传计划提前在用户活跃度较高的平台，如微信、微博、小红书等进行宣传推广直播活动，让更多用户知晓直播信息，吸引用户准时观看直播

2.1.2　直播营销实施执行

直播营销实施执行环节就是指直播正式开播到下播的整个环节，按照直播开展阶段的不同，可以分为直播开场、直播过程和直播结尾 3 个阶段。

1. 直播开场

直播开场是直播正式开始后的首个阶段，也是吸引用户注意力、营造直播氛围和奠定整场直播基调的重要阶段。一般来说，直播开场最好设置一个精彩的开场白，为接下来的直播内容做好铺垫。接下来，主播应简要介绍自己和直播主题，以便用户快速了解本次直播。此外，主播还可以预告直播中的福利活动，如抽奖、优惠券等，从而让用户对本场直播营销活动产生兴趣。

2. 直播过程

直播过程是直播的核心阶段，一般以产品的讲解、展示和试用 / 试穿为主，从而让用户了解产品，并对产品产生购买兴趣。为提升用户的参与度，主播在直播过程中还会设置一些互动环节或活跃气氛的活动，如提问互动、才艺表演、抽奖活动等。这不仅有助于提升直播的趣味性，还能增强用户对主播及产品的兴趣和信任。

3. 直播结尾

直播结尾是直播的收尾阶段，也是巩固用户印象，促进销售转化的重要阶段。在该阶段，主播应简要总结本次直播，回顾直播中的亮点和重点产品，然后感谢用户的参与和支持，并与用户告别。此外，主播还可以引导用户关注直播账号，将用户转化为粉丝，进而引导用户加入粉丝群。

2.1.3　直播营销后期传播

直播从正式开播到下播一般只有几个小时，但是下播并不意味着直播营销活动的结束，因此在下播后还需要完成直播营销后期传播工作。在直播营销后期传播工作中，直播营销团队需要采取一系列策略来维持直播的影响力。例如，整理直播中的亮点、精华内容或有趣瞬间，制作成短视频、动图或文章，再通过微信、微博、抖音等平台进行分享；将直播内容进行剪辑加工，以短视频＋产品链接的形式进行上传等。这些内容不仅可以让错过直播的用户了解精彩内容，扩大直播的影响力，还能促进产品的转化。

专家指导

　　将主播在直播中的精彩讲解和高光瞬间剪辑成短视频（实际就是直播切片），并发布到平台上进行引流和带货，目前已经成为一种比较重要的内容生产方式。直播切片可以扩大直播内容的传播范围，为主播带来更多的曝光和流量。

2.1.4　直播营销复盘

　　直播营销复盘是直播营销活动的最后一个流程，是指在直播营销活动结束后，直播营销团队分析整个直播过程，总结相关经验。总体来说，直播营销复盘工作主要包括以下两个方面的内容。

　　（1）直播过程复盘，即组织直播营销团队开展讨论和总结，了解团队成员的工作是否执行到位，团队成员的工作状态如何，遇到什么问题，以及如何解决问题等。在分析讨论后，直播营销团队可以整理讨论结果，以积累相关经验并形成标准化的执行流程，从而全面提升直播营销流程的执行效率。

　　（2）直播数据复盘，即组织直播营销团队统计与分析直播数据，一般需要统计直播间累计观看人数、平均在线人数、人气峰值、用户平均停留时长、订单量、销售额等直播数据，并对比直播营销目标进行分析，判断直播效果。

2.2　组建直播营销团队

　　在开展直播营销活动之前，建立一个专业、有序和高效的直播营销团队至关重要。直播营销团队负责策划、执行和管理直播营销活动，团队成员各司其职，共同发挥各自长处，完成直播营销工作。

2.2.1　直播营销团队人员配置

　　每个直播营销团队的组织结构及人员配置因业务需求的差异而有所不同。一般而言，一支完整的直播营销团队大多会涉及主播、副播、助理、场控、策划、运营、客服、商务等人员，具体如表 2-2 所示。

表 2-2　直播营销团队人员配置

人员	职责
主播	团队核心人物，主要负责出镜直播，具体工作包括介绍与展示产品、与用户互动、引导用户关注，以及参与直播策划筹备、选品、复盘等
副播	协助主播工作，包括补充产品信息、制造话题、烘托气氛、担任临时主播等
助理	负责直播前后的相关工作，如产品整理、直播宣传引流、准备直播物料、设备调试等，以及在直播过程中协助主播和副播处理各种事务
场控	负责整场直播的后台操作，把控直播间氛围和节奏，与主播进行画外音互动，管理直播间用户弹幕，监测与反馈直播间数据，处理直播出现的突发状况等
策划	负责直播内容的策划和创意构思，包括直播主题、活动设计、互动环节等；负责制定直播方案、设计直播脚本，以及制定直播预热宣传方案、引流方案和互动方案等
运营	负责直播有关的运营工作，包括选品、产品规划、广告投放、直播账号运营、统计与分析直播数据等。此外，还可能需要对接其他部门，如市场部、物流部等
客服	负责回答用户的咨询，处理售后问题，提供优质的客户服务，以及解决用户在直播过程中遇到的问题等
商务	负责与品牌方、供应商、合作伙伴等进行商务沟通和合作洽谈，拓展直播营销的合作渠道，为团队带来更多的商业机会

专家指导

除了以上人员，部分直播营销团队还有选品、美工等人员。其中，选品是指负责挑选和确定直播产品的人员，其需要根据市场需求和用户偏好等挑选出符合标准和质量要求的产品；美工主要负责视觉设计和创意工作，包括设计直播场景、设计直播宣传海报和制作预告视频等。

2.2.2　直播营销团队组建方案

组建直播营销团队是一个循序渐进的过程，直播营销团队的人员配置是非常灵活的，总的来说，根据预算和业务需求等的不同，直播营销团队的组建方案主要有以下 3 种。

拓展资源

组建直播营销团队注意事项

1. 低配团队

如果企业和个人的预算不高，那么可以组建一个比较精简的直播营销团队，即至少配置 1 名主播和 1 名运营。低配团队对运营的要求较高，运营需同时承担副播、助理、场控、策划、客服、商务等岗位的工作。也就是说，运营既要懂技术、会分析数据，又要会策划、能控场。

2. 标准团队

如果企业和个人的预算充足，或业务规模变大，那么可以组建一支标准的直播营销团队。一般来说，标准的直播营销团队通常会配置 1 名主播、1 名助理、1 名场控、1 名策划、1 名运营。标准团队属于比较成熟的直播营销团队。如果预算不足，可以减少策划的人员配置，并由运营来完成策划工作。

3. 高阶团队

随着直播业务的发展壮大，企业和个人的业务需求逐渐增多，在预算十分充足的情况下，可以考虑将标准团队升级成一支成熟、完善的高阶团队。高阶团队即在标准团队的基础上，增设新的岗位或增加原有岗位的配置人数，这样可以细化工作内容，提高直播的效率和收益。一般来说，高阶团队除了设置 1 ~ 2 名主播、1 名副播或助理、1 ~ 2 名场控、1 ~ 2 名策划、1 ~ 2 名运营、1 名客服、1 名商务，还可以增设选品、美工等人员。

> 🏷 **课堂活动**
>
> 学生们按照标准团队的组建方案划分小组，每个小组组成一支直播营销团队，并详细划分成员的职责。

2.3　策划直播营销内容

优质的直播营销内容能够吸引用户的持续关注，并建立起与主播、直播间、产品等的情感联系。在前期筹备环节中，策划具有差异性、创新性的直播营销内容，对提升直播间知名度、促进销售转化、增强用户黏性，以及应对竞争压力等都具有重要意义。

2.3.1　直播选题策划

直播选题是指为直播活动确定的中心议题或核心内容。它决定直播的方向、风格以及所吸引的用户群体。

1. 策划直播选题的原则

策划直播选题需要遵循一些核心原则，否则直播可能不被用户所接受，甚至可能会被判定为低质量直播。

（1）符合规则。策划直播选题需要符合直播平台的规则，不能涉及直播平台明确规定的违规内容。

（2）符合定位。策划直播选题需要符合主播人设和直播账号的定位，如主播的人设定位为美妆博主，则直播选题就要与美妆相关。

（3）体现创意。直播选题要具有创意，即便只是做出一点微小的创新也会带来截然不同的效果。例如，某美妆博主日常的直播内容为美妆教程，那么可以选取当前热播或经典的电视剧作为灵感来源，设计一系列与之相关的妆容主题，这就有可能吸引关注电视剧的用户观看该美妆博主的直播。

（4）符合用户需求。直播平台通常都具备用户画像功能，通过该功能可以查看目标用户的性别、年龄、地域、活跃度等具体特征，并利用这些特征分析出用户的需求。例如，抖音某直播账号的用户以一、二线城市中等收入的女性白领为主，这类用户对生活品质有较高的要求，不希望工作占据过多时间，并需要进行自我肯定和自我突破。通过分析用户特征，直播营销团队就可以在直播中增加提升生活品质、提升自我等内容。

2. 策划直播选题的角度

合适、优质的选题能让直播更受欢迎。直播营销团队需要找准直播内容的切入角度，从而找到策划直播选题角度的突破口。常见的直播选题角度有以下 5 个。

（1）热点事件角度。热点事件作为社会舆论的焦点，往往能够在短时间内吸引大量用户的注意力。热点事件自带流量和关注度，为直播营销提供了天然的土壤。策划与热点事件相关的选题，不仅能够迅速吸引关注热点事件的用户，还能借助事件的热度提升直播的曝光度和影响力。一般来说，热点事件包括体育赛事（如国际足联世界杯、奥林匹克运动会）、文化庆典（如春节、中秋节、电影节、音乐节、艺术节等）、社会热点话题等。直播营销团队可以结合微博热搜榜单、知微事见等平台获取热点事件。

（2）产品特性角度。从产品特性角度出发，直播营销团队可以围绕产品的独特卖点和使用效果等策划直播选题。例如，某美妆品牌新推出一款护发精油，那么可以策划一场主题为"护发精油测评"的直播营销活动，通过现场演示和对比，让用户直观地了解护发精油的卖点，吸引用户主动了解并购买护发精油。

（3）专业知识角度。价值是吸引用户观看直播的重要因素之一。从专业知识角度开展的直播，主要是通过分享专业知识、技能、经验或见解，为用户提供有价值的内容。例如，针对美妆品牌，可以举办一场主题为"秋季护肤知识讲座"的直播，邀请皮肤科医生分享秋季护肤的注意事项和技巧。这样的直播不仅能够提升用户的专业知识水平，还能增强直播的专业性。

（4）情感共鸣角度。情感是一种人适应生存的心理工具，也是一个人际交流的重要手段。从情感角度策划的直播可以令用户产生共鸣，包括情绪上的共鸣、观念上的共鸣、经历上的共鸣、身份上的共鸣以及审美上的共鸣等，从而使用户认同直播内容，产生购买行为。例如，家居品牌可以策划一场主题为"家的温暖"的直播，通过展示温馨的家庭场景，分享家庭成员之间的感人故事，以及介绍如何打造舒适、友爱的家居环境，激发用户产生与家有关的思考，从而产生强烈的情感共鸣。

（5）跨界合作角度。跨界合作为直播选题策划提供了更多的可能性和创意。直播营销团队可以与其他品牌或知名人士进行跨界合作，共同策划直播营销活动。例如，饰品品牌可以与服饰品牌合作举办一场主题为"时尚搭配大赛"的直播，邀请时尚博主、设计师作为嘉宾。

2.3.2 直播互动策划

为达成直播营销目标，吸引更多用户观看并参与直播，直播营销团队还应当开展直播互动策划。当前常见的直播互动方式主要有红包互动、抽奖互动、游戏互动、弹幕互动和连麦互动等。直播营销团队可以根据直播预算、内容表现形式等进行策划。一般来说，一场直播可以选择 2 ～ 3 种互动方式。

1. 红包互动

红包互动是增强用户参与度，提升直播间人气并延长用户停留时间的有效手段，能有效激发用户的互动热情。直播营销团队在策划红包互动时，可以选用的红包形式有红包雨、普通倒计时红包、整点红包、口令红包等。

（1）红包雨。红包雨在淘宝直播中比较常见，发放后，屏幕中会像下雨一样掉落红包，用户只要点击落下的红包，就有机会领取红包。红包的金额一般不固定，且数量较多。

（2）普通倒计时红包。在直播间投放普通倒计时红包后，红包一般会以倒计时的形式挂在直播间左上角，待倒计时归零后，用户点击该处就可领取红包，如图 2-1 所示。

（3）整点红包。整点红包是一种整点自动投放的红包，可以强化用户对红包投放时间的记忆，延长用户在直播间的停留时长，或在设置的整点时间召回用户。例如，直播时间为 19:00 ～ 23:00，直播营销团队可以在 20:00、21:00、22:00 这 3 个整点时间投放整点红包，吸引用户在整点时间准时进入直播间。

（4）口令红包。口令红包发放前，主播会向用户公布一串文字口令，用户在直播间底部的输入框中输入该口令，发送后即可领取口令红包，如图 2-2 所示。直播营销团队在发放口令红包时，可将口令红包的链接分享至微信、微博等平台，以吸引更多用户进入直播间。

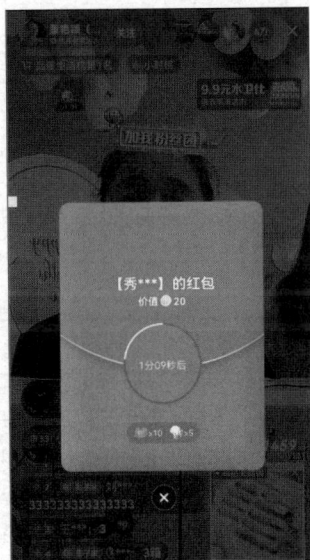

图 2-1 普通倒计时红包　　　　　　图 2-2 口令红包

为提升用户的参与度，营造热闹的"领红包"氛围，派发红包前，主播可以提前告知用户，或者在正式派发红包的前几秒、前几分钟提醒用户。

2. 抽奖互动

抽奖也是直播互动的一种重要方式。观看直播的用户一方面想要通过直播获得有价值的内容或产品，另一方面也想体验直播的乐趣。抽奖这种互动方式充满未知和惊喜，能够调动用户的互动积极性。当前直播抽奖的形式比较丰富，主要有以下 4 种。

（1）签到抽奖。对于每日定时开播的直播，可以设置签到抽奖。签到规则可以是用户连续七天来直播间签到、评论，并保存好签到、评论的截图发给相关工作人员，待审核无误后，用户即可抽取一份奖品。在签到环节，主播要积极与用户互动，营造热烈的互动氛围，激发用户的情感共鸣，这样可以延长用户的停留时间，进而产生更好的营销效果。

（2）点赞抽奖。点赞抽奖是指直播每达到一定的点赞数量后就抽奖一次的抽奖形式。这种形式的操作较简单，但点赞数量不能盲目设置，应当依据直播账号粉丝量合理设定。点赞抽奖要求主播的控场能力和节奏感较强，能在快要达到规定点赞数量时及时和用户沟通，引导用户点赞，准时参与抽奖。点赞抽奖可以给用户持续的停留激励，刺激黏性更强、闲暇时间更多的用户在直播间停留更长的时间，也有利于增加用户进入直播间的次数和回访的次数。

（3）问答抽奖。问答抽奖即主播提问、用户留言回答问题，用户回答正确即可参与抽奖的抽奖形式。问答抽奖的问题一般与直播内容、主题或产品有关。通过问答抽奖，一方面可以增强直播的趣味性，延长用户在直播间的停留时间，提升直播间热度；另一方面可以强化用户对直播内容、主题或产品的印象，达到扩大直播影响力和宣传产品等的目的。需要注意的是，主播在提出问题时要把握好问题的难易度，在保证问题具有吸引力的同时，让更多用户参与到问答抽奖。

（4）评论抽奖。评论抽奖是指在评论区写下指定内容即可获得抽奖资格的抽奖形式。这种抽奖形式用福利吸引用户发送内容，在营造直播间氛围的同时也能提升用户对直播间产品的好感度。例如，某抖音主播在一次直播活动中使用了"超级福袋"功能，让用户评论"羽绒服有优惠，欢迎大家选购"来获得抽奖资格，大量用户纷纷评论指定内容。

专家指导

部分直播间还会将时间节点、直播间在线人数、直播观看时长等作为抽奖条件进行抽奖。例如，在 20:00、20:30 进行抽奖；当直播间在线人数达到 1 万人、5 万人时抽奖；直播观看时长达 10 分钟时即可参与抽奖等。

3.　游戏互动

游戏互动一般是指在直播间发起互动游戏，以提高直播的互动率并增加用户的观看时长。常见的互动游戏较多，如我画你猜、脑筋急转弯、选信封、猜歌名 / 电影 / 电视剧等。

（1）我画你猜。主播通过绘画描述特定主题或产品，用户则需通过弹幕猜测所画内容是什么主题或产品。为加深用户对直播内容、主题或产品等的记忆，主播画的内容要尽量与本次直播相关。

（2）脑筋急转弯。脑筋急转弯是一种富有娱乐性和益智性的语言游戏。它通常通过提出一个看似简单但实际上需要巧妙思考或跳出常规思维才能回答的问题，来考察用户的思维灵活性、逻辑推理能力和创造力。主播提出一系列富有挑战性的脑筋急转弯问题，用户需迅速思考并通过弹幕给出答案，这种游戏不仅能够锻炼思维，还可以增添直播的趣味性。

（3）选信封。主播准备多个信封，内含不同的小惊喜或任务，用户通过弹幕、点赞等方式参与抽取，增加直播的随机性和互动性。

（4）猜歌名 / 电影 / 电视剧。主播播放歌曲片段，电影或电视剧的经典台词或场景，用户猜测对应的作品名称，这种游戏可以有效调节直播氛围。

4.　弹幕互动

弹幕互动也是与用户进行有效互动，拉近与用户之间的关系，提升用户活跃度的重要方式。弹幕互动使得直播不再是一个单向的观看过程，而是变成了一个双向的互动体验过程。直播营销团队在策划弹幕互动时，可以从以下方面入手。

（1）提问。直播营销团队可以根据直播的主题和内容，设计一些具有吸引力、开放性的问题。这些问题可以涉及产品特性、使用心得、用户需求等方面。然后在直播的不同阶段，主播适时地提出问题，引导用户发送弹幕与主播互动。另外，在策划问题时，为保持直播的秩序和效率，直播营销团队还可以指定用户发送的弹幕内容，如"这款包包有黑色和白色两个颜色，小伙伴们想要哪个颜色？想要黑色的发 1，想要白色的发 2"。

（2）发起话题讨论。发起话题讨论可以有效激发用户发送弹幕的欲望。直播营销团队可以根据当前的热点事件、社会现象或用户兴趣，选择具有讨论价值的话题。这些话题应具有广泛的用户基础，能够引发用户的共鸣和讨论。在直播时，主播还应当引导用户参与弹幕互动，确保话题讨论的方向与直播主题、内容等保持一致。同时，主播也要鼓励用户发表自己的见解和看法，形成多元化的讨论氛围。

5.　连麦互动

连麦互动是指两个人或多个人在同一个直播间或频道里进行交流的行为。连麦互动是比较常见的一种直播互动方式，主播可以与用户连麦互动，也可以与其他直播间的主播连麦互动。与弹幕互动相比，连麦互动提供了更加深入、具体的交流机会。通过连麦互动，主播不仅可以更加直接地收集到用户对直播内容、产品、服务等方面的反馈，还可以扩大直播内容的传播范围，提升直播的知名度和影响力。另外，根据互动目的和用户特点，直播营销团队还可以设计合适的连麦互动环节，如问答环节、讨论环节或游戏环节等。

课堂讨论

你在观看直播时是否参与过直播互动？你更愿意参与上述哪种直播互动方式？

案例在线　　科沃斯别出心裁的周年庆直播

周年庆是各大品牌重要的营销节点，是品牌与用户拉近距离，提升好感度的好机会。2023 年 3 月 11 日是家用机器人品牌科沃斯成立 25 周年的日子。为了将周年庆策划得独具特色，科沃斯以"携手二十五载，共赴星辰大海"为营销主题，在直播间与用户们共同庆祝。

在科沃斯看来，直播间不仅是销售产品的平台，更是与用户建立深厚情感、实现直接交流的宝贵互动空间。这次周年庆直播，科沃斯采用多种互动方式与用户互动。例如，在直播开场环节，为感谢用户的长期支持与陪伴，科沃斯先为用户送上了一波生日红包，成功点燃了热闹的气氛，用户也纷纷发送弹幕表达惊喜与感激之情。在内容构思上，科沃斯大胆创新，不采用以往推荐产品、给予优惠价格的传统直播带货模式，而是以"文化""智能""生活"等关键词为核心，与添可、方太、vivo、外星人等多个品牌进行别开生面的连麦互动直播。例如，在与添可的连麦互动直播中，两个品牌采用聊天的形式和直播间的用户分享彼此的成长故事；在与外星人的连麦互动直播中，双方在科技创新方面的理念一拍即合，给用户送上了一场科技会谈。此外，科沃斯还采用抽红包的方式引导用户发送指定内容的评论，如发送"科沃斯大卖""25 周年快乐"等就有机会抽取 100 元或 500 元的红包。科沃斯这场周年庆直播长达 12 个小时，根据科沃斯官方发布的有关数据，科沃斯与添可的首次连麦互动直播触达人群规模超 20 万人，在线观看人数创历史新高，增粉率同比增长 135%。

案例点评：科沃斯的周年庆直播是一次成功的品牌与用户深度互动的创新实践。科沃斯采用红包互动＋抽奖互动＋连麦互动等多种方式，不仅增加了直播的趣味性，成功地将直播间打造成一个与用户深度交流的互动平台，还展现出开放、包容的品牌态度，提升了品牌的行业影响力。

2.3.3　直播促销策划

开展直播促销活动是提高产品的曝光率、吸引用户、促进销售转化的有效方式。目前可以采用的直播促销类型较多，直播营销团队可以根据具体目标、产品特性以及目标用户群体的差异而灵活地组合使用，以达到较大的营销效果。

1. 直播促销主题策划

一个明确的的直播促销主题不仅能够确定直播营销活动的核心目的，还能够激发用户的兴趣，增加参与直播的可能性。直播促销主题多种多样，常见的包括节日/季节促销、品牌/产品主题促销、特定事件促销、行业特色促销等。

（1）节日/季节促销。即结合特定的节日或季节，如春节、端午节、中秋节、国庆节，以及春季、夏季等进行促销。另外，为促进销售，直播平台还会自主策划一些节日或季节促销主题。这些节日或季节可能并非传统的节日或季节，而是直播平台根据市场需求和用户心理，创新性地设定的促销节点，如"双十一""双十二"等。

（2）品牌/产品主题促销。即以品牌或产品为中心策划的促销主题，如新品发布、品牌周年庆等。这类促销主题不仅有助于提升品牌知名度和产品销量，还能够增强用户对品牌的认知度和忠诚度。

（3）特定事件促销。即围绕品牌有关的特定事件策划的促销主题，如代言人生日、直播账号粉丝破纪录、会员专享日等。

（4）行业特色促销。即针对所属行业而策划的促销主题，如美食探索直播、理想家居打造直播、旅行环游直播等。这种促销主题是一种结合所属行业特性和用户需求的创新促销方式，可以增强用户对行业的认知和兴趣，同时提升品牌知名度和产品销量。

2. 直播促销方式策划

明确直播促销主题后，再结合有吸引力的促销方式，可以很好地提升直播促销活动的效果、用户参与度和购买转化率。常见的直播促销方式有折扣促销、满减促销、满赠促销、特价促销、组合套餐促销、优惠券促销等。

（1）折扣促销。折扣促销又称打折促销，是指直播营销团队根据产品原价确定一定的让利系数，进行减价销售的一种促销方式。根据打折的方式，折扣促销又可以分为直接折扣、阶梯折扣等。直接折扣也称为简单折扣或固定折扣，如"全场 8 折"；阶梯折扣即根据购买数量的不同，提供不同的折扣力度，如"1 件 8 折、2 件 7 折、3 件 6 折"等。

（2）满减促销。满减促销是指通过设定一定的消费金额门槛，当用户购买金额达到或超过该门槛时，就能享受一定金额减免的一种促销方式。直播营销团队可以设定多个不同的消费金额门槛，每个门槛对应不同的减免金额，如"满 100 元减 10 元、满 300 元减 40 元、满 500 元减 60 元"等。这种促销形式能够鼓励用户增加购买金额，以达到更高的减免金额。

（3）满赠促销。满赠促销与满减促销类似，即当用户购买产品的金额达到或超过设定的消费门槛时，可额外获得特定赠品的一种促销方式。赠品的形式包括与购买产品相关的配套产品、服务类的赠品（如免费的售后服务、延保服务）等。

（4）特价促销。特价促销是指将部分产品以低廉的价格进行销售的一种促销方式。这种促销方式通常用于清仓处理、新品推广等场景。特价商品的价格一般低于市场价格，具有很强的吸引力。直播营销团队在选择特价产品时，需要确保产品的质量合格，避免因为质量问题影响用户对品牌的信任度。同时，特价产品的数量也需要合理控制，以避免过度促销导致库存积压或利润下降。

（5）组合套餐促销。组合套餐促销是指将多个相关产品组合在一起，以更具吸引力的价格进行销售的一种促销方式。这种促销方式能够让用户以更低的价格购买到多个产品。例如，将洁面乳、水乳等护肤品组合成一个套餐出售，或者将奶粉、尿不湿等母婴用品组合成一个套餐出售等。直播营销团队在制定组合套餐时，需要确保套餐内的产品具有互补性，能够满足用户的多样化需求。同时，套餐的价格也需要合理设置，以确保一定的利润空间。

（6）优惠券促销。优惠券促销是指通过发放优惠券而让用户在购买产品时享受价格减免的一种促销方式。一般来说，优惠券的设置需要注意几个要点，一是优惠券金额的设置，应当根据产品定价、利润空间和市场竞争情况合理设定；二是使用门槛的设置，为促进产品转化，应当设置合理的使用门槛，如满额使用，但门槛不宜过高，以免降低优惠券的吸引力；三是有效期的设置，可以设置为几天到一周，以激发用户的购买欲望。

专家指导

以上直播促销方式各有优点，直播营销团队在策划时可以根据产品属性和市场需求选择几种来进行组合。

素养课堂

诚信是建立信誉的基石，直播营销团队不能为提升产品销售额而在促销时故意涨价。我们在日常生活中也应当践行诚信美德，如不抄袭、考试不作弊、不欺骗等。

2.3.4　直播脚本策划

直播脚本是一个梳理直播流程和直播内容的书面指南，可以辅助直播营销团队明确直播的内容，把控直播的节奏，规范直播的流程，达到直播的预期效果，实现直播效益的最大化。直播脚本包括整场直播脚本和单品直播脚本两种，二者共同为直播的顺利开展提供指导，缺一不可。

1. 整场直播脚本策划

整场直播脚本是对整个直播流程和内容的细致说明，强调直播流程、时间、工作配合等，可以让直播营销团队的成员根据工作职责实现默契配合。其中，直播流程是整场直播脚本的重点部分，直播流程的设计一般是先规划好时间节点，然后规划不同时间节点的主要工作、人员安排、产品等。

另外，整场直播通常有一定的流程，首先是开场环节，主要是主播自我介绍、直播预热等；其次是直播中间环节，需要详细讲解要销售的产品，中途可设置互动环节；最后是结尾环节，主要包括总结直播并致谢或预告下一次直播等。表 2-3 所示为某品牌的整场直播脚本示例。

表 2-3　某品牌的整场直播脚本示例

×× 品牌整场直播脚本				
直播时间	2025 年 1 月 1 日 20:00—22:00			
直播地点	第 2 直播室			
直播主题	×× 品牌元旦大促销			
直播目标	吸引 5 万人进入直播间，销售额达到 200 万元以上			
商品数量	15 款			
主播介绍	王文文			
时间	环节	人员分工		
		主播	助理	场控
20:00—20:10	直播开场	自我介绍，与进入直播间的用户打招呼，介绍直播开场的抽奖规则，强调元旦促销优惠，剧透今日主推款产品	演示抽奖方法，回答用户在直播间的问题	向各平台分享开播链接，收集中奖信息
20:11—20:20	活动剧透	简单介绍本场直播的所有产品，说明直播间的优惠力度	展示所有产品，补充主播遗漏的内容	向各平台推送直播活动信息
20:21—20:35	讲品	讲解第 1 至第 3 款产品，全方位展示产品外观，详细介绍产品特点，回复用户问题，引导用户下单	与主播完成画外音互动，协助主播回复用户问题	发布产品的链接，回复用户订单咨询
20:36—20:38	红包活动	与用户互动，发送红包	提示发送红包的时间节点，介绍红包活动规则	发送红包，收集互动信息
20:39—20:53	讲品	讲解第 4 至第 6 款产品	与主播完成画外音互动，协助主播回复用户问题	发布产品的链接，回复用户订单咨询
20:54—20:56	福利赠送	点赞数满 1 万即抽奖，中奖者获保温杯一个	提示赠送福利的时间节点，介绍抽奖规则	收集中奖者信息，与中奖者取得联系
20:57—21:11	讲品	讲解第 7 至第 9 款产品	与主播完成画外音互动，协助主播回复用户问题	发布产品的链接，回复用户订单咨询
21:12—21:14	福利赠送	点赞数满 3 万即抽奖，中奖者获 30 元优惠券一张	提示赠送福利的时间节点，介绍抽奖规则	收集中奖者信息，与中奖者取得联系
21:15—21:29	讲品	讲解第 10 至第 12 款产品	与主播完成画外音互动，协助主播回复用户问题	发布产品的链接，回复用户订单咨询
21:30—21:32	红包活动	与用户互动，发送红包	提示发送红包的时间节点，介绍红包活动规则	发送红包，收集互动信息

续表

时间	环节	人员分工		
		主播	助理	场控
21:33—21:47	讲品	讲解第13至第15款产品	与主播完成画外音互动，协助主播回复用户问题	发布产品的链接，回复用户订单咨询
21:48—22:00	直播结尾	总结本次直播并感谢用户的支持，引导用户关注直播间	感谢用户，协助主播退场并回复用户问题	收集在线人数等数据，分析每款产品的点击转化数据，回复用户的订单咨询

2. 单品直播脚本策划

单品即单个产品，单品直播脚本是指以单个产品为单位的脚本。在介绍单品时，主播除了要依照整场直播脚本的顺序介绍产品，还要熟悉单品直播脚本，掌握产品的特点和促销策略，以便更清楚地将产品的亮点和优惠活动告知用户，进而刺激用户购买。

单品直播脚本是围绕产品撰写的，一般表现为推荐产品的话术，核心作用是突出产品卖点。一般来说，单品直播脚本中应当包含以下4个要素。

（1）产品或品牌介绍。先用话题引出产品或品牌，然后介绍产品或品牌的基本信息。

（2）卖点介绍。介绍产品的属性、功能或作用，说明产品值得购买的原因。产品卖点可以通过运用FAB法则进行提炼。FAB法则中的F指Feature，即属性；A指Advantage，即作用；B指Benefit，即益处。在实际运用中通常按照F、A、B的顺序排列，用于阐述产品的属性、作用以及能够给用户带来的益处，从而说服用户，让用户相信该产品是优质的，并产生购买行为。

拓展资源

FAB 法则

（3）利益点强调。介绍产品可以给用户带来的好处，把非刚需变为刚需。

（4）引导转化。引导用户下单购买，通常需要营造紧迫感，如先拍先得、强调价格优势等。

单品直播脚本多以表格的形式呈现，表2-4所示为某款大米的单品直播脚本示例。

表2-4 单品直播脚本示例

脚本要素	宣传点	具体内容
产品或品牌介绍	产品名称；产品品牌；产品理念	主播今天要给小伙伴们带来的大米，是咱们粮可稻的一款长粒香米，产自黑龙江。粮可稻一直遵循"为健康选好粮"的理念，严格把控大米从农田到餐桌上的每一个环节
卖点介绍	色、香、味、生长条件	给大家拆开看看，大米颗颗均匀饱满、晶莹剔透，闻起来有一股清香。我再帮大家尝一尝煮好的大米，吃起来软软糯糯的，非常可口！入口非常鲜香，有种淡淡的甜味！主播还查了一下这款大米的产地情况，那里土壤肥沃、水质优良，并且采用传统方式种植，不使用化学肥料和农药，绿色环保
利益点强调	福利	有没有小伙伴想要买这款大米的？想要的发1！再说一个好消息，品牌方为了感谢大家的支持，今天只要在直播间下单满500元，还会额外赠送一份价值99元的礼品，里面可能是红肠、蜂蜜等，品牌方也太大方了吧

续表

脚本要素	宣传点	具体内容
引导转化	优惠价格、产品数量	这款大米是5千克装的，平时卖一袋的价格是99元，大家猜它今天在直播间的价格是多少？只要79元！惊不惊喜，意不意外？再加50元，就可以带两袋回家。129元两袋，太划算了！大家准备好了没，倒数3个数上链接，现在下单今天统一发货，先拍先得

课堂活动

利用AI搜索工具在网上搜索整场直播脚本和单品直播脚本模板，查看不同行业、不同产品的直播脚本有何异同。

2.3.5 AIGC辅助直播营销内容策划

AIGC作为一种前沿的AI技术，能够根据用户预设的特定主题、关键词集、格式模板以及风格倾向，自动地创作出涵盖文本文档、视觉图像、音频片段乃至视频作品的多样化内容。将AIGC应用于直播营销的内容策划中，能够显著提升策划效率与创意质量。

1. 认识AIGC

AIGC是运用先进AI技术，特别是深度学习技术，开创性地实现各类数字内容创作的新型模式。AIGC利用先进的深度学习技术与自然语言生成技术，可以实现从简单文本到复杂多媒体内容的全面自动化生成。以下为AIGC的显著特点。

- **自动化生产**：AIGC能精准解读用户指令，迅速生成所需内容，简化人工编辑流程，显著提升内容创作的效率与灵活性。

- **创意驱动**：借助AI技术的学习与自我优化机制，AIGC可以不断探索新颖的创作路径，产出富有创意、引人入胜的内容，从而满足用户日益增长的个性化需求。

- **全媒介展示**：无论是静态图像、动态视频，还是音频、代码等，AIGC都能游刃有余地创作，为用户提供多元化、沉浸式的内容体验。同时，AIGC还能依据用户的反馈动态调整内容策略，确保内容精准匹配用户需求。

- **持续进化潜力**：依托大数据与云计算的强大支撑，AIGC能够不断吸收新知识，优化算法模型，实现内容与技术的双重迭代升级。

2. 常见的AIGC工具

当前AIGC在内容策划中的应用已经比较常见。AIGC工具的类型较为丰富，根据其功能和生成内容的不同，主要分为以下3类。

（1）文本生成类AIGC工具

当前，很多企业推出了文本生成类的AIGC工具，并不断优化，能够智能辅助文本生成、写作报告等，主要有文心一言、讯飞星火、通义等。

- **文心一言**：文心一言是百度公司推出的一款 AIGC 工具。作为百度在人工智能领域的重要成果，文心一言不仅具备人机对话、回答问题、协助创作等基本功能，更在知识增强、检索增强和对话增强等方面表现出色。

- **讯飞星火**：讯飞星火是由科大讯飞推出的一款 AIGC 工具，融合 AI 搜索、PPT 生成、图像生成、内容写作等多种核心功能，在智能客服、智能写作、智能问答、语言学习等领域应用广泛。

- **通义**：通义是由阿里巴巴推出的一款 AIGC 工具，能够执行自然语言理解、文本生成、视觉理解、音频理解、工具调用、角色扮演、智能体等多种任务。

（2）图像生成类 AIGC 工具

除文本生成类 AIGC 工具，专门的图像生成类 AIGC 工具也非常多，如文心一格、美图设计室、通义万相等。如果有参考图，这些 AIGC 工具能够根据参考图生成相似风格的图片，实现图生图。另外，一些设计工具或网站也集成了 AIGC 的图片生成技术，如稿定设计、创客贴等。用户只需要输入相应的主题，就能快速生成各类图片或素材，如小红书封面图、公众号首图、竖版视频封面等。图 2-3 所示为稿定设计的稿定 AI 板块。

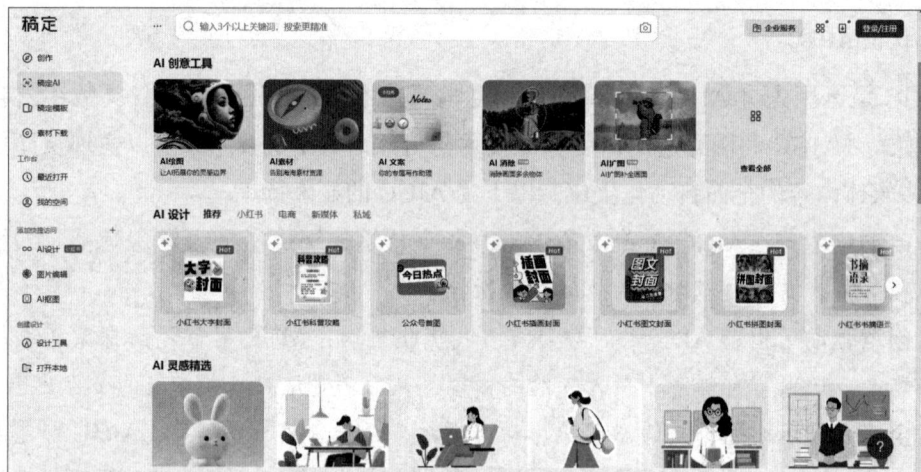

图 2-3　稿定设计的稿定 AI 板块

（3）视频生成类 AIGC 工具

AIGC 目前在视频生成方面的应用也非常广泛，如智能视频剪辑与合成、特效添加与视频处理、语音合成与字幕生成、定制化视频内容生成等。使用视频生成类 AIGC 工具不仅可以极大地简化创作流程，也可以为视频创作者提供新的灵感来源。剪映、腾讯智影、寻光 AI 等都属于视频生成类 AIGC 工具。

- **剪映**：剪映是抖音推出的智能视频编辑软件，具备自动配乐、调整视频速度、添加特效、剪切视频等多种功能。随着 AIGC 在视频方面的应用，剪映也推出了与

AIGC 有关的功能，如视频生成、智能文案和智能包装等。其中，视频生成可以根据文本描述生成不同运镜方式、时长和运动速度的视频；智能文案可根据输入的文案要求自动生成讲解文案、营销文案，甚至能够根据视频素材自动生成配文；智能包装可以智能分析视频素材，自动添加字幕、效果等，一键完成视频的美化。

- **腾讯智影**：腾讯智影是一款智能视频创作工具，集素材收集、视频剪辑、渲染导出和发布于一体，能够为用户提供从端到端的一站式视频剪辑及制作服务。腾讯智影不仅涵盖视频剪辑、文本智能配音、数字人播报、自动字幕识别等多元化功能，还支持云端多人协同编辑与审阅，实现视频制作的深度智能化与高效化。图 2-4 所示为腾讯智影的视频剪辑界面。

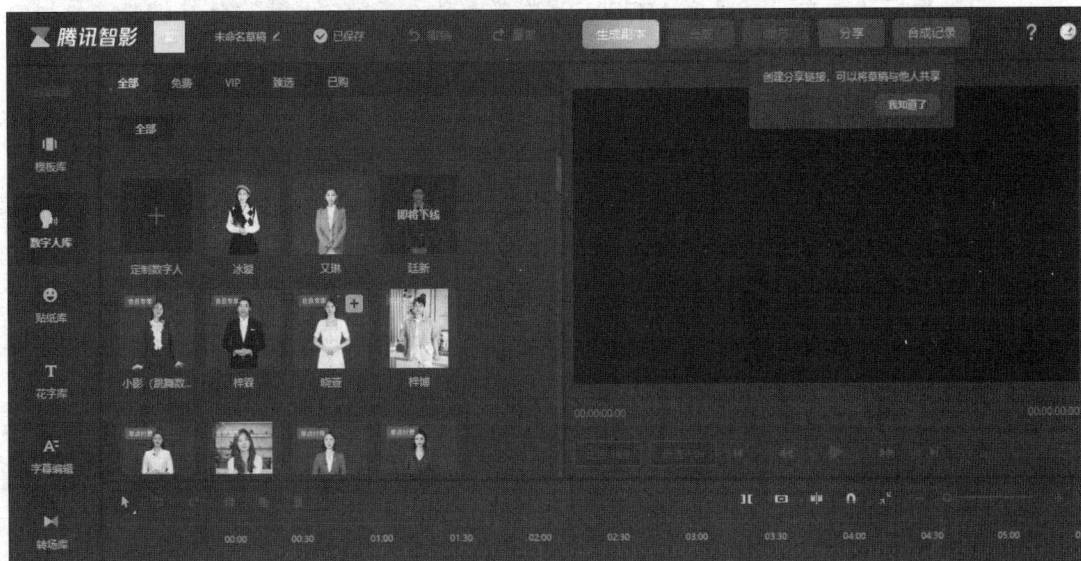

图 2-4　腾讯智影的视频剪辑界面

- **寻光 AI**：寻光 AI 是阿里巴巴达摩院推出的一款全流程视频 AIGC 工具，从剧本创作、分镜生成到素材编辑等全套操作，用户都可以在寻光 AI 上完成。另外，寻光 AI 支持编辑生成及上传的素材，提供角色控制、风格变换、运镜控制、目标消除等多种功能，可以让视频中的元素和对象精准可控。

专家指导

目前很多 AIGC 工具兼具文本生成、图像生成和视频生成功能。例如，文心一言也可以用来生成图片，但生成的效果不及创客贴等图像生成类 AIGC 工具，直播营销团队在使用前要熟悉不同 AIGC 工具的主要功能和生成效果。

3. AIGC 在直播营销内容策划中的应用

AIGC 工具可以辅助生成直播选题、直播预告文案、直播脚本等。不同 AIGC 工具的使用方法大同小异，下面先介绍提示词的写作，再根据不同的直播使用场景详细介绍 AIGC 工具的使用方法。

（1）写作提示词

提示词是指用户在 AIGC 工具的对话框中输入的问题、指令或对话内容。写作提示词旨在激发 AIGC 工具的智能算法，使其能够根据用户意图和上下文生成相应的内容。提示词对于生成内容的质量和准确性至关重要。精准、明确的提示词往往能够引导 AIGC 工具生成更加符合用户期望的内容。下面介绍 AIGC 提示词的写作技巧。

- **明确目标和需求**：即明确 AIGC 工具需要干什么，如"生成一篇直播营销策划方案"，或"生成一篇直播脚本"。另外，应使用简洁明了的语言描述目标和需求，避免使用模糊或歧义的表述。例如，如果想要生成一篇针对"双十一"促销活动的直播营销策划方案，不能只是说"写一篇直播营销策划方案"，而应当说"设计一份针对'双十一'，面向年轻女性用户，以美妆产品为主的直播营销策划方案，要求包含直播主题、互动玩法、促销策略等内容。"

- **补充背景信息**：在写作提示词时，提供充分的背景信息有助于 AIGC 工具更好地生成符合场景需求的答案。例如，需要为某时尚女装品牌的新品设计直播促销方案，那么提示词中可以添加有关新品信息、目标用户等的背景信息，如"请为××品牌'璀璨星河'系列新品设计一场直播促销方案。该系列灵感源自浩瀚星河，将星空元素与时尚女装巧妙融合，打造出一系列梦幻而优雅的设计。新品均采用高品质面料，注重剪裁与细节，旨在满足都市女性对时尚与品质生活的追求。品牌的目标用户为 25 ～ 45 岁的上班族，注重个人形象与品味，喜欢尝试新事物，热衷于线上购物与社交媒体分享。"

- **设定特定角色**：即让 AIGC 工具扮演特定的角色。这不仅可以让 AIGC 工具采用与角色相符的语言风格和表达方式，还能模拟特定角色的思维模式和行为，使其生成的内容与实际情境或场景更为贴近，更具现实感。例如，要让 AIGC 工具生成一篇直播营销策划方案，可以设定 AIGC 工具的角色是一名主播，提示词可以是"你是一名主播，请设计一份针对'双十一'，面向年轻女性用户，以美妆产品为主的直播营销策划方案，要求包含直播主题、互动玩法、促销策略等内容。"

- **指定输出模板**：在写作提示词时，指定输出模板是一种高效且实用的技巧。指定输出模板能够为 AIGC 工具提供一个清晰的结构框架，确保内容按照逻辑顺序展开，避免杂乱无章。例如，要让 AIGC 工具生成一篇直播营销策划方案，那么在写作提示词时，可以说"你是一名主播，请设计……内容。以下为直播营销策划方案的模板，供你参考：……（此处省略直播营销策划方案的模板）。"

┌───┐

专家指导

　　许多 AIGC 工具还提供有提示词润色及优化的功能，能协助用户写作更加准确而清晰的提示词。例如，在文心一言中，用户在对话框中输入一个简单的提示词后，单击"润色"按钮，就能得到一个要求具体、内容全面的提示词。另外，AIGC 工具大多具有连接上下文的功能，如果生成的内容无法满足需求，用户还可以继续输入提示词，让 AIGC 工具进一步优化内容。

└───┘

（2）根据不同使用场景进行写作

　　在直播营销内容策划中，AIGC 工具可以根据不同的直播使用场景灵活生成多样化的内容。下面以文心一言为例介绍 3 个典型的使用场景。

- **利用 AIGC 工具策划直播选题**：进行直播营销内容策划时，直播选题策划经常让直播营销团队感到头痛。利用 AIGC 工具策划直播选题，可以大大减轻直播选题策划的负担，同时提高选题的精准度和吸引力。例如，某运动品牌计划进行一场新品促销直播，但不确定哪种主题更吸引用户，那么可以向 AIGC 工具发出指令，提示词可以是"你是某运动品牌的营销人员，请生成几个有吸引力和创意的新品促销直播选题，并附上简要的策划思路。"AIGC 工具将会根据提示词生成选题，如图 2-5 所示。

- **利用 AIGC 工具进行改写**：直播平台不同，其功能特性、用户群体的内容偏好也不一样。因此，为适配目标直播平台，直播营销团队还需要改写直播营销内容。另外，受限于策划人员的思维定势与经验积累，人工写作的直播营销内容也可能存在缺乏创新或描述不清等情况。此时，就可以使用 AIGC 工具完成改写工作。例如，某直播营销团队撰写了一篇推广直播间的朋友圈文案，准备将该文案改写为小红书笔记，在向 AIGC 工具发出改写指令时，提示词可以是"你是一名小红书博主，请将以下朋友圈文案（此处省略）改写为一篇适合在小红书平台发布的推广笔记，确保内容既保持原意，又符合小红书的用户偏好和风格。"AIGC 工具将会根据提示词改写文案，如图 2-6 所示。

- **利用 AIGC 工具进行仿写**：在直播营销内容策划过程中，直播营销团队会参考和分析一些成功的直播营销案例。这些案例中的优秀元素和创意点，如引人入胜的开场白、有趣的互动环节、独特的展示方式等，都可能成为仿写的对象。仿写并不仅仅是简单地模仿原内容，更是一种在模仿中创新的过程。利用 AIGC 工具进行仿写，可以快速捕捉并分析成功案例中的关键元素，提升仿写效率。例如，某直播营销团队获得了一份写得非常有吸引力的单品直播脚本，准备利用 AIGC 工具进行仿写，提示词可以是"你是一名经验丰富的主播，请参照以下这份单品直播脚本，为智能剃须刀仿写一份同样引人入胜的直播脚本。（此处省略）下面为智能剃须刀的详细信息：（此处省略）"，AIGC 工具将会根据提示词仿写脚本，如图 2-7 所示。

你是某运动品牌的营销人员，请生成几个有吸引力和创意的新品促销直播选题，并附上简要的策划思路。

作为某运动品牌的营销人员，以下是我为新品促销直播精心策划的几个有吸引力和创意的选题，以及相应的简要策划思路：

1. 选题：《"潮流不设限，运动由我定"：XX品牌新品时尚穿搭直播》
策划思路：
- 开场：展示一组由知名时尚博主或模特穿着XX品牌新品的时尚大片，营造潮流氛围。
- 穿搭教学：邀请时尚博主或造型师，现场教学如何将XX品牌新品以不同风格的服饰进行搭配，展现多样穿搭风格。
- 互动环节：设置穿搭挑战，邀请用户上传自己的穿搭照片或视频，由博主或造型师进行点评，最佳穿搭者可获得新品作为奖励。
- 结尾：通过一段由模特穿着新品走秀的视频，展现新品的时尚魅力，同时强调新品发售的紧迫感。

2. 选题：《运动无界，XX品牌新品全球探险直播》
策划思路：
- 开场：通过一段震撼的探险视频或动画，展示世界各地的壮丽景色，引出XX品牌新品将陪伴探险者征服未知的主题。
- 探险体验：邀请几位勇敢的探险家或运动达人，穿着XX品牌新品前往不同的地理环境（如沙漠、雪山、雨林

图2-5 利用AIGC工具策划直播选题

你是一名小红书博主，请将以下朋友圈文案改写为一篇适合在小红书平台发布的推广笔记，确保内容既保持原意，又符合小红书的用户偏好和风格。
今晚8点，我们的直播间将有大级优惠券发放！不仅有各种精选好物，还有神秘嘉宾来到直播间，一定记得准时参与哦！

🎉今晚8点，我有个超棒的秘密要和你分享！🎉

嘿，小红书的小伙伴们，今晚我可不是一个人哦！在我的直播间里，有一场特别的聚会正等着你们！🥳

你们知道吗？我特意为你们准备了一系列的好物，都是我亲自挑选的哦！从让你光彩照人的美妆小物，到让家里更温馨的小家电，再到让你走在时尚前沿的新品，应有尽有！而且，我还为你们准备了大额的优惠券，让你们买得更开心，省得更多！

💝更神秘的是，今晚还有一位神秘的嘉宾要来到直播间！他会带来什么样的惊喜呢？我真的好期待！你们呢？

🎈所以，记得哦，今晚8点，我们直播间不见不散！带上你的小伙伴，一起来享受这场欢乐的聚会吧！我已经迫不及待和你们一起分享这份快乐了！

⏰快设置好提醒，别错过这场只属于我们的秘密聚会哦！我在直播间和你们一起分享这份特别的惊喜！

#直播间秘密# #分享快乐# #神秘嘉宾驾到#

图2-6 利用AIGC工具进行改写

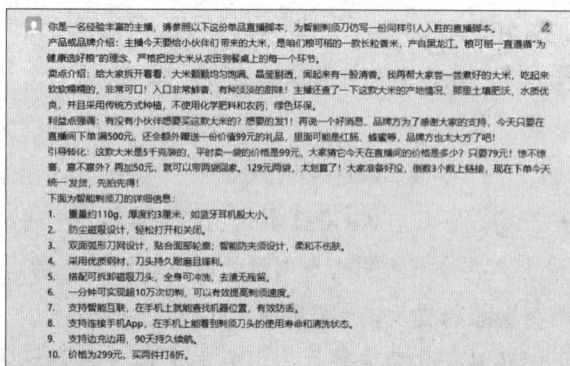

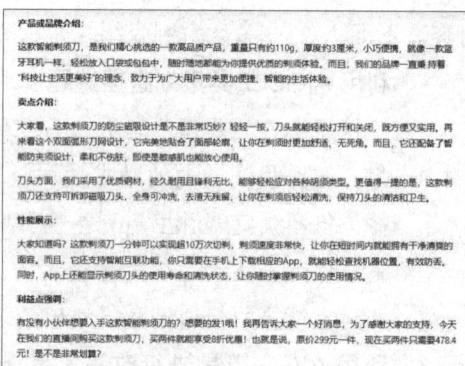

你是一名经验丰富的主播，请参照以下这份单品直播脚本，为智能剃须刀仿写一份同样引人入胜的直播脚本。
产品或品牌介绍：主播今天要给小伙伴们带来的大米，是咱们稻可乐的大米，产自黑龙江。粮可粒一直遵循为健康选好粮的准则，严格把控大米从农田到餐桌上的每一个环节。
卖点介绍：颗大米拆开看看，每一颗大米晶莹剔透，颗粒饱满，颜色鲜润，颗起来有一股清香，我再带大家尝一尝煮好的大米，吃起来软软糯糯的，非常可口！入口非常鲜香，有种淡淡的甜味！主播还查了下这款大米的产地情况，那里土壤肥沃、水质优良，并且采用传统方式种植，不使用化学肥料，绿色环保。
利益点强调：有没有小伙伴想要这款大米呢？想要的话，听一听这一个好消息，品牌方为了感谢大家的支持，今天又要在直播间下单满500元，还会额外赠送一份价值99元的礼品，里面可能是红肠、蜂蜜等，品牌方也太大方了吧！
引导特惠：这款大米是5斤完装的，平时卖一袋的价格是99元，大家遇合今天在直播间的价格是多少？只要79元！也不够赛，想不想赛？再加50元，就可以两袋带回家，129元两袋，太划算了！大家准备好拉，倒数3个拉上链接，现在下单今天统一一发货，发长快哦！
下面为智能剃须刀的详细信息：
1. 重量约110g，厚度约3厘米，如蓝牙耳机般大小。
2. 防尘磁吸设计，轻松打开和关闭。
3. 双面闭形刀网设计，贴合面部轮廓，智能防水须设计，柔和不伤肤。
4. 采用优质钢材，刀头持久超耐用。
5. 搭配可拆卸磁吸刀头，全身可冲洗，去渣无残留。
6. 一分钟可实现量10万次剃须，以可满足高效剃须速度。
7. 支持智能互联，在手机上就能查找刀头位置，有效防丢。
8. 支持连接手机App，在手机上能看到剃须刀头的使用寿命和清洗状态。
9. 支持边充边用，90天持久续航。
10. 价格为299元，买两件打8折。

产品或品牌介绍：
这款智能剃须刀，是我们精心挑选的一款高品质产品，重量只有110g，厚度约3厘米，小巧便携，就像一款蓝牙耳机一样。我们深知入口安全包含中，随时随地都能为你提供优质的剃须体验。而且，我们的品牌一直秉持着"科技让生活更美好"的理念，致力于为广大用户带来更加便捷、智能的生活体验。

卖点介绍：
大家看看，这款剃须刀的防尘磁吸设计是不是非常巧妙？轻轻一按，刀头就能轻松打开和关闭，既方便又实用。再来看这个双面圆形刀网设计，它完美地贴合了面部轮廓，让你在剃须时更加舒适、无死角。而且，它还配备了智能防水须设计，柔和不伤肤，即使是敏感肌也能放心使用。
刀头方面，我们采用了优质钢材，经久耐用且锋利无比，全身可冲洗，去渣无残留，让你在剃须后轻松清洗，保持刀头的清洁和卫生。同时，App还能显示剃须刀头的使用寿命和清洗状态，让你随时掌握剃须刀的使用情况。

性能展示：
大家知道吗？这款剃须刀一分钟可以实现量10万次剃须，剃须速度非常快，让你在短时间内就能拥有干净清爽的面庞。而且，它还支持智能蓝牙联动，你只需要在手机上下载相应的App，就能轻松查找刀头位置，有效防丢。

利益点强调：
有没有小伙伴想要入手这款智能剃须刀呢？想要的话哦！我再告诉大家一个好消息，为了感谢大家的支持，今天在我们的直播间购买这款剃须刀，买两件就能享受8折优惠！也就是说，原价299元一件，现在买两件只需要478.4元！是不是非常划算？

图2-7 利用AIGC工具进行仿写

专家指导

除了以上使用场景，直播营销团队还可以利用AIGC工具续写、润色、分析直播营销内容。使用AIGC工具的方法大多类似，关键在于写作清晰、具体的提示词。另外，直播营销团队如果想要更精细地完成直播营销内容策划，有时需要输入不止一条提示词，可能还需要多步骤输入多条提示词。

素养课堂

利用AIGC工具生成内容，本质上是机器按照设计者的预设规则进行操作。其难以具备人类的创造力和想象力，也难以表达复杂情感和感性思维。所以，AIGC工具更多起到的是辅助作用。另外，部分AIGC工具存在学习并复制他人作品的问题，因此，利用AIGC工具生成内容可能存在版权问题。学生在使用AIGC工具时，应当有意识地检测、验证生成的作品是否与现有作品过于相似，从而避免侵权，保证内容的质量和真实性。

2.4　搭建直播间

一个精心搭建的直播间能够提供清晰、高质量的视觉体验。直播间的搭建工作直接影响直播画面的呈现效果，而直播画面的呈现效果关系着用户对直播间的印象，也影响着直播的营销效果。因此，在搭建直播间时，直播营销团队应注重细节，确保直播设备、物料和场地等各方面准备充分。

2.4.1　直播设备及物料的配置

开展直播营销活动离不开直播设备及物料的支持。直播设备及物料的配置直接影响直播内容的输出效果，从而影响用户的视觉和听觉体验。

1. 直播设备的准备

一般情况下，直播的常用设备有计算机、智能手机、摄像头、支架、补光灯、话筒和移动电源等。

（1）计算机。计算机用于 PC 直播、直播后台管理、监控直播画面、调整直播设置、查看用户互动等。如果没有特殊需求，直播营销团队购买主流配置的笔记本电脑即可，但接口要足够多，能满足外部设备的连接需求。在选择计算机时，直播营销团队可以参考一些专业网站或微信公众号提供的相关建议，然后根据需求和预算选择。

（2）智能手机。智能手机是手机直播的主要设备。使用手机直播最好准备两部智能手机，一部用于直播，另一部用于查看用户留言。手机直播对智能手机的 CPU（Central Processing Unit，中央处理器）和摄像头的性能要求较高，手机 CPU 的运行内存应不低于 4GB，摄像头像素不低于 1200 万像素。

（3）摄像头。摄像头是 PC 直播中非常重要的设备之一。外接摄像头可以满足主播对摄像头的美颜、瘦身、清晰度、拍摄角度等方面的功能需求。PC 直播常用的外接摄像头主要是带有固定支架的摄像头，这种摄像头的优势是主播可以自由转动摄像头的方向，且比较稳定。带有固定支架的摄像头可以独立放置于桌面，如图 2-8 所示。另外，摄像头自带的固定支架一般可以拆卸，也可将其夹在计算机显示器上方，如图 2-9 所示，或者将摄像头安装到可升降的固定支架上，满足主播更多的直播需求。一般而言，价格在 1000 元左右的摄像头就能满足一般的直播需求。

图 2-8　置于桌面的摄像头　　　图 2-9　夹在计算机显示器上方的摄像头

（4）支架。支架用于固定手机、话筒等设备，以保证直播画面稳定，需要根据固定设备的数量和大小选购。支架有不同的类型，用于直播的主要有自拍杆式支架（见图2-10）和三脚架式支架（见图2-11）。其中，自拍杆式支架是一种能进行三脚固定的自拍杆，主播利用自拍杆顶部的支架固定手机，然后使用自拍杆的遥控器操作手机。三脚架式支架能够很好地固定手机，主播通过更换顶部的支架型号，还可以固定话筒、补光灯等设备。另外，三脚架式支架还有多机位支架，能够固定多台设备，可用于多台手机的多机位直播。

图 2-10　自拍杆式支架　　　　　图 2-11　三脚架式支架

（5）补光灯。补光灯可以在光线不足的情况下为直播提供辅助光线，以得到较好的光线效果。补光灯大多使用LED（Light Emitting Diode，发光二极管）灯泡，具有光效率高、寿命长、抗震能力强和节能环保等特性。直播中常用的补光灯主要有柔光箱（见图2-12）、柔光球（见图2-13）与环形灯（见图2-14）。一般来说，室内直播需要补充自然光时，可以优先选择柔光箱或柔光球来为主播补光。如果要拍摄人脸近景或特写，或者需要在晚上拍摄，就可以选择加上环形灯，以掩饰人物的肤色瑕疵，起到美颜的效果。另外，环形灯通常与智能手机一起固定于支架上，以便随时为主播补充光线。

图 2-12　柔光箱　　　　　　图 2-13　柔光球　　　　　图 2-14　环形灯

（6）话筒。话筒是用于收音的直播设备。话筒的收音效果会影响直播间的音质，进而影响用户的收听感受。不同价格的话筒，声音采集的范围及声音传输的稳定性会有区别。

一般来说，价格在 200 ～ 1000 元、电压为 48V（伏特）的话筒就可以满足直播需求。常见的话筒有无线领夹式话筒（见图 2-15）和桌面式话筒（见图 2-16）。

图 2-15　无线领夹式话筒

图 2-16　桌面式话筒

（7）移动电源。一场直播的持续时间往往较长，对智能手机、补光灯等设备的电池电量的要求较高，因此需要使用移动电源补充电量。一般来说，移动电源的容量越大，可以为设备提供的充电次数就越多，同时体积越大，重量也越重。在选购移动电源时，应根据使用场景、使用频率选择适合的容量，在满足需求的同时，尽量减轻携带的负担。另外，直播营销团队还要注意移动电源的接口，最好选择与直播设备适配的，且接口较多的移动电源。

专家指导

除上述直播设备，直播设备还有耳机、提词器等。耳机可以让主播在直播时听到自己的声音，从而更好地控制音量、分辨伴奏等。入耳式耳机、无线蓝牙耳机都是很好的选择。提词器则是帮助主播在直播带货过程中提高口播讲解质量的设备。

2. 直播物料的准备

除了直播设备，搭建直播间还需要准备直播物料，如展示架 / 展示桌、KT 板、写字板、装饰物、互动道具等。

（1）展示架 / 展示桌。展示架 / 展示桌是直播间中用于摆放和展示产品的关键物料。展示架 / 展示桌能够突出产品，吸引用户的注意力，并帮助主播更好地介绍和演示产品。根据直播间的布局和产品类型，直播营销团队可以选择不同类型的展示架 / 展示桌。例如，落地式展示架适合体积较大或数量较多的产品，如小家电、书籍等。展示桌则更适合小型或轻便的产品，如零食、水果等。

（2）KT 板。KT 板是由聚苯乙烯颗粒经过发泡而制成的一种轻质板材，可以用刀片切割成各种形状和大小，也方便用胶水、双面胶等材料进行粘贴。KT 板主要用于背景墙、宣传海报或手举牌的制作。为增强直播间的记忆点，KT 板上面可以印上品牌 Logo、促销信息或直播主题。

（3）写字板。写字板用于临时书写或展示直播中的信息，如产品特点、优惠活动、用户问题等。直播营销团队可以选择白板、黑板或电子写字板，主要根据直播间的光线条件和主播的书写习惯来决定。

（4）装饰物。为点缀直播间，营造舒适、美观的直播环境，搭建直播间时直播营销团队还可以准备一些装饰物，如绿植、鲜花、挂画、摆件、气球、彩带、灯串等。装饰物主要根据直播间的整体风格和氛围来选择，数量不宜过多，以免分散用户的注意力。

（5）互动道具。互动道具主要用于增加直播的互动性和趣味性，提高用户的参与度和留存率。常见的互动道具包括抽奖箱、计时器、答题卡等，主要根据直播的内容和形式来决定。

2.4.2 直播场地的选择

根据直播环境的不同，直播可以分为室内直播和室外直播。相应地，直播的场地也分为室内直播场地和室外直播场地。

1. 室内直播场地的选择

常见的室内直播场地有办公室、会议室、工作室、线下门店、住所、厂房、车间等，在选择直播场地时，应当着重考虑场地面积和场地环境两个方面。

（1）场地面积。室内直播场地的大小并非一成不变的，直播营销团队应根据直播的规模和内容灵活调整。例如，美妆、美食、小型日用品等品类的直播，可以选择 10 平方米左右的小场地；服装、家用电器等品类的直播，可以选择 15 平方米以上的场地。一般来说，小件产品或个人直播的场地大小控制在 8 ～ 20 平方米，大件产品或团队直播的场地大小控制在 20 ～ 50 平方米。此外，直播场地的层高最好在 2.3 ～ 2.5 米，保证既能给顶部的灯光留下足够的空间，又不会因为层高过高而导致环境光发散、话筒不易收音的问题。此外，确定直播场地的大小时，要考虑为主播或模特提供足够的展示空间，还要考虑为待播产品，桌椅、黑板等道具和其他工作人员预留空间。图 2-17 所示为小家电直播间场景；图 2-18 所示为服装类直播间场景。

图 2-17　小家电直播间场景

图 2-18　服装类直播间场景

（2）场地环境。在选择室内直播场地时，直播营销团队要检测场地的隔音效果和收音效果，避免杂音、噪声、回音的干扰。如果隔音效果不好或回音明显，会影响直播的正常进行，进而影响用户的观看体验。

2. 室外直播场地的选择

室外直播的类型非常丰富，包括酷玩、乡野、垂钓、旅行、汽车、萌宠等。常见的室外直播场地有产品室外产地（如田间地头、蔬果种植园、茶园）、室外打包场所、露天集市等，一般适合直播体型较大或规模较大的产品，或用于展示货源采购现场，如现场采摘葡萄，现场打包发货荔枝，在集市现场挑选海鲜等。这类直播可以让用户近距离观看产品的采购、加工、包装、发货等过程，不仅能带给用户有吸引力的沉浸式体验，还能提升用户对产品的信任度。图 2-19 所示室外直播场地。

图 2-19　室外直播场地

室外直播场地的环境要整洁，直播中不宜出现过多的围观人群或闲杂车辆，避免影响直播效果，进而影响用户的观看体验。室外直播一般应选择晴朗的日子开播，同时做好应对下雨、刮风等天气的防范措施。为避免在直播中遭遇恶劣天气而导致直播延期，直播营销团队可提前设计好室内直播备用方案。

2.4.3　直播场地的布置

确定直播场地后，直播营销团队还需要布置直播场地。直播场地的布置主要包括布局规划、背景布置和灯光布置 3 个方面。

1. 布局规划

直播场地的布局规划也就是将直播场地划分为不同的功能区。规划原则是让主播和需要展示的产品出现在直播画面中，其他的工作人员及不需要展示的产品则不出现在画面中。一般来说，直播场地主要可以划分为背景区、主播展示区、产品摆放区、灯光及摄像区、后台区及其他区域。图 2-20 所示为某服装品牌的直播间布局规划示意图。

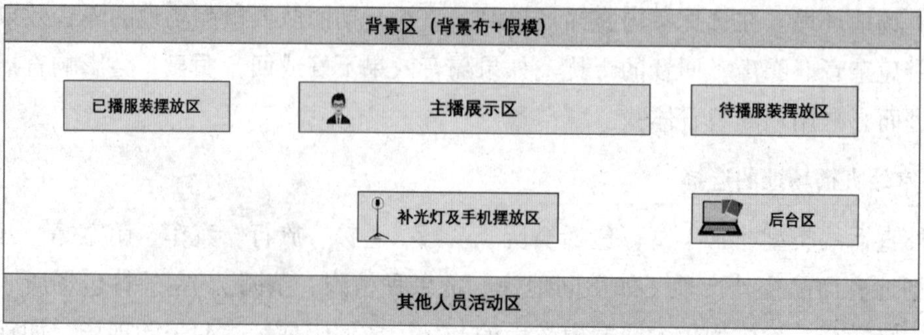

图2-20　某服装品牌的直播间布局规划示意图

（1）背景区。背景区是直播画面的重要组成部分，为直播背景提供视觉支持，帮助塑造直播间的整体氛围。在规划背景区时，直播营销团队应当选择与直播内容相符的背景。

（2）主播展示区。主播展示区是主播进行直播营销活动的核心区域。在该区域的活动包括主播讲解、演示和互动等。一般来说，主播展示区位于直播画面的中心位置，直播营销团队需要确保主播和需要展示的产品清晰可见。

（3）产品摆放区。产品摆放区用于摆放直播中需要营销的产品，又可以分为已播产品摆放区和待播产品摆放区（图2-20中为已播服装摆放区和待播服装摆放区）。产品摆放区通常应靠近主播展示区，方便主播随时取用和展示产品。

（4）灯光及摄像区。灯光及摄像区（图2-20中为补光灯及手机摆放区）即摆放补光灯和摄像设备的区域。这个区域的布局会直接影响直播画面。通过合理的灯光布置，再搭配适当角度的摄像设备，直播营销团队可以确保直播画面的明亮、清晰和美观。

（5）后台区。后台区通常不直接出现在直播画面中，但它是直播顺利进行的重要支撑，是直播营销团队进行准备工作、监控直播画面和进行后台管理的区域，一般会放置计算机、桌子等物品。

（6）其他区域。其他区域一般包括休息区、化妆区、更衣区等（图2-20中为其他人员活动区），用于满足主播和团队其他成员的额外需求。这些区域应位于直播场地的边缘或角落区域，避免干扰直播。

2. 背景布置

用户进入直播间后，一眼就能看到直播背景，从而产生对直播间的第一印象，因此直播间的背景布置也很重要。直播营销团队在布置时可以参考使用以下5种背景。

（1）纯色背景。纯色背景是一种很简单的背景，颜色一般以浅色为主，常用墙纸或幕布搭建，可以使用户将注意力放在主播身上，常见于服装类直播。要注意的是，纯色背景的颜色一般不选用白色，因为白色背景反光，不利于灯光的布置。

（2）品牌主题背景。这类背景以品牌Logo为主要元素。目前，大多数直播营销团队会使用KT板、泡沫板或喷绘布等来制作非常显眼的品牌Logo，再搭配其他与品牌相符的图案或设计元素来布置背景。这类背景直观简洁，可以有效增强品牌效应。

（3）产品摆放背景。这类背景的布置，一般是将产品置于展示桌或展示架，并摆放在主播身后或周围，作为直播间的背景展示。在这类背景布置中，产品的展示数量根据展示桌或展示架的大小而定，但是从用户的观看感受出发，建议产品摆放的数量还是以少为佳。

（4）与直播主题或产品匹配的特色背景。这类背景在设计上，需要挖掘直播主题或直播产品的特色，融入与直播主题或直播产品相关的特色元素，从而营造出与直播内容高度契合的氛围。例如，某茶叶品牌的直播间背景融入瓷器和山水画等元素，从而很好地营造出一种古香古色的直播氛围。又如，某春节促销主题的直播间，背景选用金色的背景布，并悬挂灯笼、剪纸和福字等装饰品，从而增添一种喜庆感。

（5）自然背景。自然背景通常是针对室外直播而言的，主要以自然环境作为背景。以自然环境作为直播间背景，不需要添加过多的装饰元素，重点在于选择与直播间定位、直播内容相契合的自然场景。例如，销售猕猴桃的室外直播，可以在主播面前摆放带有猕猴桃的展示桌，主播身后以果树林为背景，带给用户真实感。

3．灯光布置

直播间的灯光布置主要用于室内直播场地的补光。直播间的补光灯可分为主灯和辅助灯。主灯提供主光光源，辅助灯提供补光光源。表 2-5 所示为不同数量补光灯的布置方案参考。

表 2-5　不同数量补光灯的布置方案参考

数量	类型	主灯 / 辅助灯	位置摆放	适用情况	优点
1 盏	环形灯	主灯	距离主播 1 米左右的正前方，比主播高 15 厘米左右	手机直播，仅主播入镜	操作简单，有瘦脸、美颜的效果
2 盏	不限，如环形灯 1 盏、柔光球 1 盏	同为主灯，或 1 盏为主灯，1 盏为辅助灯	靠近摄像头的两侧且距离相同，略高于镜头，光线投向主播	主播坐着直播	突显主播脸部与产品
3 盏	环形灯 1 盏、柔光箱 2 盏	环形灯为主灯，柔光箱为辅助灯	环形灯放在主播正前方，柔光箱放在主播两侧且距离相等	主流的灯光布置方案，适用于服装、美妆、珠宝类直播，或人物专访且空间较小的直播	还原立体感和空间感
	柔光球 1 盏、柔光箱 2 盏	柔光球为主灯，柔光箱为辅助灯	柔光球置于镜头上方且高于镜头和主播，柔光箱放在主播两侧且距离相等		
4 盏	环形灯 1 盏、柔光箱 2 盏、柔光球 1 盏	环形灯为主灯，其他灯为辅助灯	环形灯放在主播正前方，柔光箱放在主播两侧且距离相等，柔光球位于主播头顶前上方	有助播或嘉宾参与的直播	照亮主播正面和直播间局部空间
5 盏	柔光球 1 盏、柔光箱 1 盏、环形灯 3 盏	柔光球为主灯，其他灯为辅助灯	柔光球放在主播正前方，柔光箱面对主播侧边的装饰物、背景墙等，2 盏环形灯位于主播两侧且光线照向主播，另 1 盏环形灯位置低于主播脸部，光线可投向主播或产品	空间大，物品较多的直播	照亮主播正面和直播间的全部空间，提升画面的质感

2.4.4　虚拟直播间的搭建

当前，虚拟直播间非常常见，其无需实景搭建，场景可通过计算机制作，便捷且成本低。一般来说，要搭建虚拟直播间，直播营销团队除了准备直播设备，还需要一块平整、颜色均匀的绿幕。直播软件中的绿幕抠像功能可以将绿幕部分替换为预先准备好的虚拟背景。另外，主播的服装颜色要避免跟绿幕颜色一样或者相似，并且绿幕离主播的距离至少要大于 1 米，直播间空间大的可以距离 1.5 ～ 2 米，以避免直播画面出现穿帮或失真的情况。图 2-21 所示为搭建的虚拟直播间。

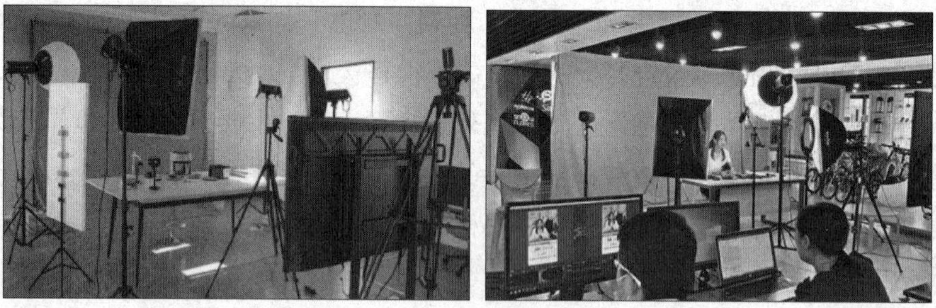

图 2-21　搭建的虚拟直播间

淘宝直播 PC 版、抖音直播伴侣、快手直播伴侣等直播软件都可以设置虚拟背景，并且设置方法也非常简单。以抖音直播伴侣为例，直播营销团队在计算机中安装抖音直播伴侣软件并登录抖音账号后，单击界面上方的"竖屏"超链接，然后单击界面左侧的"添加素材"按钮，在打开的面板中选择"图片"（见图 2-22），在打开的"打开"对话框中选择背景图（配套资源 :\ 素材文件 \ 第 2 章 \ 直播背景 .jpg）上传即可。

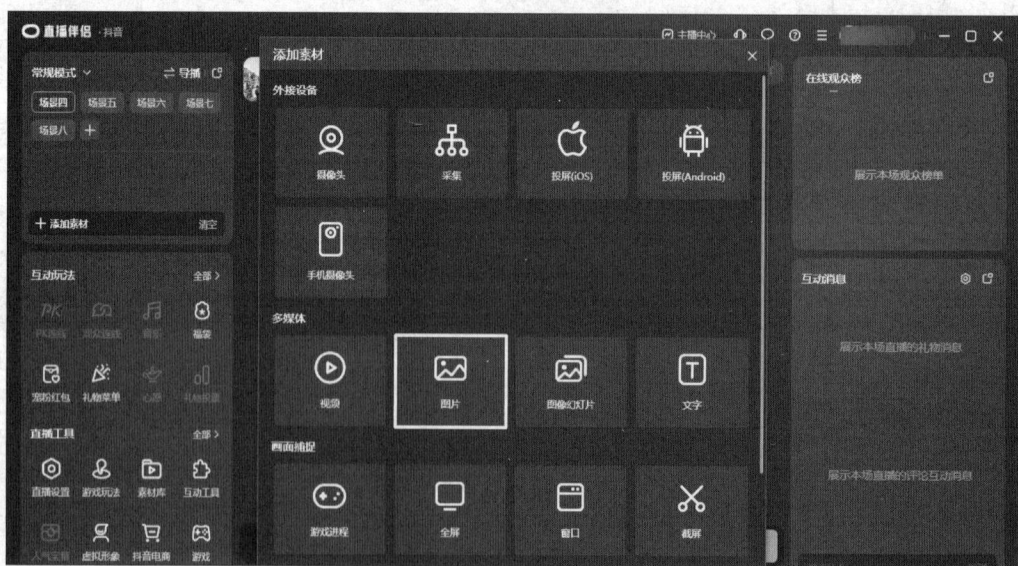

图 2-22　选择"图片"

案例在线	淘宝服饰携手华裳格打造中式美学秀场直播间

　　近两年，"新中式"风格非常流行。这种风格以中国传统文化为基础，融入现代设计元素，呈现出一种既古典又时尚的美感。淘宝服饰捕捉到这一时尚风潮后，在 2024 年 8 月携手淘宝"新中式"实力商家华裳格开展了一次主题为"了不起的中国纹样"的秀场直播。

　　为充分展现"新中式"风格，营造与直播主题和华裳格相符的直播氛围，直播营销团队在搭建直播间时进行了一系列的融合和创新。例如，在布局规划上，直播营销团队借鉴了中国古典园林的设计手法，运用"借景"（将不属于本园的风景通过一定的手段组合到当前的画面中来）与"对景"（通过设计使得从甲风景点可以观赏到乙风景点，反之亦然）的技巧，用竹子、拱门、梅花、轻慢柔纱等中式元素道具打造了小桥流水、传统园林、品茶插花等生活方式区，如图 2-23 所示。与传统的"3、2、1，上链接！"的叫卖式直播不同，这次直播在引进秀场直播模式的同时，还采用移步异景的全新走秀形式让模特展示服饰。模特的出场配合多镜头、多景别、移动式运镜等方式，既能够展现全景动态下的中式服饰之美，也能让用户观察到华裳格服饰的更多细节。在直播内容上，此次直播更注重科普传统纹样，除了讲品，主播还在直播间详细地讲解了面料、纹样中蕴含的文化意义和历史价值。观看直播的用户纷纷在直播间评论"今天的直播不一样！""太美了！"等。

图 2-23　直播间场景

　　案例点评：此次淘宝服饰携手华裳格联合举办的"了不起的中国纹样"秀场直播，成功地将"新中式"风格与文化传承相结合，通过创新的直播形式和精心设计的直播场景，不仅为用户带来一场视觉盛宴，也深入讲解传统纹样的文化内涵，展现出敏锐的市场洞察力和对中华优秀传统文化价值的尊重。

2.5 课堂实训

实训1 使用通义设计直播互动策划方案

1. 实训背景

乐裳羽绒服饰是一个羽绒服服装品牌，专注羽绒服设计与制作30年，始终坚持以品质为本及"好羽绒，更温暖"的品牌理念，为用户提供高品质的羽绒服。2025年1月1日是乐裳羽绒服饰成立30年的日子，其打算在抖音开展周年庆促销直播，时长为2小时，从而加深用户对品牌的认知并提升忠诚度，同时借助节日氛围促进羽绒服的销售。

2. 实训要求

（1）写作准确、清晰的提示词。
（2）使用通义生成直播互动策划方案后，审查并优化方案。

3. 实训步骤

步骤01 ◇ 写作提示词。写作提示词，以指导通义生成一个符合乐裳羽绒服饰品牌背景和直播需求的直播互动策划方案。提示词的写法较多，可以直接给出背景信息和写作需求，也可以先设定角色，再给出背景信息和写作需求，或是先设定角色，给出背景信息和写作需求后，再给出一个直播互动策划方案的模板。例如，"假如你是乐裳羽绒服饰的营销人员，请根据以下背景信息撰写一份直播互动策划方案。背景信息：2025年1月1日是乐裳羽绒服饰成立30年的日子，其打算在抖音开展周年庆促销直播，从而加深用户对品牌的认知并提升忠诚度，同时借助节日氛围促进羽绒服的销售。需求描述：生成一份包括直播主题、直播互动方式和具体玩法的直播互动策划方案。"

步骤02 ◇ 审查通义生成的内容。在对话框中输入提示词并提交后，通义将根据提示词生成直播互动策划方案，部分如图2-24所示。仔细阅读并审核通义生成的内容，判断生成的方案是否符合预期，是否全面覆盖所需要的关键要素。

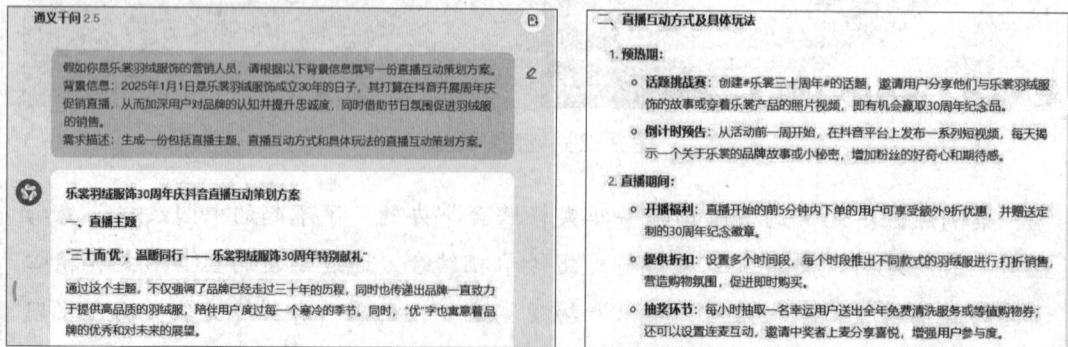

图2-24 通义根据提示词生成的直播互动策划方案（部分）

步骤 03 ◆ 细化和完善方案。针对生成的初步方案，查看是否有不适宜采用的内容，以及是否有需要细化的地方。例如，针对抽奖环节，可以明确购物券的金额和使用规则等。待方案完善后，将其整理到 Word 文档中。

效果预览

直播互动策划
方案

实训 2　使用讯飞星火生成整场直播脚本

1. 实训背景

乐裳羽绒服饰的创始人对即将到来的 30 周年庆抖音直播促销活动寄予厚望，他提出邀请一位粉丝数量众多且知名度高的时尚穿搭博主到直播间进行直播带货。乐裳羽绒服饰的直播营销团队经过精心挑选和多轮深入洽谈，最终与拥有 200 万忠实粉丝、在时尚界享有良好口碑的穿搭博主安妮达成合作。安妮不仅在穿搭上有着独到的见解，还经常分享各类服饰的试穿体验和搭配技巧。安妮的粉丝群体与乐裳羽绒服饰的目标用户群体高度重合，这为直播打下了坚实的用户基础。然而，安妮的日程安排紧凑，她只有 1 个小时的合作时间，这要求乐裳羽绒服饰的直播营销团队必须在有限的时间内最大化直播效果。

2. 实训要求

（1）使用讯飞星火生成整场直播脚本。
（2）以表格的形式呈现整场直播脚本。

微课视频

使用讯飞
星火生成整场
直播脚本

3. 实训步骤

步骤 01 ◆ 进入讯飞星火官网，登录账号后进入对话界面，然后在对话框中输入提示词。由于整场直播脚本包含的要素较多，为让讯飞星火生成的内容更加精准，直播营销团队在写作提示词的时候要尽可能详细。例如，可以先给出写作背景，再设定写作角色，然后在写作要求中给定整场直播脚本应当包含的要素，如图 2-25 所示。

图 2-25　写作提示词

步骤 02 ◆ 讯飞星火将根据提示词生成整场直播脚本，部分如图 2-26 所示。直播营销团队仔细阅读讯飞星火生成的内容，并判断内容的可用性，如果内容不可用，则继续在对话框中输入写作需求。例如，生成的整场直播脚本中，品牌故事和理念分享环节时长过长，不太适用，则可以让讯飞星火重新生成，直至生成的整场直播脚本内容基本符合需求后再将其整理到 Word 文档中。

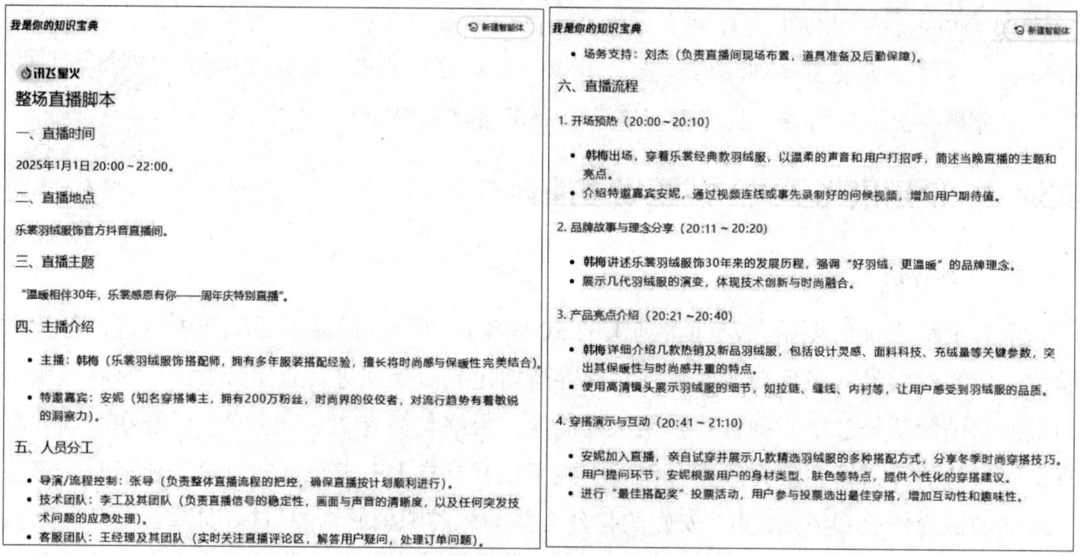

图2-26 讯飞星火根据提示词生成的整场直播脚本（部分）

步骤03 根据实际情况和直播互动策划方案优化整场直播脚本，并调整其中的部分内容，将其整理成完整且具有创意的整场直播脚本。表2-6所示为整场直播脚本示例（有改动）。

表2-6 整场直播脚本示例（有改动）

乐裳羽绒服饰整场直播脚本	
直播时间	2025年1月1日 20:00～22:00
直播地点	1直播室
直播主题	温暖相伴30年，乐裳感恩有你——周年庆特别直播
商品数量	20款
主播介绍	韩梅；特邀嘉宾：安妮，知名穿搭博主，拥有200万粉丝

时间段	流程规划	工作安排
20:00～20:10	开场预热	韩梅热情开场，简短介绍今日的直播主题，并强调半小时后会有一位特邀嘉宾来到直播间；场控播放符合直播主题的背景音乐，营造氛围
20:11～20:15	红包互动	韩梅讲述乐裳羽绒服饰30年来的发展历程，强调"好羽绒，更温暖"的品牌理念，然后引导用户关注直播间并点赞，点赞数量到5万时就开启红包雨活动
20:16～20:30	讲品	韩梅详细介绍直播间热销及新品羽绒服，包括设计灵感、面料科技、充绒量等关键参数，突出其保暖性与时尚感并重的特点；同时使用高清镜头展示羽绒服的细节，如拉链、缝线、内衬等，让用户感受到羽绒服的品质
20:31～21:30	嘉宾登场	（1）开场：安妮登场，自我介绍，与用户打招呼，并分享自己对乐裳羽绒服饰的看法；（2）产品推荐：安妮亲自试穿并展示几款精选羽绒服的多种搭配方式，分享冬季时尚穿搭技巧；韩梅协助安妮展示、回复用户问题；场控发布产品链接，回复用户咨询；（3）互动：开展抽奖活动，韩梅向用户提问有关乐裳羽绒服饰的问题，答对的用户就有机会参与抽奖，获得全年免费清洗服务、等值购物券或实物产品
21:31～21:45	讲品	韩梅接着介绍产品，继续进行产品展示和互动答疑
21:46～21:48	连麦互动	韩梅准备一些关于乐裳羽绒服饰历史、羽绒服保养技巧的问题，然后与用户进行连麦，用户回答正确即获得优惠券或礼品
21:49～21:57	产品返场	韩梅对呼声较高的产品进行返场讲解，并继续回复用户的咨询
21:58～22:00	结尾致谢	韩梅感谢所有观看直播的用户，回顾直播亮点，再次强调品牌理念和优惠信息

实训 3　使用抖音直播伴侣搭建虚拟直播间

1．实训背景

张明在抖音经营一家小店，主要售卖家中种植的各种水果，如猕猴桃、苹果、冬枣等。为促进水果的销售，每当水果成熟上市之际，张明都会带上智能手机、补光灯等设备前往果园，并通过抖音进行直播带货，以此吸引更多用户关注并购买水果。然而，由于天气、时间等不可控因素的影响，张明发现户外直播并非总是可行的。为此，他购买了一块绿幕，准备搭建一个虚拟直播间，以便在无法户外直播时，也能向用户展示并销售他的水果。

2．实训要求

（1）使用图像生成类 AIGC 工具生成直播背景。

（2）使用抖音直播伴侣设置虚拟背景。

3．实训步骤

步骤 01　生成直播背景。熟悉各大图像生成类 AIGC 工具，然后从中选择一款，如本实训使用的即梦 AI。进入图片生成界面后，在文本框中输入与水果销售相关的描述信息，如"果园风光，猕猴桃"，选择"图片 2.0 Pro"模型以及"9∶16"的比例。根据输入的描述信息，AIGC 工具会生成一张或多张与描述相符的背景图，如图 2-27 所示。最后再从生成的图像中选择一张满意的作为直播背景，并下载到计算机中（配套资源:\效果文件\第 2 章\直播背景图 .jpg）。

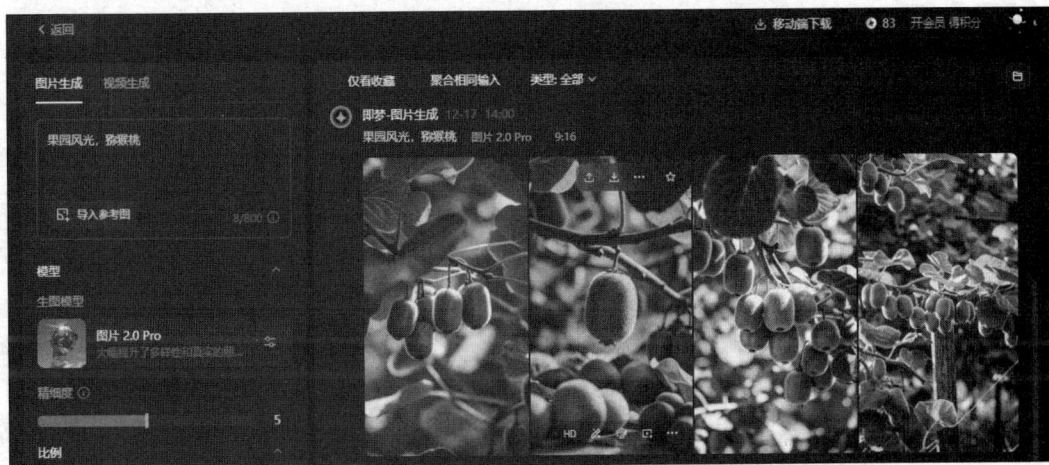

图 2-27　AIGC 工具生成的背景图

步骤 02　下载并安装抖音直播伴侣，登录账号后单击界面上方的"竖屏"超链接，然后单击界面左侧的"添加素材"按钮，在打开的面板中选择"图片"，在打开的"打开"对话框中选择背景图上传，最后连接摄像头和话筒后即可。

2.6 本章总结

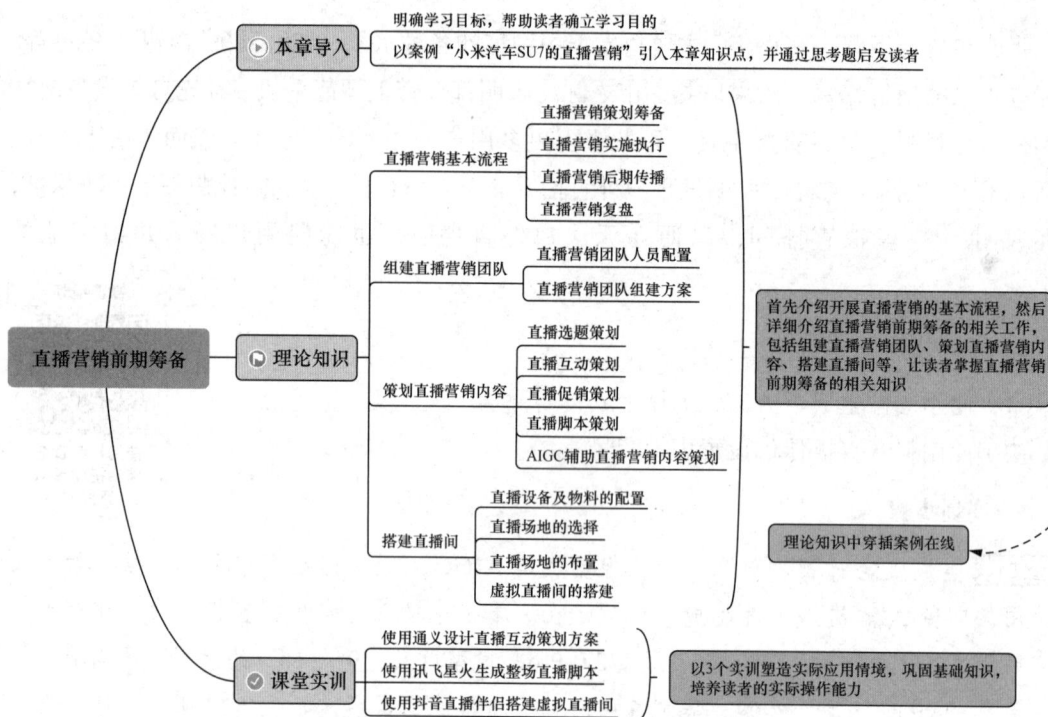

2.7 课后练习

1. 小米是一位刚刚入行的美妆主播，有着丰富的美妆导购经验，但欠缺直播经验。她目前想要为自己配置合适的直播设备。请试着为小米列出预算在 1 万元以内的直播设备配置参考清单，并为其设计直播间布置方案。

2. 某零食品牌为进一步推广柠檬泡椒无骨凤爪，现提供 1.5 万份的现货产品，以每份 35 元的价格与抖音上的某主播合作。该主播直播间的观看人数一般在 1 万左右，带货转化率为 5%。请使用文心一言为本次直播制定直播营销方案。

3. 在抖音上观看 3～5 场食品类与服装类的直播，分析抖音上食品类与服装类直播间的场景布置各有何特点，两者之间的场景布置有何差异。

4. 在抖音上观看一场达人的带货直播，分析其直播流程，并梳理其整场直播脚本的主要内容。

第3章
主播的打造与管理

　　根据《中国网络视听发展研究报告（2024）》显示，截至2023年12月，我国的职业网络主播数量已达1508万人，呈现出职业化、专业化、多元化的发展趋势。主播，作为直播间的核心角色，对直播内容的吸引力和整体的直播效果起着决定性的作用。在此背景下，主播的打造与管理显得尤为重要。

学习目标

- 掌握主播人设的打造方法，能够有针对性地进行人设包装。
- 掌握主播的形象管理方法，以及个人素质和核心能力的培养方法。
- 了解寻找合作主播的渠道，以及筛选与评估主播的关键指标。
- 具备主动学习和创新意识，能够成为一名优秀的主播。

引导案例　　　　搞笑短视频达人转型直播带货依旧充满欢乐

　　余兆和来自贵州，短视频账号名为"多余和毛毛姐"，2018年因拍摄一人分饰多角的短视频在网络上崭露头角。在短视频中，他经常头戴一顶亮色的假发，用贵州方言生动地演绎生活中大家深有感触和共鸣的情形。他的表演风格集夸张与幽默于一体，吐槽犀利且不失风趣，与其端正的外表形成鲜明的对比，令人印象深刻。这种独具特色、辨识度极高的人设形象，让他迅速被网友记住；而贴近生活又富有感染力的短视频内容，让他获得了众多网友的关注和喜爱。

　　随着直播带货的流行以及短视频行业的竞争加剧，余兆和从2022年开始尝试进军直播带货这一新的领域。这一决定对余兆和来说并不轻松。在他刚转型直播带货时，直播间的人气并不高，观看人数也很少。但是，余兆和并没有气馁。在他看来，他以前创作短视频的初衷是为网友带去欢乐与情绪价值。这也给他带来了启发：他的直播间的内容属性要大于商业属性，要让网友在直播间里感受到乐趣。于是，余兆和开始围绕自身的人设在直播中融入更多的个人特色，如用贵州方言与网友亲切交流，分享自己的生活趣事，以及用搞笑幽默的方式介绍产品等。某次直播，他直播营销团队的其他成员相继生病，导致最后只剩下他自己在直播间坚守。原本需要团队配合完成的直播带货工作，余兆和只能独自一人手忙脚乱地操作着。尽管如此，余兆和还是竭尽全力地为网友带去欢乐，如在讲解产品的间隙唱歌、讲故事等，这一举动也为他赢得了许多网友的赞赏和支持。

案例思考：（1）余兆和的直播人设是怎样的？

（2）作为新人主播，可以采用哪些方式让更多用户记住自己？

3.1 主播人设的打造

人设是指人物的设定，主播人设即主播所展现出来的特定形象、性格、风格和角色定位。这种设定是主播为吸引用户、塑造个人形象、增强用户记忆而精心设计的。一个鲜明、有吸引力的主播人设不仅能够吸引并留住用户，还能有效提升品牌影响力和产品转化率，甚至为主播带来持续的流量和关注度。

3.1.1 主播人设的定位

在直播行业中，人设鲜明独特、定位准确的主播往往自带流量。特别是在抖音直播、快手直播这类娱乐性较强，电商属性较弱的直播平台，直播的营销和销售效果受主播个人形象和个人魅力的影响更大。

1. 常见的主播人设类型

了解常见的主播人设类型有助于更好地定位主播人设。常见的主播人设类型如表3-1所示。

表3-1　常见的主播人设类型

类型	详解
娱乐类	以搞笑、娱乐为主的一种主播人设，常通过展示才艺（如唱歌、跳舞或讲脱口秀等），或拍摄各种新颖、有趣的短视频等来满足用户的娱乐需求。这种人设的主播通常具有较高的表演能力和幽默感，能够迅速吸引用户的注意力
专业类	通过科普专业知识、分享专业技能等吸引用户的一种主播人设，可以分为专业达人和专家学者两类。专业达人是基于自己的兴趣爱好、特长、专业领域等打造的主播人设，一般要求在一个垂直领域（在一个特定领域内进行深入研究和探索，或为限定群体提供特定的细分领域）中做精做深，如美妆博主、健身达人等；专家学者一般是基于职业形成的主播人设，设立门槛较高，对主播的专业能力要求也较高，一般需要主播获得机构或职称认证，并有专业技术支持，所以很难批量复刻
形象类	主要依赖出众的形象和气质（如自信、优雅、温柔等）来吸引用户的一种主播人设。这类人设的主播大多借助穿着、化妆、发型等塑造个人形象和气质，来吸引用户的注意力并获得喜爱
生活类	以分享日常生活为主的一种主播人设。这类人设的主播通过分享自己的生活方式、兴趣爱好、生活经验等，与用户建立起一种亲切、真实的连接
情感类	这类主播人设以情感交流为主，常通过分享情感经验，解答用户的情感问题，帮助用户解决情感困扰，提供情感支持等，与用户建立情感连接，吸引用户关注。这种人设的主播通常具有敏锐的情感洞察力和较强的亲和力

续表

类型	详解
励志类	以激励和鼓舞为主的一种主播人设。这种人设的主播常通过分享自己的成长经历、励志故事、励志名言等，激发用户的积极性和动力，帮助用户克服困难，实现自我提升。这类人设的主播与用户之间的黏性比较强

专家指导

在直播营销领域，还有一种主播人设类型也比较常见，即低价类（或供应链类）。这种人设的主播通常以提供高性价比的产品为卖点，强调自己与生产厂商等的直接合作，背靠货源地，能够提供物美价廉的产品。

2. 主播人设定位的方法

主播人设定位，通常可以围绕两个方向展开：吸引用户的特质和主播的自我特质。前者需要主播进行市场调研，了解目标用户群体的喜好、需求和行为模式等，确定用户对自己的期望和需求，如娱乐、学习、陪伴等；后者需要主播深入了解自己的性格、兴趣、技能和价值观等内在特质，然后围绕核心特质与常见的人设类型相匹配，从而确定人设定位。

专家指导

需要注意的是，以上两种定位方向并不是相悖的，只是侧重点不同。在实际操作中，主播可以综合运用以上两种定位方向进行人设定位，既考虑目标用户群体的需求和期望，又注重展现自己的独特特质和个性魅力。

要想得到明确、清晰的人设定位，主播在定位时可以从以下步骤入手。

（1）主播自我分析。主播要深入分析自己的性格（如内向或外向、沉稳或活泼等）、兴趣爱好（如音乐、电影、运动、旅行等）、专业技能（如唱歌、跳舞、画画等）和价值观（包括对待工作、生活、人际关系的态度等），以全面地了解自己的内在特质和优势，挖掘自身的闪光点和核心竞争力。具体在分析时，主播可以利用 AIGC 工具进行辅助分析。例如，向 AIGC 工具发送主播（自己）的信息，提出"请帮我分析该主播，并发掘他的闪光点"等。

（2）开展市场调研。在这一步骤中，主播不仅需要了解目标用户群体的相关信息，包括年龄、性别、地域、职业等，还要了解当前市场对主播类型的需求特点，如是否偏爱某一类型的主播或某一特定的直播内容，从而更准确地了解目标用户群体的需求和喜好。在这一步骤中，为快速获取有关信息，主播也可以借助 AI 搜索工具，如秘塔 AI 搜索、百度

AI搜索等。这些工具具备强大的数据处理和分析能力，能够帮助主播从海量的数据中迅速提炼出想要的信息。

（3）选择人设类型。根据主播的自我分析和市场调研结果，主播可以将自我特点、用户需求和喜好与常见的人设类型进行匹配，从而选择合适的人设类型，如娱乐类、专业类等。此外，主播还可以明确人设的核心特点，如专业、幽默、亲切、时尚等。这些特点将是主播在直播中展现自己独特魅力的关键点。

课堂讨论

你的性格、兴趣爱好和优势是什么？如果让你来为自己定位主播人设，你会定位为哪种类型，为什么？

3.1.2　主播人设的渲染

明确主播人设类型后，想要让主播人设"立起来"，深化用户对主播人设的印象，还需要渲染主播人设，即巩固、传播主播人设。以下是一些有效的渲染方式。

1. 设置符合人设的账号信息

账号是主播人设的直观表现，设置符合主播人设的账号信息可以深化用户对主播人设的印象。根据直播账号的组成，具体可以从以下4个方面设置。

（1）昵称。一般来说，账号的昵称设置需要遵循4个原则——好懂、好记、好传播，以及与主播的人设或直播内容相关。其中，好懂就是昵称要通俗易懂，最好用中文，避免歧义；好记就是昵称要简单易记，5个字以内为宜，便于用户快速记住；好传播就是昵称要便于用户分享。

（2）头像。头像应当保证高清、有辨识度，并且能够直观地展示主播的形象或风格。可以选择主播的个人照片作为头像，但需要注意照片的质量和主播的表情管理。

（3）简介。简介是对直播账号的简要介绍，要想渲染直播人设，简介中应当简洁明了地描述主播的特长、风格、直播内容等。此外，简介中可以适当加入一些个性化的语言或幽默元素，以展现主播的独特魅力。

（4）背景图。背景图通常展示在主播的账号主页中，不仅是主播个人风格的视觉呈现，还承担着吸引用户注意、传递主播信息的作用。背景图可以选择与直播内容相关的图片，也可以另行设计，如旅行场景、美食背景等。如果主播有特定的直播场景或环境，也可以将其作为背景图。

2. 故事化包装

故事化包装是让主播人设"立起来"的重要渲染方式，主要是通过创造和叙述一个与主播紧密相关的背景故事，来丰富和深化主播的人设和形象。这个故事可以是主播的真实经历、成长历程、职业历程等。例如，一位美食主播可能会分享自己如何从一名厨师变为主播的经历，或者讲述自己与美食相关的有趣故事。

这种渲染方式的关键是设计与主播人设相符的故事。在设计故事时，主播需要先明确想要通过故事传达的信息或情感，在此基础上再寻找与之相关的故事素材，然后构建出一个清晰的故事框架，并润色、加工和传播故事。

3. 给主播贴标签

标签是指用来明确人设定位，呈现给用户的关键词、关键符号。给主播贴上与众不同且利于传播的标签可以渲染主播的人设，从而吸引更多用户，深化用户对主播人设的认知。标签维度主要包括外形、性格、兴趣、职业、语言和品类等，如表3-2所示。

表3-2 标签维度

维度	说明	示例
外形	外貌特征、穿衣风格	某生活类主播总是穿汉服出镜
性格	性格特点、表情和态度、直播风格	某娱乐类主播非常幽默，总是在直播间讲笑话
兴趣	兴趣爱好和特长	某娱乐类主播在直播间人数突然增多时总是会高歌一曲
职业	职业背景、专业技能	某生活类主播曾经是英语老师，直播时偶尔会进行英语教学
语言	口头禅、语调语速、沟通能力	某励志类主播在上架产品时总会喊出他的口头禅"Passion"
品类	专注或偏好的产品品类	某专业类主播更偏向于售卖美妆产品，因为对这类产品更了解

课堂活动

寻找5位有明显标签的网络主播，并分析其各自的标签以及所展现出的人设类型。

4. 打造新媒体传播矩阵

新媒体传播矩阵是指企业或品牌通过多个新媒体平台建立起的相互关联、协同运作的媒体网络。这些平台可以是社交媒体、短视频平台、直播平台、新闻资讯平台等，所有平台通过统一的策略和内容规划相互联动，形成集中传播。打造新媒体传播矩阵，不仅可以扩大宣传内容的传播范围，还能增加与用户互动的渠道，有助于更全面地塑造和渲染主播人设。

在采取这种主播人设的渲染方式时，一方面，要根据宣传内容选择合适的新媒体平台，如文字类的宣传内容可以在微信、微博、小红书等平台中发布，短视频类的宣传内容则可以选择抖音、快手等短视频平台；另一方面，主播人设需要借助一定的内容进行巩固，如个人成长故事、产品测评、所讲的金句等。例如，小敏是一名新人主播，为渲染其美妆博主的人设，直播营销团队将小敏在直播中指导粉丝改妆的片段剪辑成短视频，并发布到抖音、快手等短视频平台。这一方式不仅让小敏的美妆博主人设得到有效渲染和强化，还展现出小敏专业的美妆技能。

素养课堂

　　一个优质的主播人设往往蕴含着巨大的商业价值。但打造主播人设切记不能编造虚假信息。主播乱贴标签、虚构人设的行为，不仅欺骗了用户，更是对法律和道德的践踏。根据相关法律法规，主播在提供服务过程中使用虚假标签属于违反诚实信用原则的行为，应依法承担相应的法律责任。

案例在线　　　　　深度解析专业健身主播人设的塑造

　　刘畊宏非常热爱健身，多年的健身经验让他在健身领域积累了深厚的专业知识。早前，他不仅在社交媒体平台中发布过健身教学内容，还参与过有关健身的节目。2022年，刘畊宏洞察到人们对健身的迫切需求，尤其是居家健身成为一种新的生活方式后，开始在抖音开展健身直播。刘畊宏的健身直播迅速引起了大量网友的关注和讨论，并涌现一大批"刘畊宏男孩/女孩"的粉丝。

　　除了凭借自身优质健身内容以及平台流量倾斜的扶持，刘畊宏的健身直播能够迅速受到网友的关注和喜爱，还得益于他专业健身主播人设的塑造。根据百度百科资料，除歌手、演员等标签，健身达人也是刘畊宏的标签之一。在网络中，有许多有关刘畊宏健身的故事，如年轻时在了解人体肌肉与人体构造后自主健身，帮助他人健身减肥，在直播间穿羽绒服健身等。这些故事让他健身达人的标签更加深入人心。为让健身达人的人设形象更加饱满，刘畊宏的直播账号信息几乎离不开健身。例如，他的头像选用的是他长期坚持健身所练就的健美身材照片；简介直接注明自己是健身教练；发布内容也高度聚焦于健身领域，从日常锻炼到营养餐食，从健身知识科普到健身挑战活动，都紧紧围绕着健身这一核心主题。

　　案例点评：刘畊宏专业健身主播人设的塑造非常成功。他凭借深厚的健身专业知识与多年的实践经验，将自己打造成为一个备受信赖的健身达人。在直播平台上，他通过精心设计头像、简介、发布内容等，使得自己的健身主播的形象深入人心。他不仅传授健身知识，更通过分享自己的健身故事与心得，传递出积极向上的生活态度，进一步增强了人设的感染力。

3.2　主播的形象管理

　　主播的形象直接代表着直播间。一个整洁、得体、有吸引力的主播形象能够迅速吸引用户的注意力，为后续的直播内容打下良好的基础。相反，如果主播的形象不佳，可能会让用户产生抵触情绪，影响观看体验。

3.2.1　形象管理的原则

一般来说，主播的形象管理需要遵循以下原则。

1. 以直播定位为基础

主播的形象管理需要紧密围绕其直播定位来展开，这是确保主播的形象与直播内容和谐统一的关键，决定了直播内容的方向、用户群体以及整体风格。一方面，主播的形象应与直播定位匹配，如直播定位是专业类，那么主播的形象应更加正式和专业，以体现其专业性；如直播定位是娱乐类，那么主播的形象则可以更加休闲和活泼，以营造轻松愉快的直播氛围。另一方面，主播的形象管理还应考虑用户群体。例如，某巧克力品牌的目标用户群体是 20 ～ 45 岁、喜欢甜食、有一定经济基础的女性，那么该品牌的主播形象、谈吐等就应当体现出甜美或知性的风格，同时主播还要深入了解有关巧克力的知识。

2. 统一风格

对于用户而言，主播和直播间是一体的。直播间产品的风格、直播场景风格、主播的穿着风格等共同造就了直播间风格。主播作为直播间中的一部分，只有与整体风格保持一致，才能够使直播间在视觉上具有和谐统一的效果。例如，某直播间专注于销售高端时尚女装，整体风格比较优雅、时尚，直播场景布置得非常温馨而高雅，那么，主播的外在形象风格也应与这一整体风格匹配，妆容应当精致。主播可以穿着质感好、剪裁合身、色彩搭配得当的女装。

3. 遵守法律法规和平台规范

主播开展直播活动，其形象管理还应当遵守相关法律法规、直播平台规定等。例如，根据《网络主播行为规范》，网络主播应当保持良好声屏形象，表演、服饰、妆容、语言、行为、肢体动作及画面展示等要文明得体，符合大众审美情趣和欣赏习惯。又如，抖音规则规定，直播宣传内容中严禁出现主播及相关人员穿着过于暴露的服装来达到获取流量目的。

总的来说，主播应当遵守相关法律法规和平台规定，做到不穿着暴露、低俗、敏感的衣物，不佩戴不恰当的配饰等，自觉维护直播的形象，营造健康的直播环境。

> **专家指导**
>
> 随着 AI 技术的持续发展，虚拟形象账号逐渐进入大众视野。我国相关法律法规部门和部分直播平台也采取了一系列措施来应对和规范。例如，《广州市直播电商规范经营指引清单》规定，使用虚拟主播的，应通过合法合规途径获得虚拟主播使用权。抖音有关规则显示，抖音用户对其所创建的虚拟形象账号，应当向平台提交存案，以备查验。

3.2.2 妆发打造和着装搭配

主播在直播过程中直接面对用户，鉴于高清直播镜头会放大主播面部及服饰上的瑕疵，从而影响整体的直播观感，因此，为对用户及自身负责，主播应当注重自身的妆发打造和着装搭配。

1. 妆发打造

在高清直播镜头前，主播的五官立体度往往会减弱，同时面部瑕疵也会变得更为明显。通过打造简约得体、能够凸显主播特色的妆发可以有效美化主播，提升主播的精气神。直播间一般会使用较强的灯光照明，因此主播的妆发需要比日常妆发稍浓重、正式，但不要过于夸张，应尽可能打造出自然通透的效果。主播可以根据以下步骤进行。

（1）妆前准备。妆前准备主要包括洁面和护肤两个部分。在直播前，主播首先需要使用清洁霜、洗面奶等清洁面部的污垢和油脂，使面部保持自然清爽。完成面部清洁后，主播还需要涂抹爽肤水、乳液或面霜等，以保持面部肌肤的湿润。

（2）上底妆。上底妆的目的是调整皮肤颜色。一般来说，主播应根据自己的肤色选择与肤色相近、遮瑕度较高的底妆产品，让肤色显得自然、无瑕疵。另外，直播往往会持续较长时间，因此底妆还需要具备良好的持久性，避免因时间推移而出现脱妆或油光。一般来说，主播在底妆完成后可以使用定妆喷雾或散粉，以确保妆容持久。

（3）画眉。主播根据自己的眉型用眉笔填补眉毛空缺、加深颜色，或者根据脸型适当修饰眉毛。眉笔的颜色要根据主播的发色进行选择，一般选择灰色、棕色等。

（4）上眼妆。眼妆应根据个人眼型和直播内容进行调整。一般来说，主播可采用大地色系眼影进行晕染，营造出深邃的眼部效果。睫毛和眼线部分可根据主播的眼型进行适当调整，以自然流畅、突出眼神为主。

（5）画腮红和修容。腮红能够增添主播的气色，而修容则能塑造主播的面部轮廓。一般来说，主播应根据肤色选择合适的腮红颜色，并轻轻扫在脸颊上。修容则可使用阴影粉或修容棒适当修饰脸部轮廓，使脸部线条更加流畅立体。同时应当注意，色彩要自然过渡，避免显得过于突兀。

（6）上唇妆。唇妆应与整体妆容协调，应选择适合直播内容的唇色。如果直播时间长，主播可选择持久性较好的唇膏，并适时补妆。

（7）设计发型。一般来说，女主播可以选择简洁、大方的短发、马尾或盘发；如果选择披发，应保证面部无遮挡、无乱发。同样，男主播的头发应保证整洁、干净，且不宜太长。

2. 着装搭配

俗话说，"人靠衣装马靠鞍"。主播的着装搭配对塑造个人形象和提升直播效果同样具有重要作用。以下是一些关于主播着装搭配的建议。

（1）风格统一。主播的着装搭配应与妆发风格相互呼应，形成整体的和谐美感。例如，如果妆发风格偏向清新自然，那么着装也应选择简约、清新的款式；如果妆发风格偏向华丽复古，那么着装也应选择复古风格的款式或华丽风格的款式。

（2）色彩协调。色彩是着装搭配中不可忽视的因素，可以营造直播氛围并表达情绪。一般来说，选择与妆发风格相近或相辅相成的服装颜色，能够营造出更加和谐统一的视觉效果。另外，也可以遵循同色 / 邻近色系搭配、浅色系为主的原则。不宜选择颜色纯白或纯黑的服饰，这是因为纯白或纯黑的服饰在强光或弱光下容易产生极端的视觉效果，如反光、曝光过度等。图 3-1 所示为同色系服装的搭配方案示例。

拓展资源

色彩心理学

图 3-1　同色系服装的搭配方案示例

（3）场合适应。主播的着装搭配应根据直播的场合进行调整。例如，如果是正式的商务直播，那么应选择正式、专业的着装；如果是休闲、娱乐的直播，那么可以选择更加休闲、随性的着装。同时，也要考虑直播的主题和氛围，选择与之相匹配的服装风格。

（4）身材修饰。主播的着装搭配还应考虑身材的修饰效果。通过选择合适的服装款式和剪裁，主播可以巧妙地修饰自身的身材缺陷，从而展现出更加完美的身材线条。例如，如果肩膀偏窄，主播可以选择带有垫肩设计的衣服，如垫肩西装、垫肩衬衫等；如果脖子不够长，则可以选择 V 形领或 U 形领款式的上衣来拉长颈部线条。

（5）细节点缀。在着装搭配中，细节往往能够起到画龙点睛的作用。主播可以选择一些精致的配饰来点缀整体造型，如耳环、项链、手链等。同时，要注意配饰的款式和色彩与整体着装风格相协调，避免过于烦琐或突兀。

专家指导

　　如果主播不太擅长搭配服装，可以借助 AI 服装搭配工具，如搭搭、衣色等。这些工具就像私人搭配助理，用户只需要将服装信息上传，就能利用 AI 技术抠图和统计服装信息，并根据用户的身材、肤色、喜好以及场合需求等信息，智能生成多种搭配方案，从而为用户提供便捷、高效的着装搭配解决方案。

3.2.3　镜头感的管理

在直播时，主播需要直面镜头，与镜头前的用户进行实时互动。对于镜头感不强的主播而言，面对镜头时可能会出现表情管理不当、肢体语言僵硬或紧张等问题，这些问题都会影响到直播的整体效果。这就需要主播做好镜头管理，培养镜头感。

1. 镜头感的定义

镜头感是指主播在镜头前展现出自信、自然的互动能力。主播在面对镜头时，需要有一种与镜头进行互动的感觉。这种感觉并不是简单地直视镜头，而是通过眼神、表情、肢体语言等，与镜头背后的用户建立起一种虚拟的连接。镜头感强的主播，在镜头前往往能够展现出自信、自然的状态。他们不会因为面对镜头而感到紧张或拘束，而是能够以一种轻松、自然的方式与用户进行互动。

2. 镜头感的提升

大多数主播的镜头感都是通过后天训练形成的，是一个长期训练积累的过程。一般来说，主播可以采用以下方法来提升镜头感。

（1）模拟练习

模拟练习的方式有很多，如对镜练习、录制视频、邀请朋友或家人作为观众等，都是比较有效的方法。

- **对镜练习**：通过镜子观察自己的面部表情、肢体语言和眼神，找到合适的表情和角度，然后对着镜子练习讲话、动作、表情等，了解自己面对镜子的状态，并及时调整和改进。
- **录制视频**：使用智能手机或摄像机录制自己的模拟直播视频。录制后，主播可以回看视频，分析自己的表现，发现不足并改进。
- **邀请家人或朋友作为观众**：邀请朋友或家人作为观众观看模拟直播。他们的反馈和建议可以帮助主播更好地了解自己在镜头前的表现。

（2）观看优秀主播的直播

观看优秀主播的直播，也是学习和借鉴他人经验的有效途径。主播可以挑选一些镜头感强、互动能力好的优秀主播作为榜样，观察他们的直播表现，然后分析这些优秀主播在镜头前的表情管理、肢体语言、互动方式等方面的特点，找出自己可以学习和借鉴的地方。另外，主播还可以尝试模仿这些优秀主播的直播方式，并结合自己的特点进行改进和创新。

课堂活动

把使用的智能手机作为销售产品，录制一段5分钟的直播带货视频。录制后，观看视频并分析存在的问题，确定可改进之处及未来练习方向。

3.3　主播个人素质的培养

具备良好个人素质的主播不仅能够提供更丰富、更有深度的直播内容，保证直播的流畅和吸引力，还更容易赢得用户的信任。总的来说，主播的个人素质主要包括心理素质、心态管理、情绪管理、文化修养和道德素养等方面。

3.3.1　心理素质

拓展资源

心理承受能力
测试

强大的心理素质是支撑职场人从容应对各种冲突与挑战的前提，对主播而言更是如此。

1. 心理素质的内容

一名合格的主播除了要具备良好的身体素质，还必须具备强大的心理素质。强大的心理素质主要表现在以下 5 个方面。

（1）自信心。自信心源于对自我能力的深刻认知与肯定，主播要相信自己能够应对各种情况，包括突发状况和用户反馈。自信心能够帮助主播在面对挑战时不气馁，从而自如地展现个人魅力。

（2）积极乐观。保持积极乐观有助于主播在面对困难和挫折时保持积极的态度。面对直播中的突发状况、用户反馈的多样性以及行业竞争的激烈性，主播需要拥有一颗始终积极向上的心，以乐观的态度看待问题，寻找解决问题的方法。保持积极乐观不仅能够提升主播的抗压能力，还能激发其创新思维。

（3）冷静自持。冷静自持是指主播在面对压力和挑战时能够保持冷静，不被情绪所影响。面对用户的质疑、批评或负面评论，主播应学会控制情绪，避免情绪化的回应，以平和的态度回应用户，维护直播的和谐氛围。冷静自持不仅能够提升主播的专业形象，还能增强其处理复杂问题的能力。

（4）高度专注。高度专注是主播在直播中保持高效工作的关键。在直播过程中，主播需要全神贯注地投入，确保信息的准确传达，以及与用户的有效互动。高度专注要求主播具备强大的意志力和控制能力，能够排除外界干扰，保持内心的平静与专注。

（5）耐心坚韧。一场直播的时间较长，而且直播的产品可能在很长一段时间内不会发生变化，这就要求主播不仅要具备较好的销售能力和良好的语言表达能力，还要保持足够的耐心与毅力，也就是耐心坚韧。耐心坚韧不仅体现在对直播内容的精心策划与准备上，还体现在对用户问题的耐心解答与持续关注上。

2. 提升心理素质的方法

为提升心理素质，主播可以采取的方法包括：一是通过积极的自我暗示来增强信心，如"我能够做好这次直播""用户会喜欢我的表演"等；二是积极、主动学习，通过模拟直播场景进行训练；三是与同行、朋友或家人沟通，向他们分享自己的经历和感受，寻求他们的支持和建议；四是学习并掌握一些心理知识，了解心理问题产生的根源和解决方法。

3.3.2　心态管理

随着直播行业的快速发展，主播数量激增，竞争日益激烈，伴随较大的舆论压力和高强度的工作，主播的心态可能会受到影响。良好的心态管理不仅有助于主播保持高效的工作状态，还能提升用户的观看体验。以下为心态管理的一些技巧。

（1）自我认知。主播应能够清晰认识到自己的优势和不足，以及自己在直播中的角色和定位。通过自我认知，主播可以更好地调整自己的心态，避免过度自信或自卑，以积极、平和的心态面对工作。

（2）压力应对。压力会影响人的积极性和工作效率，图3-2所示为压力水平与绩效的关系。直播行业竞争激烈，主播需要承受较大的工作压力。这些压力不仅来自业绩考核、直播数据、职业发展、舆论等方面，还涉及技术革新、内容创作、身体健康、人际关系以及个人生活与工作的冲突等多个层面。为有效应对压力，一方面，主播应保持积极的态度，客观、乐观地看待压力，学会调整认知、接受现状；另一方面，主播需要直面压力事件，提出切实有效的解决方案，如合理安排直播、休息与私人时间，制定合理的工作计划，寻求团队成员或亲朋好友的支持等。另外，主播也可以通过运动、深呼吸、冥想等方式来释放或转移压力。

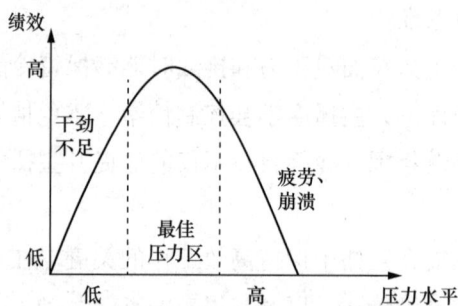

图3-2　压力水平与绩效的关系

（3）自我激励。持续的自我激励是保持积极的心态，克服挑战的关键。有效的自我激励方法包括：设定正面反馈机制，如为自己设定小目标，并在达成后给予奖励，奖励可以是看一场电影、享受一顿美食等；记录进步与成就，如建立成长日记、记录每次直播的收获、用户的正面反馈及个人的技能提升，以此作为自我激励的源泉。

（4）总结思考。这是指主播回顾、分析与提炼过往经历，以获取经验教训，优化未来行动。对于主播而言，定期的总结思考可以提升专业素养，完善直播内容。每次直播结束后，主播可以回顾直播过程，记录亮点与待改进之处，如互动效果、内容创意等。另外，主播还可以观看优秀主播的直播，或邀请团队成员、用户等提供反馈。

（5）沟通交流。良好的沟通交流不仅可以有效缓解主播的工作压力，还能增强团队协作。主播要主动与他人交流，不要自命不凡、固步自封。一方面，主播可以与直播营销团队中的其他成员多交流，听取他人的意见，或者从他们那里获得鼓励；另一方面，主播还可以和其他主播进行交流，分享经验，相互鼓励。

3.3.3　情绪管理

情绪是指人在内心活动过程中所产生的心理体验，如喜、怒、忧、思、悲、恐、惊等。用户在观看直播时，不仅关注内容，还会受到主播情绪的影响。主播情绪稳定，可以为用户带来更好的观看体验，增加用户的满意度和忠诚度。另外，良好的情绪管理还有助于主播保持心理健康。因此，主播需要使用科学的方法有意识地管理情绪。

1．合理宣泄法

合理宣泄法是指主播通过恰当的方法和途径将压抑的情绪释放出来，使情绪恢复平静。一般在产生负面情绪后，主播可以借助合理的情绪宣泄来释放能量，保持清醒与自主，做到良好的情绪管理，以下是一些合理宣泄情绪的方法。

（1）倾诉。倾诉的对象有很多，如朋友、家人等，以得到对方的开导和安慰；也可以在无人的地方自言自语或把自己的情绪记录在日记本上，将自己的不满发泄出来。

（2）哭泣。哭也是宣泄不良情绪的一种外在表现方式，许多负面情绪都会随着眼泪被释放出来。因此，哭泣是一种值得提倡的合理宣泄情绪的方法。当然，这并不代表有情绪时要整日"以泪洗面"。

（3）喊叫。主播到空旷的地方大喊或者高歌几句，或是大声朗诵富有激情的文章、诗歌等，可以将心里压抑的不满随着喊叫宣泄出去。

（4）运动或听音乐。通常较大运动量的体育活动有助于释放能量，消除压抑的情绪和烦恼，如打球、跑步等。音乐作为一种独立的、审美的艺术，可以有效带动人的情绪，引起人的情感共鸣，因此具有舒缓情绪的功能。

2．自我放松法

自我放松法是指主播在一种比较安静的环境中，通过一些反复的动作练习来有意识地控制自己的心理和生理活动，从而增强自身对事物的适应能力，调整心理状态的一种方法。例如，意念放松、肌肉放松、呼吸放松等，都是主播可以参考借鉴的方法。

（1）意念放松。意念放松的原理是通过想象轻松、愉快的情境（如大海、山水、瀑布、蓝天、白云、湖水、雨滴等）达到身心放松、情绪舒畅的目的。意念放松这种方法不仅能消除疲劳，恢复精力，主播长时间坚持意念放松训练，还可以达到开发智力的效果。

（2）肌肉放松。肌肉放松主要是主播通过放松肌肉，使机体的活动水平下降，由此达到心理上的松弛平衡。例如，颈部伸展、肩部放松、全身伸展等就是比较常见的肌肉放松方法。

专家指导

瑜伽类训练属于渐进式肌肉放松训练，通过放松个体的神经、肌肉，达成一种类似自我暗示训练的效果，以达到放松的目的。但主播在进行瑜伽类训练时需要注意，该活动要根据自身状况适度练习，因为瑜伽包含一些高难度动作和拉筋动作，稍不注意，就会使身体受到伤害，如关节、肌肉、韧带损伤等。

（3）呼吸放松。呼吸放松有助于缓解精神紧张、压抑、焦虑和疲劳，训练方法简便易行，不受场所、时间等的限制，行、坐、站、卧状态下都能进行。在进行呼吸放松时，主播的呼吸应尽可能慢而深，先用鼻子慢慢地吸气，直至肺腹部充分膨胀，然后缓慢地用口腔呼气。

3. 语言暗示法

当主播遇到可能滋生不良情绪的状况时，还可利用语言引导或抑制自己的心理和行为。尤其是在有愤怒、痛苦、忧愁、焦虑的情绪或遇到困惑、挫折时，主播可以通过语言暗示，如"塞翁失马，焉知非福""我行，我可以""一切都会过去的"等，为不良情绪寻找一个疏导的缺口，从而舒缓心情或进行自我激励。

3.3.4 文化修养

文化修养是指个体在文学、艺术、历史、哲学等人文社科领域所具备的知识储备、审美能力和思维深度。个体的文化修养不仅仅是书本知识的积累，更是一种内在的精神气质和思维方式的体现。对于主播而言，文化修养的高低直接影响到其直播内容的丰富性、深度和吸引力。以下方法可以有效地提高主播的文化修养。

1. 广泛阅读

广泛阅读是主播提升文化修养的重要途径。通过阅读，主播不仅可以拓宽知识面，深入地理解不同文化背景下的价值观、信仰和习俗，还可以增强自身的情感共鸣能力。例如，阅读经典文学作品，如《红楼梦》《三国演义》等，主播不仅能够了解我国优秀传统文化，增进对人性、社会、历史的深刻理解，还能在语言表达与情感描绘上获得启发，使直播内容更加生动、感人。此外，哲学著作如《论语》《道德经》等，则能为主播提供关于人生、道德、宇宙观的深刻思考，有助于主播在直播中展现更为深邃的思想内涵。

在数字化时代，阅读电子书籍成为人们获取知识，提升文化修养的主要方式。中国国家图书馆·中国国家数字图书馆·国家典籍博物馆、鸠摩搜书、科学文库、学习强国、中国数字科技馆、学堂在线等都是非常高效、便捷的电子学习资源库，提供了丰富的阅读资源，主播可以选择适合自己的资源库并掌握相关的阅读小技巧。

素养课堂

了解我国优秀传统文化，如诗词歌赋、书法绘画、传统节日与习俗等，不仅可以使人接触到古代先贤的智慧与情怀，提升自身人文素养，还可以有效提高语言表达能力和写作能力。这些技能在日常生活和未来职业发展中都很重要，无论是撰写报告、发表演讲还是文学创作，都需要个人良好的语言功底和文化底蕴作为支撑。

2. 参与文化活动

除阅读之外，积极参与各类文化活动也是主播提升文化修养的有效方式。文化活动包括但不限于参观艺术展览、参加音乐会、参与戏剧表演、参观博物馆等。这些活动不仅能让主播直观地感受到文化的魅力，还能通过亲身体验加深对文化内涵的理解与感悟。例如，主播参观博物馆，可以了解历史的脉络，感受文明的演进；参加音乐会则能领略音乐艺术的魅力，提升音乐鉴赏能力。

一般来说，各大博物馆、艺术馆、剧院、音乐厅等文化机构的官方社交媒体账号通常会发布文化活动信息，如图 3-3 所示。另外，一些专门的文化活动 App，如“活动行”“大麦网”等，也会提供丰富的文化活动信息和购票服务。主播可以通过以上多种途径获取文化活动信息，并积极参与。

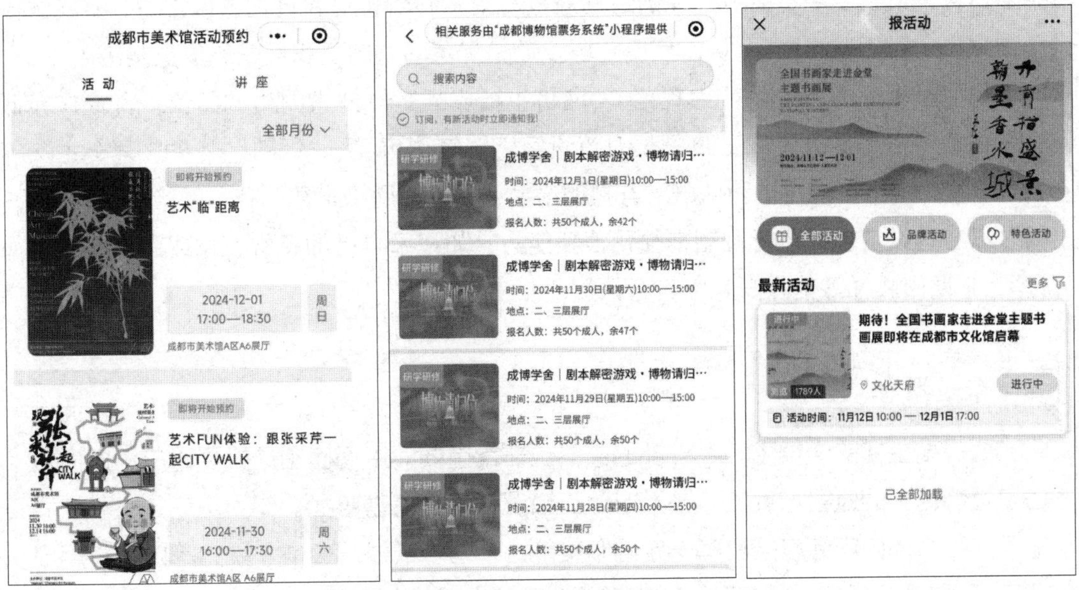

图 3-3　官方社交媒体账号发布的文化活动信息

3.3.5 道德素养

道德素养是指个体在道德认知、道德情感、道德意志和道德行为等方面所表现出的综合品质。道德素养作为主播内在品质的体现，不仅关乎主播个人的品行与操守，更直接影响到直播内容的健康性、正面性以及用户群体的价值观导向。作为一名主播，要想提升自身道德素养，需要重点做好内省和慎独两个方面。

1. 内省

"吾日三省吾身"。内省，即自我反思与审视。主播通过内省，可以不断审视自己的言行举止，发现自身的不足，并努力加以改进。一方面，主播应增强自身的道德意识，明确道德准则和规范，将其内化于心。这要求主播主动学习社会公德、职业道德等方面的知识，了解并认同这些道德规范，从而在日常直播中自觉遵守。另一方面，主播应当进行自我反思，如在每次直播结束后的反思过程中，应诚实地评估自己的言行是否符合道德规范，是否对用户产生积极影响。对于不符合道德规范的行为，主播应深入分析原因，并思考改进措施。

课堂讨论

　　你知道教育家陶行知的"每天四问"吗？请结合"每天四问"，说说如何运用内省来提升自身道德修养。

2. 慎独

慎独，即指个体在无人监督的情况下依然能够坚守道德准则，自觉按照道德要求行事。对主播而言，慎独要求主播将外在的道德规范与规章制度转变为自觉意识，把"要我这样做"内化为"我要这样做"，从而使遵守职业道德规范的意愿更积极，态度更坚决。

例如，根据《网络主播行为规范》，网络主播应当坚持健康的格调品位，自觉摒弃低俗、庸俗、媚俗等低级趣味，自觉反对流量至上、畸形审美、"饭圈"乱象、拜金主义等不良现象，自觉抵制违反法律法规、有损网络文明、有悖网络道德、有害网络和谐的行为。主播可以通过设定自我监督机制来强化慎独能力，如记录自己的日常言行或者设立"道德日记"，定期回顾并评估自身是否符合该规范。

专家指导

　　要提高主播的道德素养，外部的监督也非常重要。主播应主动接受用户、直播平台及社会各界的监督与反馈，并及时改正错误，不断完善自我。作为用户，对于主播的表演和直播内容还应当具备一定的审美能力。对于低俗、色情、暴力等内容，用户要有正确的认识和批判态度，不能盲目追求这些内容，以免助长主播失范行为。

3.4　主播核心能力的培养

除了具备良好的个人素质，主播还需要具备一些核心能力，包括语言表达能力、控场能力、团队协作能力、随机应变能力和创新能力等。这些核心能力共同构成主播在直播行业中的核心竞争力，并影响主播的直播效果和个人职业价值的实现。

3.4.1　语言表达能力

语言表达能力是指个体通过口头语言或书面语言，清晰、准确、生动地表达思想、情感和信息的能力。对于主播而言，语言表达能力不仅涉及运用基本的语音语调、词汇语法等，更涉及运用语言来构建直播内容、营造直播氛围、引导用户情绪等多个方面。开展语言基础训练、参加演讲与辩论等都是提高语言表达能力的有效方法。

1. 开展语言基础训练

语言基础训练包括发音练习、语调与节奏练习、词汇与语法练习等方面。

（1）发音练习。确保发音清晰、准确，可以通过朗读练习、绕口令等方式来锻炼口腔肌肉，提高发音的准确性和流畅性。

（2）语调与节奏练习。掌握语调的变化和节奏的掌控，使语言更具韵律感和表现力。主播可以选择一些文学作品或新闻稿来练习语调，或通过节奏乐器（如节拍器、手鼓等）来练习语言表达的节奏感。在练习的过程中，主播可以为自己录音，然后进行回放和分析。

（3）词汇与语法练习。拥有丰富的词汇量，掌握正确的语法结构，可以使主播的表达更加精准、流畅。主播可以通过阅读书籍、报纸、杂志、微信公众号文章等方式来积累词汇，通过学习语法书籍或参加语法课程来掌握正确的语法结构。

2. 参加演讲与辩论

参加演讲与辩论活动是提升语言表达能力的有效途径。一般来说，演讲与辩论要求演讲者或辩手在短时间内清晰、有条理地表达观点。参加此类活动，主播可以锻炼语言组织和逻辑思维能力。主播可以关注当地的演讲与辩论俱乐部、社团或组织，了解他们的活动安排和报名方式并选择参加。此外，主播还可以关注一些线上平台，如在线演讲比赛、辩论论坛等。这些平台会提供远程参与的机会，主播可以选择报名参加。

拓展资源

用作发音练习的绕口令

3.4.2　控场能力

控场能力是指主播在直播过程中对整个直播环境的掌控和调节能力。它涉及对直播节奏的把握，对直播氛围的调节以及对用户互动的管理等方面。

（1）对直播节奏的把握。主播需要根据直播的主题和内容，合理分配直播的时间并调整节奏。例如，在直播开始时，主播可以通过简短的介绍和互动来吸引用户的注意力；在直播过程中，主播可以通过提问、引导话题讨论等方式来提高用户的参与度；在直播结束时，主播可以通过总结和感谢来给用户留下深刻印象。

（2）对直播氛围的调节。直播氛围是指直播过程中所形成的整体气氛，如轻松愉快、紧张刺激等。主播在直播过程中，需要敏锐地感知直播间的氛围变化，并采取相应的措施来调节氛围。例如，在直播开始时，主播可以用热情洋溢的开场白来调动用户的情绪；在直播过程中，主播可以通过使用幽默的段子，进行有趣的互动等方式，让直播氛围更加轻松愉快。

（3）对用户互动的管理。直播具有即时性和互动性，能够即时反映用户的需求和情绪。要想掌控好直播场面，主播需要做好用户互动的管理，构建一个活跃、积极且有序的直播环境。这包括密切关注用户的评论，及时且有效地给予回应；主动引导话题，发起有意义的讨论；制止并警告恶意评论等。

主播要想提高控场能力，可以从3个方面入手：一是提前准备，即在直播前充分熟悉直播内容、流程、互动环节等；二是实践锻炼，通过不断地实践来积累控场经验；三是观察和学习其他优秀主播的直播，分析其控场技巧。

3.4.3 团队协作能力

团队协作能力是指主播在直播过程中与团队成员有效合作的能力。直播是一个涉及多方面合作与协调的综合性活动，主播作为核心人物，需要建立更加紧密和高效的团队关系。

1. 团队协作能力的重要性

主播的团队协作能力对于直播具有重要意义，主要包括3个方面。

（1）确保直播流程的顺畅。直播涉及多个环节，如内容策划、技术支持、营销推广等，共同构成直播活动的完整链条。团队协作能力强的主播能够更有效地管理直播流程，减少不必要的延误和错误，确保各个环节的顺畅进行，包括从直播前的准备工作到直播中的实时调整，再到直播后的总结与反馈等。

（2）提升直播质量。在直播营销团队中，成员可能拥有不同的背景和专长，他们的多样化视角有助于发现新的直播主题、互动方式和表现形式。团队协作能力强的主播能够汇集团队成员的多样化创意和想法。这些创意和想法在相互碰撞中能够激发出新的灵感，使得直播内容、形式、互动方式等方面具有更多的可能性，从而提升直播的吸引力和趣味性。

（3）增强团队凝聚力。主播的团队协作能力强，有助于增强团队成员之间的凝聚力和归属感。当团队成员能够共同为一个目标而努力，彼此信任和支持时，团队的凝聚力和战斗力会大大增强。

2. 提高团队协作能力的方法

团队协作能力的提高是一个持续的过程，需要主播在多个方面进行努力。

（1）明确团队目标与角色定位。主播应与团队成员共同设定明确、可衡量的直播目标，确保大家对齐目标，共同努力。另外，主播可以根据团队成员的技能和特长，进行合理的角色分工，确保每个人都能在自己的领域内发挥作用。

（2）建立有效的沟通机制。主播应建立有效的沟通机制，如召开定期会议、使用即时通信工具及时沟通等，确保信息在团队内部流通顺畅，减少误解和冲突，并鼓励团队成员开放、坦诚地交流。同时，主播还应倾听团队成员的意见和建议，及时调整策略，以适应不断变化的市场需求。

（3）培养团队文化与信任。主播可以通过团队活动、培训等方式，营造积极向上的团队氛围，增强团队成员的凝聚力和归属感。同时，信任是团队协作的基础，主播应保证实际行动和言行一致，从而与团队成员建立相互信任的关系。

3.4.4　随机应变能力

直播环境往往充满变数，可能会出现各种各样的突发状况，如技术故障、产品链接失效等。确保直播的流畅进行，要求主播应当具备随机应变的能力。随机应变能力是指个体在不预设或不可预测的情况下，能够迅速、准确地评估环境变化，调整策略与行为，以有效应对挑战，解决问题或把握机遇的能力。对于主播而言，要想提高随机应变能力，可以采用以下方法。

（1）增加知识储备。主播应广泛地阅读和学习，知识范围不局限于自己的专业领域，还应关注时事热点、行业动态以及多元文化等，增加自己的知识储备。这能够帮助主播在直播中更自如地应对各种话题和用户的提问。

（2）制定应急预案。虽然随机应变能力强调的是个体对突发情况的即时反应，但预先准备是提高应变能力的基础。主播可以事先针对可能出现的突发情况如设备故障、网络中断等制定相应的应对措施。例如，针对可能发生的设备故障状况，可以事先准备好备用设备；对于可能发生的网络中断状况，可以事先准备好备用网络等。

（3）模拟训练。模拟训练即在非直播的环境下，主播通过模拟各种可能出现的突发情况，进行实战演练。为确保模拟训练的效果，主播可以邀请团队成员或朋友作为用户参与，他们的反馈和建议会有助于主播更好地了解自己在应对突发情况时的表现，并找出需要改进的地方。此外，模拟训练还可以结合具体的案例进行。例如，主播可以收集一些发生过的直播突发情况案例，然后将这些案例作为模拟情境进行实战演练。

3.4.5　创新能力

新颖、有创意的直播内容更容易引起用户的注意，获得用户的"叫好"。因此，主播还需要具备创新能力。创新能力是指个体或组织在面对新问题、新挑战时，能够制定并实施新颖、有效的解决方案的能力。对于主播而言，创新能力不仅体现在直播内容的独特性上，更贯穿于直播策划、互动设计等多个环节中，是推动直播内容持续迭代升级，吸引并留住用户的重要驱动力。总的来说，主播的创新能力主要体现在内容创新、形式创新和互动创新等方面。

（1）内容创新。内容创新是主播创新能力的直观、核心体现。它要求主播能够不断挖掘新的直播主题，为用户提供新鲜、有趣、有价值的内容。例如，某美妆博主日常的直播内容都是教授用户化妆技巧。为给用户带来新鲜感，在某次直播前，她准备了时下热播电视剧角色的妆造方案，然后在直播中，她逐一展示这些角色的仿妆过程，从底妆、眼妆到唇色，每一步都力求还原电视剧角色的妆容精髓。

（2）形式创新。形式创新即尝试不同的直播形式，如户外直播、连线互动等，或利用AR（Augmented Reality，增强现实）/VR（Virtual Reality，虚拟现实）、AI 等先进技术，为用户提供多元化的观看体验。

（3）互动创新。互动创新是主播与用户建立紧密联系，提高用户参与度的关键。这要求主播设计具有创新性的互动环节，如实时问答抽奖、用户投票决定游戏玩法、接龙互动等，以增强用户的参与感和归属感。

主播要想提高创新能力，一方面，需要培养批判性思维，对现有的直播内容、形式和互动方式保持质疑态度，思考是否有改进的空间或创新的可能，并尝试从不同的角度审视直播内容，如用户视角、行业视角等，以发现新的创意点；另一方面，要多尝试，要敢于、勇于尝试新的直播方式和内容。需要注意的是，提高创新能力是长期且持续的过程。在该过程中，主播需要保证持续地学习与积累，多阅读行业报告、市场趋势分析报告、新兴技术介绍等，并关注其他领域如科技、艺术、娱乐等领域的创新案例，从中汲取灵感，尝试将跨界元素融入直播中。

案例在线　京剧演员化身主播收获众多粉丝

果菁是一名青年京剧演员。自幼对京剧充满兴趣的她，8 岁便进入戏校学习，凭借扎实的功底和天赋，10 岁时就获得了"中国少儿戏曲小梅花荟萃"金奖。从中国戏曲学院毕业后，果菁在剧团实习并演出。然而，随着京剧市场的逐渐萎缩，她面临着就业和传承的双重压力。2020 年，果菁开始尝试在短视频平台上发布京剧相关内容。她起初只是抱着试试看的态度，将自己化妆、卸妆的过程，以及京剧表演的片段分享给网友，没想到迅速吸引了大量关注。她发现，年轻人对京剧表演背后的故事、演员的真实生活以及京剧与现代元素的结合非常感兴趣。随着直播的火热，果菁开始尝试直播。为吸引更多人观看直播，果菁创新性地在直播中融入更多的创意元素。在直播间里，她不仅讲述京剧的历史、流派，展示京剧的表演技巧，还将戏曲元素与现代音乐、舞蹈相结合，甚至会素颜出镜与网友聊一些京剧领域的奇闻趣事。她独特的直播风格和内容既让人们对京剧有了更深入的了解，也成功地让京剧这一传统艺术焕发新的活力。

案例点评：果菁的直播创新实践，不仅为京剧赢得了更多年轻粉丝，也为传统艺术的传承开辟了新路径。果菁的成功反映出创新的重要性，证明传统与现代并非不可调和，关键在于如何创新融合，让传统文化在现代社会绽放光彩。她的努力，值得每一位主播学习。

3.5　合作主播的选择

如果企业自有主播的粉丝数量较少，粉丝群体相对固定，或者打造主播的成本较高、周期较长，企业可以选择与其他主播进行合作。这样不仅可以节省大量的时间和成本，还能触及到更多潜在用户，呈现更多样化的直播内容。

3.5.1　主播层级划分

基于主播在直播平台上的知名度、粉丝数量、影响力、带货能力以及收入等方面的差异，可以将主播划分为头部主播、腰部主播、尾部主播 3 个层级。不同层级的主播有不同的特点。

1. 头部主播

头部主播通常是指在直播行业中具有较高知名度、影响力和粉丝基础的主播。这些主播的粉丝数量通常超过百万，甚至达到千万级别，其言行举止对粉丝和网友具有非常大的影响力。他们的直播内容、推荐的产品往往能够迅速引发关注和讨论。在社交媒体平台上，头部主播的言论和动态经常能够登上热搜，成为人们关注的焦点。在直播带货方面，头部主播的带货销售额较高，成为品牌方争相合作的对象。另外，头部主播的收入通常比较高，包括直播打赏、广告合作、产品销售佣金等多个方面的收入。

2. 腰部主播

腰部主播是指在直播行业中具有一定影响力和粉丝基础，但相对于头部主播来说知名度和收入水平稍低的主播。腰部主播通常处于主播梯队的中间位置，拥有一定的粉丝数量，但不足以与头部主播相媲美。一般来说，腰部主播的粉丝数量通常在数十万至数百万之间。在直播带货方面，腰部主播的带货销售额虽然不及头部主播，但仍然具有可观的商业价值。腰部主播是直播行业中的重要力量，为直播行业提供了丰富的内容和多元化的选择。

3. 尾部主播

尾部主播是指在直播行业中影响力、粉丝基础和收入水平相对前二者都较低的主播。尾部主播的粉丝数量一般在数千至数万之间，甚至更少。与头部主播和腰部主播相比，尾部主播在用户中缺乏辨识度。在直播带货方面，尾部主播的带货销售额相对较低，商业价值有限。他们的直播内容、推荐和分享等往往只能在小范围内产生影响。

3.5.2　寻找合作主播的有效渠道

企业要想获取主播资源，以寻找合适的合作主播，可以考虑 MCN 机构、直播平台和行业社群等渠道。

1. MCN 机构

MCN（Multi-Channel Network，多频道网络）机构是以数字内容创作者为核心，为其提供内容管理、版权管理、创作支持、数据分析等多种服务的机构。大多数的主播都会与 MCN 机构签约合作，因此 MCN 机构拥有比较丰富的主播资源，涵盖各种类型和风格，能够满足企业多样化的合作需求。无忧传媒、美 ONE、papitube、遥望科技等都是比较有名的 MCN 机构。

通过与 MCN 机构合作，企业可以高效地找到与品牌相匹配的主播，并借助 MCN 机构的专业能力和资源，实现更好的营销效果。

2. 直播平台

直播平台是主播进行直播活动的主要场所，也是企业寻找合作主播的重要渠道之一。企业在直播平台中寻找合作主播的方式有：利用平台的搜索功能直接搜索主播的账号名称；利用直播榜了解主播信息。一般来说，许多主播的直播账号简介中会附上联系方式，如微信号、邮箱号等，企业可以直接与中意的主播进行合作洽谈。

另外，抖音、快手、淘宝等官方直播平台还提供有营销服务平台，如抖音的巨量星图、快手的磁力聚星、淘宝的热浪引擎等，同样可以用来寻找合作主播。抖音的巨量星图是一款商业推广和数据分析工具，提供有商业合作、数据分析、安全保障等功能，可以帮助企业找到合适的主播进行产品营销或推广。快手旗下的磁力聚星（见图 3-4）是一个专为内容创作者设计的达人生态营销平台，对接企业的营销需求与达人的变现诉求。企业在其中可以根据推广需求选择达人。淘宝的热浪引擎是一站式综合内容营销服务平台，可以为商家和主播等多方提供安全安心的交易合作环境。在平台中，主播可自主招商，一键发布招商需求。

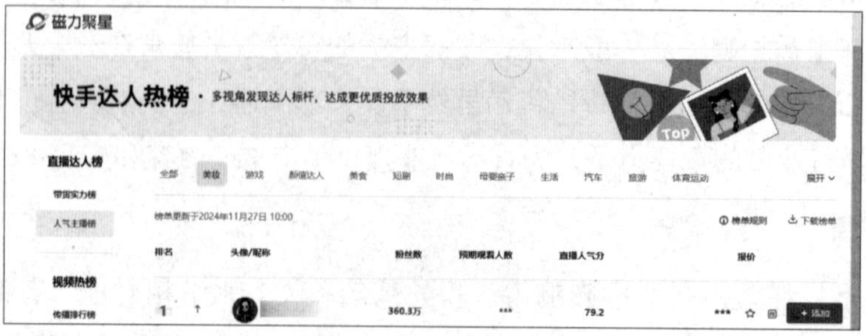

图 3-4　磁力聚星

3．行业社群

行业社群是聚集众多主播以及相关从业人员的群组。在行业社群中，企业可以接触到与自身产品相关的主播资源。这些主播通常对行业有深入的了解和认知，能够更好地理解直播需求和目标用户。通过行业社群，企业可以快速获取相关主播的联系方式、合作案例、带货能力等信息，减少筛选和沟通的时间成本。企业可以让工作人员加入这些社群，并与主播和其他从业人员建立联系。

> **专家指导**
>
> 蝉妈妈、飞瓜数据、抖老板等第三方平台也是企业寻找合作主播的有效渠道。这些平台大多提供有丰富的主播资源和数据分析工具，可以帮助企业高效地筛选和评估主播。但是这些第三方平台大多需要付费后才能使用，并且部分平台的信息更新速度可能比较慢，企业需要仔细筛选和对比。

3.5.3　筛选与评估主播的关键指标

当前，主播数量众多，企业要想找到合适的合作主播需要进行仔细筛选与评估。粉丝画像、流量数据、转化数据和互动数据等都是筛选与评估主播的关键指标。

1．粉丝画像

粉丝画像是指根据粉丝的基本属性（如性别、年龄）、兴趣爱好（如喜欢听音乐、跳舞）、消费行为（如购买历史、购买偏好）等信息而抽象描述出的标签化模型，如图 3-5 所示。粉丝画像可以帮助企业判断主播的粉丝群体是否与企业的产品、服务或目标用户匹配。例如，企业的产品主要面向年轻女性，那么在选择合作主播时，企业可以查看主播的粉丝画像，优先筛选那些拥有大量年轻女性粉丝的主播。

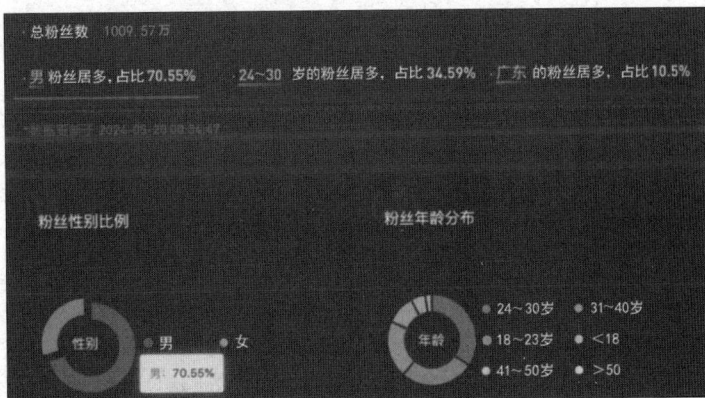

图 3-5　粉丝画像

2. 流量数据

流量数据又称为人气数据，主要包括累计观看人数、平均停留时长、平均在线人数、进场人数等数据。流量数据直接体现主播的受欢迎程度和影响力。一般来说，主播的流量数据比较好，往往意味着其拥有更广泛的用户群体和更高的关注度，这对于企业来说意味着更多的潜在曝光机会。

3. 转化数据

转化数据是指与产品销售有关的数据，包括 GMV（Gross Merchandise Volume，商品交易总额，即用户在直播间拍下订单的总金额，包含付款和未付款的部分）、销售额、转化率等。转化数据可以直接地反映主播将流量转化为销量的能力。主播的转化数据较好，意味着其具有较强的销售引导力和粉丝黏性，这对于企业来说，意味着更高的销售收益和更好的市场回报。

4. 互动数据

互动数据即主播与用户进行各种互动所产生的相关数据，主要包括点赞数、评论数和互动率等。互动数据能够直观地反映用户在主播直播过程中的参与度。高互动数据意味着用户对主播的内容更感兴趣，愿意积极参与交流，这有助于提升直播的活跃度和吸引力。对于企业来说，与互动能力强的主播合作，能够更有效地吸引和留住用户。

> **专家指导**
>
> 此外，主播的薪酬或推广费用也是企业筛选与评估主播的重要指标。企业需要评估与主播合作的性价比，即主播的薪酬或推广费用与其带来的流量、曝光、销售等回报之间的比例关系。在筛选与评估主播时，企业最好筛选出 3 个以上的主播，并亲自观看 3 场以上这些主播的直播，以更加直观地考察主播的直播表现和直播效果。

3.6 课堂实训

实训 1 使用文心一言打造健身主播人设

1. 实训背景

李敏是一名体育大学的学生，对运动健身充满热情，并且拥有扎实的运动理论基础知识和丰富的健身实践经验。为将科学的健身知识、实用的训练技巧以及积极向上的生活态度传递给更多的人，李敏决定利用自己的专业优势，在抖音开展健身直播。然而，抖音中的健身主播数量众多，要想在众多健身主播中脱颖而出，仅凭专业知识和实践经验是不够的，李敏还需要打造一个独特且吸引人的人设来提升自己的辨识度和影响力。

2. 实训要求

（1）利用文心一言获取人设打造的灵感。

（2）根据文心一言生成的内容制定人设打造方案。

（3）使用文心一言优化人设打造方案内容。

3. 实训步骤

微课视频

使用文心一言
打造健身主播
人设

步骤 01 ◆利用文心一言获取人设打造灵感。进入文心一言官网，登录账号后在对话框中输入提示词，如"请帮我生成一些运动健身人设打造的方向，这是我的相关信息（李敏个人资料）"。随即，文心一言会分析李敏的个人资料，并生成有关李敏人设打造相关的内容，然后寻找与李敏情况相符或能激发灵感的点，如图 3-6 所示。

拓展资源

李敏个人资料

步骤 02 ◆制定人设打造方案。根据文心一言提供的内容确定人设打造的方向后，结合本章有关人设打造的知识制定人设打造方案。其中，人设打造方案需要包括人设定位、渲染方式等内容。例如，人设定位为专业类健身达人，渲染方式包括与健身有关的故事包装、新媒体传播矩阵等。

步骤 03 ◆优化人设打造方案内容。人设打造方案制定完毕后，再次进入文心一言官网，然后单击对话框上方的"文档分析"按钮，在打开的面板中选择"论文阅读"下方的"问题分析"选项，再单击对话框下方的"上传文件"按钮，在打开的面板中上传文档（配套资源:\素材文件\第 3 章\李敏人设打造方案初稿 .docx），并在对话框中输入指令，如"根据我上传的李敏人设打造方案，帮我优化：方案的字词和表述，并给出一些其他的人设渲染方法。"等待文档上传成功后，文心一言会结合文档内容和指令生成相关内容，如图 3-7 所示。确定文心一言生成的内容可用后，将生成的内容整理到 Word 文档中。

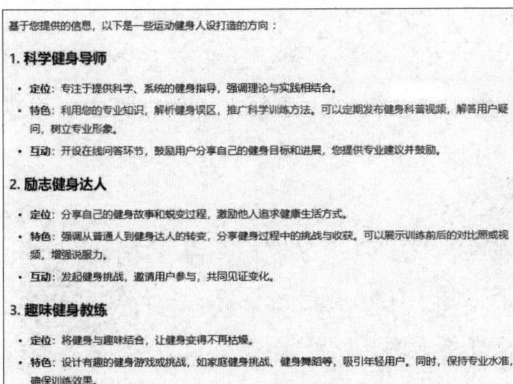

效果预览

李敏人设打造
方案

图 3-6　文心一言生成的人设打造方向

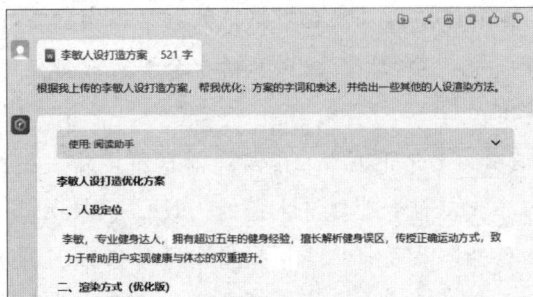

图 3-7　文心一言优化后的内容

实训 2　使用豆包为健身主播设计妆发与着装方案

1. 实训背景

经过一段时间的筹备和运营，李敏终于迎来她的首次直播。为确保直播效果，给用户留下良好的第一印象，李敏想要专门设计一套既符合其人设，又能吸引目标用户群体的妆发与着装方案。

2. 实训要求

（1）使用豆包生成符合健身主播人设的妆发与着装方案。

（2）利用豆包优化方案。

3. 实训步骤

微课视频

使用豆包为健身主播设计妆发与着装方案

步骤01 ◆使用豆包生成方案。进入豆包官网，登录账号后在对话框中输入提示词，如"你是一名专业健身主播，你最近要在抖音开一场直播，需要提前整理一份有关妆发与着装的具体方案"。豆包将会根据指令迅速生成一份健身主播直播妆发与着装方案，如图3-8所示。

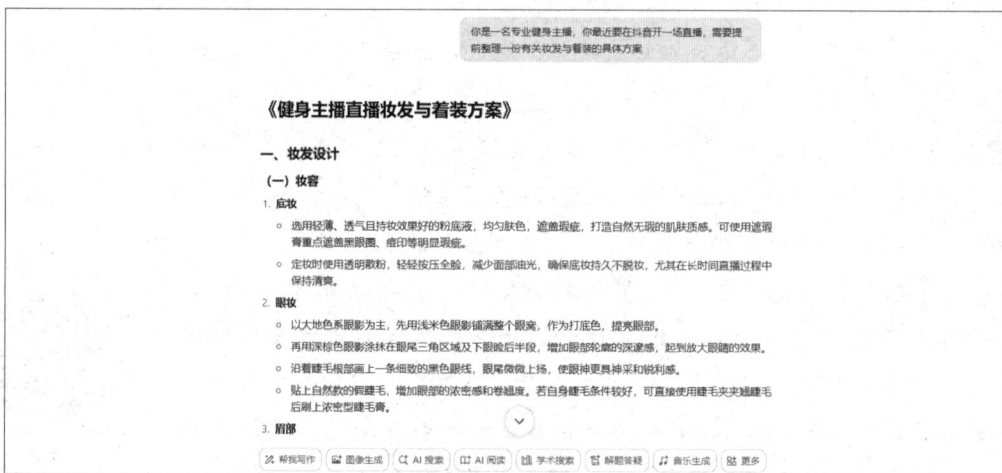

图 3-8　豆包生成的方案

步骤02 ◆浏览方案并检查。仔细浏览豆包生成的方案，查看方案中的妆发与着装是否符合法律法规以及平台规范，然后根据实际情况调整细节。例如，豆包生成的方案中提出贴假睫毛，考虑到李敏在直播中会进行健身训练，可能会出现睫毛脱落的情况，可以删去该内容。

步骤03 ◆优化方案。继续在对话框中输入修改指令，如"上述方案部分内容不太符合专业健身主播的人设，存在妆容过于浓重、不够自然的情况，请修改"。豆包将会根据指令进行修改。再次检查修改后的方案，如果确定内容无误后，将其整理到 Word 文档中，并根据方案挑选服饰。

效果预览

李敏的妆发与着装方案

3.7　本章总结

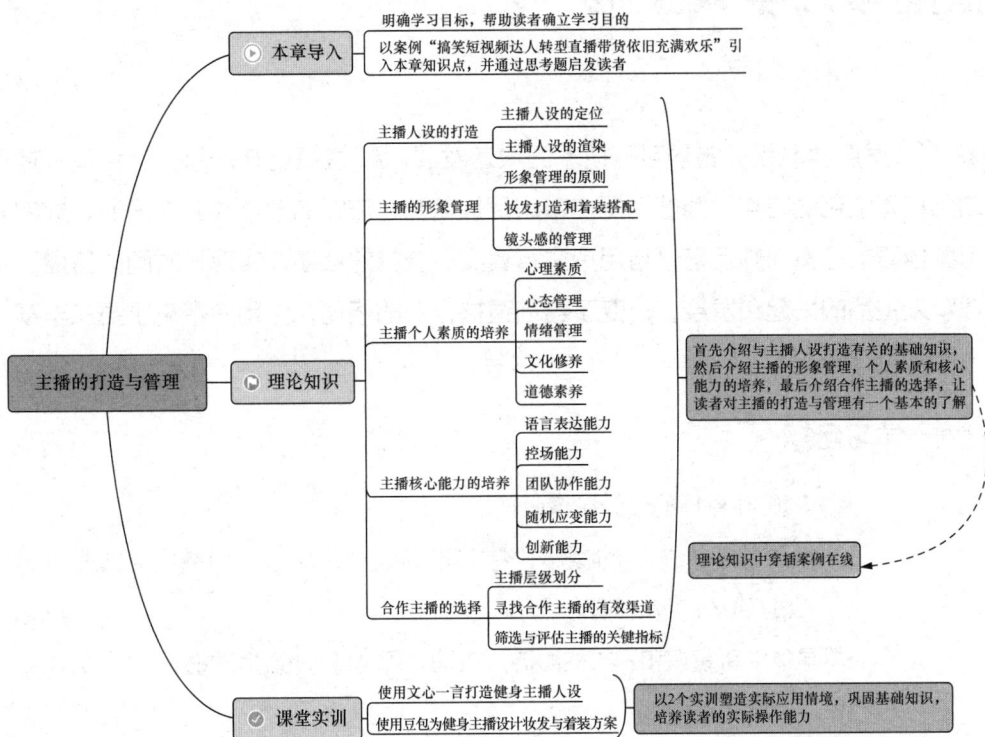

3.8　课后练习

1. 请使用文心一言为一位即将在抖音上直播的美食博主打造人设。该博主擅长制作家常快手菜，目标用户为 25 ～ 35 岁的上班族女性。

2. 假如你是一位新入职的农产品带货主播，当前的任务是提升自己的形象和镜头感。请你为自己设计一份详细的形象管理方案，并列出 3 种提升镜头感的具体练习方法。

3. 请根据自己的直播经验（或假设自己是一名新主播），评估自己的语言表达能力、控场能力、团队协作能力、随机应变能力和创新能力，并针对评估结果制定一份具体的能力提升计划。

4. 扫描右侧的二维码阅读案例资料，然后思考并回答下列问题。

（1）案例中主播的人设是怎样的？有哪些标签适合他？

（2）案例中的主播具有哪些核心能力？

拓展资源

才华与魅力
并存的带货
主播

第 4 章
AI 直播与数字人主播

随着 AI、深度学习和机器学习等技术的快速发展，AI 直播逐渐兴起。这种直播具有高度自动化和智能化的特点，能够为用户带来更加自然、流畅的直播体验。同时，数字人主播的形象也更加逼真，并且可以与用户进行真实、流畅的互动，实现长时间的直播。AI直播与数字人主播的兴起和发展，改变了当前直播行业的格局，为用户带来了更加丰富、多样、个性化的直播体验。

学习目标

- 了解 AI 直播的优势和核心技术。
- 掌握数字人主播的概念、特点和类型，并能够利用数字人主播生成工具打造数字人主播。
- 具备创新意识和开放的心态，主动利用 AI 辅助直播营销。

引导案例　　　伊利全面拥抱 AI，探索 "AI+ 乳业" 无限可能

伊利是我国规模较大、产品品类较全面的乳制品企业，旗下拥有伊利母品牌及 20 余个子品牌，如安慕希、金典、QQ 星、臻浓、舒化、谷粒多、植选、味可滋等。随着数字技术的广泛运用，洞察到 AI 的巨大潜力后，伊利也在不断探索乳业数字化转型的更多可能性，希望运用数字化技术，与用户建立深度连接。因此，伊利很早就开始在生产端、销售端布局 AI。

在生产端，伊利将 AI 技术深度融入产品生产的各个环节，实现从牧场到工厂的智能化升级。通过运用 AI 技术，伊利能够实时监控牧场环境、奶牛健康状况及牛奶质量，实现对生产流程的精细化管理，提高生产效率，保证产品质量，同时降低资源消耗和对环境的不良影响。在销售端，伊利同样也充分发挥 AI 技术的作用。例如，从 2020 年起至今，伊利陆续推出 "大利" "小伊" "伊伊" "小优" "小巧" "金娃" 等数字人。这些数字人不仅拥有可爱的外形和鲜明的个性，还可以与用户像朋友一样实现顺畅沟通。在这些数字人中，"金娃" 是伊利在 AI 技术应用上的一大亮点。"金娃" 是伊利采用当前比较先进的 AI 技术生成的超写实数字人，不仅在神态表情上十分接近真人，可以与用户实现沉浸式对话，还能歌善舞，

对牛奶知识如数家珍。将超写实数字人实时动捕技术与三维场景真实直播相结合，"金娃"还可以实现实时直播，成为带货主播，并为用户讲品，与用户互动等。

案例思考：（1）AI 技术对直播营销有什么促进作用？

（2）什么是数字人？其前景如何？

4.1　AI 直播

AI 直播是一种利用 AI 技术实现的直播形式。作为直播行业的新形式，AI 直播正在逐渐改变着行业的格局，不仅革新了直播内容的表现形式，还推动了直播技术的迭代升级。随着 AI 技术的不断成熟，未来 AI 直播的应用场景将更加广泛。

4.1.1　AI 直播的优势

AI 直播主要通过 AI 技术来提升直播的内容生产效率、互动性和个性化体验。作为一种新兴的直播形式，AI 直播的优势显著且多样。

（1）成本效益高。AI 直播巧妙融合 AI 技术，可以快速策划和自动生成直播内容，从而减少人工编辑所花费的时间。同时，AI 技术能够精准分析用户偏好，进行个性化内容推荐，从而大大增强直播的互动性与趣味性。此外，AI 直播还可以通过云计算、大数据、AR、VR 等技术手段，搭建虚拟直播间，降低场地租赁、设备购置等成本，把高质量的直播内容以更低的成本、更高的效率呈现给用户。

（2）直播内容多样。AI 具备学习、理解和生成内容的能力，拥有丰富的知识库。通过分析大量数据，AI 可以精准地把握用户的喜好和需求，根据用户的反馈和互动帮助主播调整直播内容，提供更加个性化的体验。这种灵活性使得直播内容更加丰富和多样化，从而满足不同用户的需求。

（3）应用场景广泛。AI 直播不仅应用于娱乐直播领域，还广泛应用于在线教育、电子商务、商业营销、新闻媒体等多个领域。例如，在线教育领域中，AI 直播可以提供个性化的教学内容和互动方式；电子商务领域中，AI 直播可以实现虚拟试穿、智能推荐等功能，提升用户的购物体验，等等。这种跨领域的适应性使得 AI 直播能够满足不同行业和场景的需求，从而具备更广泛的市场应用潜力。

（4）互动性与个性化体验。一方面，AI 可以实时分析用户评论和反馈，使得主播能够更好地与用户互动。另一方面，AI 可以根据用户的喜好、历史观看记录和行为数据，智能推荐和定制直播内容。这使得每个用户都能获得符合自己兴趣和需求的个性化直播体验。另外，AI 还可以用于定制个性化的直播界面，包括主题、布局、颜色等。这不仅可以提升用户的观看体验，还可以增强品牌的识别度和吸引力。

（5）稳定性与可控性。相较于真人主播，AI在直播过程中具有更高的稳定性和可控性。真人主播可能因情绪、健康或其他不可预测因素而影响直播效果，AI则能始终保持稳定的状态，确保直播的顺利进行。同时，AI的行为和言论可以由直播营销团队控制，避免了真人主播可能出现的失误或不当言论，能够降低直播风险。

4.1.2 AI直播的核心技术

AI直播的核心技术能够为AI直播提供稳定、高效的运行环境，使AI直播能够应对各种复杂和多变的任务。总的来说，AI直播的核心技术主要有机器学习、深度学习、自然语言处理、计算机视觉，以及语音识别和图像识别。

1. 机器学习

机器学习是一种通过算法和统计模型，让计算机系统能够自动地从数据中学习并改善性能的技术。机器学习让计算机能够像人类一样，通过观察大量的数据和训练，发现事物规律，从而获得某种分析问题、解决问题的能力。根据常见机器学习方式，机器学习可以分为监督学习、无监督学习、半监督学习和强化学习。

（1）监督学习

监督学习是使用标记数据集来训练算法，以便对数据进行分类或准确预测结果。这就像是学生在老师的指导下，通过做练习题来学习解题方法和技巧一样，每次做练习题都有正确答案可以参考。这样，学生就能逐渐掌握解题的方法和技巧，并在遇到新问题时能够应用所学知识进行解答。

（2）无监督学习

在无监督学习中，算法面对的是没有标签或已知结果的数据，也就是说，这些数据没有明确的"正确答案"来指导学习。无监督学习的目标是从这些数据中发现隐藏的模式、结构或关系。例如，有一篮子各种各样的水果，但没有人说明每种水果分别是什么，无监督学习的任务便是尝试将这些水果分类。这就需要让无监督学习的算法自行探索数据，发现其中的规律和结构，而不是像监督学习那样依赖于已知的标签或结果进行学习。

（3）半监督学习

半监督学习是介于监督学习与无监督学习之间的一种机器学习方法。它利用少量的有标签数据和大量的无标签数据来进行训练，旨在提高算法的性能。这种学习结合了监督学习和无监督学习的优点，能够在一定程度上利用未标记数据，同时避免过度依赖标记数据集。半监督学习在推荐系统、异常检测等领域有广泛应用。例如，在电子商务网站的推荐系统中，可以利用半监督学习分析用户的行为数据，从而为用户提供更准确的产品推荐。

（4）强化学习

强化学习强调如何通过与环境的互动来决策。在这个过程中，主体（通常被称为智能体）将学习在特定的环境中如何采取行动，才能将获得的累积奖励最大化。通过不断尝试不同的行动，强化学习便可以根据获得的奖励或惩罚来调整策略。同时，智能体能够自主地从环境中学习，而不需要人类的直接指导。强化学习包含以下 5 个核心要素。

- **智能体**：强化学习过程中的学习者或决策者，通过与环境互动来学习如何采取行动以最大化累积奖励。
- **环境**：智能体所处的外部世界。环境接收智能体的行动，并返回下一个状态和奖励。
- **状态**：描述环境当前情况的信息。智能体根据当前状态来决策。
- **行动**：智能体可以采取的行为或动作。行动的选择取决于当前状态和智能体的决策。
- **奖励**：环境对智能体行动的反馈。奖励可以是正的（表示奖励）或负的（表示惩罚），用于指导智能体的学习。

2. 深度学习

深度学习是机器学习的一个分支，通过使用多层的人工神经网络，模仿人类大脑的学习方式，从而实现对复杂模式和特征的自动学习和识别。机器学习通常使用相对简单的算法，如线性回归、决策树和支持向量机。这些算法需要人工选择和提取数据特征。深度学习的核心思想是通过构建和训练深层的神经网络模型，使计算机能够从数据中自动提取特征，并学习数据的复杂模式和规律。

（1）认识人工神经网络

人工神经网络是深度学习的核心，可以简称为神经网络。人工神经网络是一种模仿生物神经网络结构和功能的数学模型，由大量的神经元（或称为节点）相互连接而成。这些神经元通过权重和偏置参数进行信息传递和处理，以实现对输入数据的分类、识别、预测等。人工神经网络的基本结构包括输入层、隐藏层和输出层，如图 4-1 所示。输入层负责接收外部输入数据，隐藏层则提取和转换输入数据的特征，输出层则输出最终的处理结果。在深度学习中，人工神经网络通常具有多个隐藏层，这些隐藏层之间的连接和权重参数通过训练过程得以优化，以提高模型的性能和准确性。

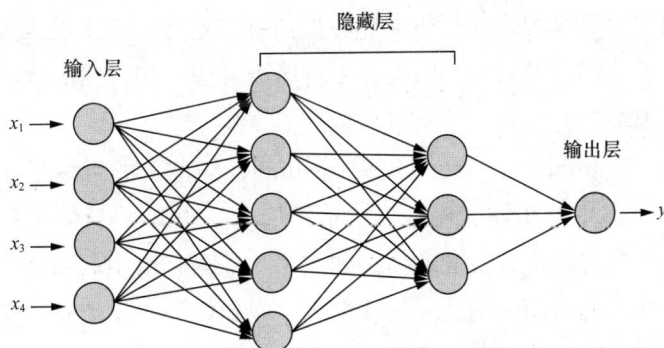

图 4-1　人工神经网络

（2）深度学习的常见算法

深度学习的概念自 2006 年被提出后，已经催生出许多具有影响力的算法，常见的有卷积神经网络（Convolutional Neural Networks，CNN）、循环神经网络（Recurrent Neural Network，RNN）、生成对抗网络（Generative Adversarial Network，GAN）等。

- **卷积神经网络**：卷积神经网络主要用于处理具有网格状结构的数据，如图像和视频等。卷积神经网络主要包括输入层、卷积层、池化层、全连接层和输出层等结构。它通过卷积层、池化层和全连接层等结构，有效地提取图像和视频中的局部特征，并对这些特征进行组合和抽象，以识别和理解图像和视频内容。

- **循环神经网络**：循环神经网络是一类用于处理序列数据的神经网络，如时间序列数据、文本数据等。循环神经网络的基本思想是让当前时间步的输出依赖于当前的输入和之前时间步的状态。通过这种机制，循环神经网络能够对序列数据建模并捕获时间序列中的上下文信息。

- **生成对抗网络**：生成对抗网络是一种由两个神经网络组成的框架，包括生成器和判别器。生成器负责生成新的数据样本，而判别器则负责判断这些样本是真实的还是生成的，两者通过对抗的方式相互训练，以提升彼此的性能。

专家指导

机器学习应用统计算法来学习数据集中隐藏的模式和关系，而深度学习使用人工神经网络来学习数据集中隐藏的模式和关系，前者通常适用于结构化数据，如电子表格、数据库等，后者擅长处理大规模的非结构化数据，如图像、音频等。

3. 自然语言处理

自然语言是指人类在日常生活中使用的语言，自然语言处理（Natural Language Processing，NLP）则是利用计算机技术自动处理自然语言，它包括对自然语言的理解、分析、生成和评估等多个方面。NLP 是计算机科学、AI 和语言学交叉融合的产物，旨在填补人与机器之间的交流鸿沟，使得机器能够更加有效地处理和生成人类语言信息。自然语言处理的核心任务总体上可以分为两大类：自然语言理解和自然语言生成。

（1）自然语言理解

自然语言理解（Natural Language Understanding，NLU）的目标是让计算机能够分析和理解文本，提取文本中的实体、概念、情感等信息。NLU 的具体任务包括：①命名实体识别，识别文本中具有特定意义的实体，如人名、地名、组织名等；②词性标注，确定文本中每个词的词性，如名词、动词、形容词等；③句法分析，识别句子中的语法结构和成分，如主谓宾、定状补等；④语义分析，理解句子的真正含义和上下文关系，包括词义消歧、指代消解等，即在特定的语境中识别出某个歧义词的正确含义，以及确定文本中代词、名词短语等所指代的对象。

（2）自然语言生成

自然语言生成（Natural Language Generation，NLG）的目标是让计算机能够根据给定的输入信息生成符合语法和语义规则的自然语言文本。NLG 的具体任务包括：①机器翻译，将一种自然语言文本转换为另一种自然语言文本，如将英文翻译为中文；②文本生成，即根据给定的主题、语境或输入数据，生成连贯、自然的文本；③语音合成，即将计算机生成的文本转换为语音，使计算机能够以自然语言与人类进行交互。

> **课堂活动**
>
> 豆包是字节跳动基于云雀模型开发的一款 AI 工具，提供聊天机器人、写作助手以及英语学习助手等功能。请与豆包 App 提供的智能体对话，感受其自然语言处理能力。

4. 计算机视觉

计算机视觉是使用计算机及相关设备模拟生物视觉的一种技术，通过处理采集的图片或视频以实现对相应场景的多维理解。计算机视觉也是 AI 的一个重要分支，涉及计算机科学、信号分析与处理、几何光学、应用数学、统计学等多个学科领域。

计算机视觉的任务是让计算机和其他智能设备能够理解和处理视觉信息。任务的核心在于从原始图像数据中提取有用的信息，从而进行决策或达成特定的目标。总的来说，计算机视觉的任务较多，较为常见的有以下 5 种。

（1）图像分类。图像分类是计算机视觉的基础任务之一，旨在将给定的图像分配到预定义的类别中。例如，给定一张图片，图像分类任务要求计算机识别出图片中物体的类别，如猫、狗、汽车等。

（2）目标检测。目标检测是在图像或视频中找到所有感兴趣的目标（物体），并确定它们的类别和位置。这要求计算机不仅能够识别出图像中的物体，还需要精确地标出物体的边界框。

（3）图像分割。图像分割是将图像划分为多个有意义且可区分的区域或对象。根据分割粒度的不同，图像分割可以分为语义分割和实例分割。语义分割是分类图像中的每个像素，将相同类别的像素划分到一起，实现对图像内容的精细理解。例如，在街景图片中，语义分割可以将天空、道路、建筑等区域分别用不同的颜色标注出来。实例分割则是在语义分割的基础上，进一步区分同一类别的不同物体。例如，在包含多只猫的图片中，实例分割需要将每只猫分别用不同的颜色标注出来。

（4）图像分析。图像分析是一个更广泛的概念，涉及从图像中提取、解析和推导信息的过程，这不仅包括图像分类、对象检测和语义分割，还可能包括图像质量评估、内容理解、特征提取等操作。

（5）人脸检测、分析和识别。人脸检测、分析和识别是计算机视觉中的一个高级任务，其中，人脸检测是指在图像中找出其中的人脸，并标出人脸的位置；人脸分析则包括分析人脸的表情、姿态、年龄、性别等信息；人脸识别是指提取检测到的人脸特征，并将提取出的特征与已知的人脸数据库进行比对，以达到识别出人脸的目的。

5. 语音识别

语音识别是一种将人类的语音转换为可被计算机理解和处理的文本信息的技术。语音识别通过模拟人类的听觉感知过程，识别和处理语音信号，并转换成相应的文本信息。这一过程涉及多个关键步骤，包括预处理、特征提取、声学模型、语言模型，以及字典与解码。

（1）预处理。为更有效地提取特征，往往需要对所采集到的声音信号进行滤波、分帧等预处理工作，从而把要分析的信号从原始信号中提取出来。

（2）特征提取。这是指将声音信号从时域转换到频域，为声学模型提供合适的特征向量。常用的特征提取方法包括线性预测编码（Linear Predictive Coding，LPC）、梅尔频率倒谱系数（Mel Frequency Cepstrum Coefficient，MFCC）等。

（3）声学模型。声学模型是语音识别技术的核心组件之一，描述了语音信号与文本之间的映射关系。在声学模型中，每个特征向量都会被赋予一个声学特征得分，这个得分表示该特征向量与某个发音模板之间的相似度。声学模型通常使用隐马尔可夫模型（Hidden Markov Model，HMM）、深度神经网络（Deep Neural Network，DNN）等进行建模和训练。

（4）语言模型。语言模型用于评估识别出的文本序列的合理性。它根据语言学相关的理论，计算该声音信号对应可能词组序列的概率。语言模型通常使用 N-Gram 模型（N 元语法模型）、神经网络语言模型等算法进行建模和训练。在语音识别过程中，语言模型会与声学模型相结合，共同确定最终的识别结果。

（5）字典与解码。字典包含词到音素之间的映射关系，用于连接声学模型和语言模型。在解码过程中，系统会根据声学模型和语言模型的输出，以及字典中的信息，对特征向量序列进行解码，得到最终的文本输出。解码过程通常使用动态规划、维特比算法等进行搜索和优化。

6. 图像识别

图像识别是指让计算机通过分析和理解图像内容，识别出图像中的物体、场景等信息的技术。图像识别利用计算机处理、分析和理解图像，以识别各种模式的目标和对象。这一过程通常涉及图像预处理、特征提取、特征匹配和结果输出等步骤。

（1）图像预处理。这是指对图像进行去噪、增强、滤波等处理，以提高图像质量和识别精度。图像预处理步骤包括灰度化、二值化、图像平滑、图像锐化、边缘检测等。

（2）特征提取。这是指从图像中提取有用的特征信息，如颜色、纹理、形状等。这些特征信息将用于后续的匹配和识别。

（3）特征匹配。这是指将提取的特征与已知特征库进行匹配，以确定图像所属的类别或目标。匹配算法包括模板匹配、最近邻分类器、支持向量机等。

（4）结果输出。这是指输出识别结果，如图像的名称、位置、属性等。

案例在线　　　　**居然之家利用 AI+3D 技术赋能家居卖场直播**

居然之家是以大家居为主业，以大消费为平台，业务涵盖设计、装修、家具建材销售、物流配送、家政服务、购物中心、生活超市等家庭大消费领域的大型商业连锁集团。成立多年来，居然之家坚持"让装修和家居服务变得透明简单"的使命，以数字化、智能化为引领，不断进行商业模式创新，致力于为用户打造高效、便捷且充满乐趣的家居消费体验。

2024 年年初，居然之家将 AI+3D 技术应用于直播营销中，这一创新举措不仅让家居卖场直播变得更加生动和直观，还极大地提升了销售效率。通过 AI 技术，居然之家能根据图片或指定的风格生成多样化的样板间；结合 3D 技术，不仅能够实现无需装修搭建即可呈现真实样板间的效果，而且能在直播过程中即时响应用户需求，灵活切换三维场景，实现真实场景还原、所见即所得的效果。此外，居然之家应用 AI+3D 技术的直播间，还支持一键更换直播产品，无需实物家具也能完成一场产品直播，并且主播可以 360° 多方位展示家具细节，让用户沉浸式感受家具魅力的同时，赋予整场直播更强的科技感。

案例点评：居然之家利用 AI+3D 技术赋能家居卖场直播的举措，是一次成功的商业模式创新。它不仅提升了用户的购物体验和销售效率，也为家居行业带来了新的发展机遇。

4.2　数字人主播

近年来，数字人主播作为一种新兴的数字形态，正在逐步渗透到短视频、直播等行业中。因其制作成本低、运作效率高，以及形象逼真等独特优势，给内容创作、营销推广、用户互动等方面均带来了较大的变化。

4.2.1　数字人主播的概念和特点

数字人是一种以 AI 技术和计算机科学为基础，融合自然语言处理、情感识别与表达，以及智能交互等多种技术的虚拟实体。数字人主播则是数字人技术在直播领域的具体应用。数字人主播能够模拟人类主播的行为，进行实时的语音播报、互动交流，甚至参与节目制作，为用户带来全新的视听体验。总的来说，数字人主播具有以下5个特点。

（1）逼真性。数字人主播的外貌、声音、动作等可以通过高精度的3D建模、渲染、动作捕捉等技术，实现与真人的高度相似。这种高度逼真的形象，使得数字人主播在视觉上几乎可以媲美真实的人类主播，为用户带来更加真实、沉浸的观看体验。

（2）智能化。数字人主播的语言、表情、动作等都可以通过AI技术实现自动化的生成、修改和优化。它们能够根据场景、话题、用户需求等的变化，实现自适应的调整，提高对用户的吸引力。此外，数字人主播还能通过自然语言处理技术理解用户的问题和反馈，并进行实时的互动交流，进一步提升用户体验。

（3）灵活性。数字人主播不受时间、地点、内容等的限制，可以随时随地进行直播、播报、表演等活动。这种灵活性使得数字人主播能够覆盖更广泛的用户群体，提供全天候的服务。同时，数字人主播还可以通过AR、VR等技术实现虚实交互，打破空间的限制，提高用户的观看体验和参与感。

（4）个性化。数字人主播可以根据用户的需求和喜好进行定制化的设计。无论是外貌、声音还是风格，都可以根据用户的需要进行调整和优化。这种个性化的设计使得数字人主播能够更好地满足用户的需求，提供更加贴心、个性化的服务。

（5）高效性。数字人主播的制作和维护成本相对较低，且一旦模型建立，就可以无限复制使用。这使得数字人主播在内容创作和营销推广等方面具有更高的效率。同时，数字人主播还能实现快速响应和更新，满足用户对新鲜、多样化内容的需求。

4.2.2　数字人主播的类型

根据不同的分类标准，数字人主播可以被划分为不同的类型。

1. 根据形象风格分类

根据形象风格分类，数字人主播可以分为虚拟人物型主播、超写实型主播和数字孪生型主播。

（1）虚拟人物型主播。这是以完全虚构的、非真实存在的角色形象出现的数字人主播。这些角色形象通常具有鲜明的个性和独特的设计风格，可以是卡通形象、动漫角色、游戏角色等。这类主播的外貌、动作、声音等都是运用计算机技术和算法进行模拟和制作的，因此具有较高的可塑性和创意性。

（2）超写实型主播。这是以逼真外观呈现的数字人主播。它们的外貌、动作、声音等都尽可能地接近真实人类。这种类型的主播通常用于需要高度真实感的场景，如新闻报道、产品展示等。

（3）数字孪生型主播。这是以真实存在的个体为原型和模板制作的数字人主播。这类主播通常用于需要保持个体形象和风格一致性的场景，如品牌代言、个人IP（Intellectual Property，知识产权）打造等。

2. 根据交互方式分类

根据交互方式分类，数字人主播可以分为文本交互型主播、语音交互型主播和体感手势交互型主播。

（1）文本交互型主播。这类主播主要通过文本识别与用户进行对话和互动。这类主播可以理解和解析用户输入的文本，并生成相应的回复或内容。这类主播适用于那些需要详细解释、提供信息或进行文字对话的场景。

（2）语音交互型主播。这类主播通过语音识别和合成技术与用户进行对话和互动。这类主播不仅可以接收并理解用户的语音输入，还能够以自然流畅的声音进行回复。这种交互方式更加直观和自然，能够模拟人与人之间的对话场景，为用户带来更加沉浸式的体验。

（3）体感手势交互型主播。这类主播通过体感动作识别和处理技术与用户进行对话和互动。这类主播通常会利用摄像头或传感器来捕捉用户的手势和动作输入，并通过算法进行分析和识别，然后根据识别到的手势和动作，生成相应的动画或反馈。

3. 根据驱动方式分类

根据驱动方式（数字人背后的技术和算法）分类，数字人主播可以分为动作捕捉驱动型主播和 AI 智能驱动型主播两种。

（1）动作捕捉驱动型主播。这是指通过动作捕捉采集系统完成呈现的数字人主播。该系统通过动作捕捉技术，将真实人物的动作、表情、手势等实时捕捉并映射到虚拟数字人物上，从而实现数字人的实时互动功能。这类主播的运动和表情是基于真实人物的动作捕捉，因此能够呈现出更加生动和真实的交互效果。

（2）AI 智能驱动型主播。这是指通过智能训练驱动实现自适应和智能化的数字人主播。这类主播的语音、表情、动作等都是基于 AI 算法生成的，而不是基于真实人的动作捕捉。这种驱动方式的核心在于 AI 算法和模型训练，能够使得数字人具备较高的智能交互能力。

4. 根据应用场景分类

根据应用场景分类，数字人主播可以分为娱乐型主播、教育型主播和营销型主播等。

（1）娱乐型主播。这是主要用于娱乐和休闲领域的数字人主播，如虚拟偶像、游戏角色、虚拟演唱会主持人等。这类主播通常具备较强的互动性和娱乐性，可以提供唱歌、跳舞、讲故事、互动娱乐等多元化娱乐内容，为用户提供丰富的娱乐体验。

（2）教育型主播。这是专注于教育和培训领域的数字人主播，可以用于在线教学、知识普及、技能培训等。这类主播具备较深厚的专业知识和很强的教学能力，能够根据用户的学习需求和兴趣，提供定制化的教学服务和知识分享，帮助用户提升知识水平和技能。

（3）营销型主播。这是主要用于商业推广和营销活动，如直播带货、品牌宣传、产品推广等的数字人主播。这类主播通常与品牌或产品紧密相关，具备较高的知名度和影响力，能够通过直播向用户展示产品特点、使用方法和优惠信息等，引导用户产生购买行为。

4.2.3 生成数字人主播的工具

数字人主播在直播行业逐渐流行，因此催生出许多生成数字人主播的工具，如腾讯智影、百度智能云曦灵、万兴播爆、飞影数字人等。

（1）腾讯智影。腾讯智影是腾讯推出的智能视频创作工具，除了提供视频剪辑、素材库、文本配音、字幕识别等短视频创作有关的功能，还可以用来生成数字人主播。图 4-2 所示为腾讯智影的数字人专区。

（2）百度智能云曦灵。百度智能云曦灵是百度推出的数字人生成平台。它专注于为行业提供数字人解决方案。该平台基于文心大模型能力，利用一段文字就能生成专属 3D 数字人。数字人制作完成后，平台还支持调节数字人的细节，如修改面部整体风格，搭配数字人发型和服饰等。此外，数字人修改完成后，该平台还支持一键导出带完整绑定的 FBX 格式文件，从而满足离线内容生产。图 4-3 所示为百度智能云曦灵首页。

图 4-2　腾讯智影的数字人专区

图 4-3　百度智能云曦灵首页

（3）万兴播爆。万兴播爆是万兴科技推出的一款营销工具，集成 AIGC、数字虚拟人和短视频制作技术，支持用户进行数字人形象定制、声像复刻和视频模板定制。数字人直播是其推出的新功能，不仅支持文本和音频两种驱动方式，还提供超过数十个国家的数字人形象，覆盖英语、德语、法语、西班牙语等多个语种，并且支持真人接管，实现实时驱动数字人回复用户问题、引导关注、发放优惠券、营造氛围等。

（4）飞影数字人。飞影数字人是一个 AI 数字人创作平台，可以根据企业需求或个人喜好定制专属虚拟形象。此外，该平台还支持多语言文本到语音转换、多种表情和手势同步，不仅可以让数字人拥有独特的外表，还可以让数字人的沟通更加灵活多样。在直播领域，飞影数字人可以生成虚拟主播，全天候展示和销售产品，极大降低真人直播的运营成本。虚拟主播可以提供 24 小时不间断的服务，提升用户的参与感和购买意愿。

除了以上工具，还有许多能够生成数字人主播的工具，如阿里云数字人、小冰数字人、闪剪智播等。这些工具大多提供有多种数字人形象，用户可以选择不同的形象进行直播。需要注意的是，这些工具大多都是需要付费的，具体价格和服务内容可能因工具而异。直播营销团队在选择时，应根据自己的需求和预算进行权衡。

4.3　使用腾讯智影开启数字人直播

当前，生成数字人主播的工具有很多，且都提供有丰富的数字人形象，很多企业或个人都会利用数字人进行直播。下面以腾讯智影为例介绍如何开启数字人直播。

4.3.1　数字人直播功能介绍

数字人直播功能是腾讯智影基于自研数字人平台开发的，不仅可以实现 24 小时循环播放、随机播放，还能在抖音、视频号、淘宝、快手等直播平台自动回复与预设问题有关的用户评论。

使用数字人直播功能，需要先进入腾讯智影官网，登录账号后单击"创作空间"页面中"智能小工具"栏的"数字人直播"选项，进入"数字人直播"页面后单击左侧的"点击开通"按钮，在打开的面板中选择不同版本并购买开通即可。腾讯智影的数字人直播有两个版本，分别为直播体验版和真人接管直播专业版。

（1）直播体验版。直播体验版适用于小微直播间体验使用，支持节目制作、开播、直播互动、文本接管等功能。

（2）真人接管直播专业版。真人接管直播专业版适用于长期稳定盈利的直播间使用，除了提供直播体验版的功能，还提供有真人接管的功能，直播营销团队可以随时接管直播内容，实时和直播间的用户进行沟通。

4.3.2　制作直播节目

腾讯智影的数字人直播由多个节目组成，每个节目可以是一个产品或者多个产品的讲解内容，每个节目可以在不同的直播中重复使用。直播营销团队可以在不同的素材场景中为不同产品制作不同的节目，然后将单个或多个节目组合起来进行数字人直播。下面介绍在腾讯智影中制作直播节目的方法。

（1）选择数字人形象。开通直播权限后在"数字人直播"页面的"节目管理"中选择"新建空白节目"，进入"节目编辑器"页面，然后选择"数字人"选项卡，并在其中选择心仪的数字人形象。腾讯智影提供有"2D"和"3D"两种数字人形象，如图 4-4 所示。

（2）制作播报内容。选择数字人形象后，就可以在"播报内容"（见图 4-5）的文本框中输入与产品有关的直播话术，如产品信息介绍、产品卖点介绍等。面板中还提供有 AI 创作、导入文本等功能。使用 AI 创作功能时，需要在文本框中输入提示词。如果直播营销团队已经有写好的直播话术，可以利用导入文本功能直接进行导入。接着，选择音色生成音频并展示字幕，最后将文本内容生成播报，并保存节目草稿。

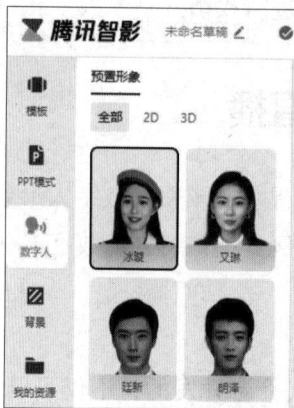

图4-4　数字人形象

图4-5　数字人播报内容

（3）设置直播间背景。单击"我的资源"选项，在其中上传直播间背景，上传完成后单击"背景"选项，在界面中选择背景图片。在设置直播间背景时，可以适当调整背景图片的位置与大小，保证主播在直播画面的中间位置。

（4）添加其他元素。为让直播间看起来更加生动，还可以添加其他元素，如贴纸、花字等，并为这些元素设置动画效果。

> **专家指导**
>
> 在制作直播节目时，要保证节目编排时长合理，节目时间长，可以降低一些录播检测风险。另外，直播话术要符合直播平台的相关规范，避免因一些违规内容导致直播间或直播账号被封。

4.3.3　串联直播节目

如果制作的直播节目有多个，还需要串联制作好的节目。在"数字人直播"页面选择"我的直播间"选项卡，可以在打开的页面中查看制作好的节目，勾选需要串联的节目，单击"选好了"按钮，即可形成节目单，如图4-6所示。

串联直播节目时，还需要在页面底部选择并绑定对应的预设互动问答库，以便在直播过程中进行使用。互动问答库可以在制作好节目后或在串联直播节目前进行创建或预设。具体操作方法是：单击"互动问答库"选项卡，进入"互动问答库"页面后，就可以添加问题库（见图4-7），并在问题库中新建互动。添加问题库时，也可以选择预设的官方问题库。互动问答库支持多种互动触发条件，可上传音频文件或输入文本话术，如图4-8所示。当用户评论对应的关键词时，可自动触发数字人互动。

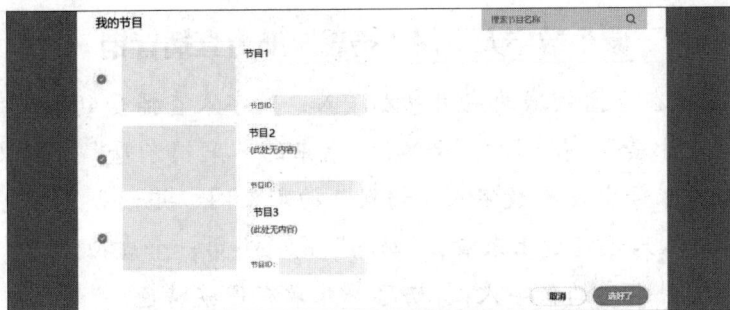

图 4-6　串联直播节目

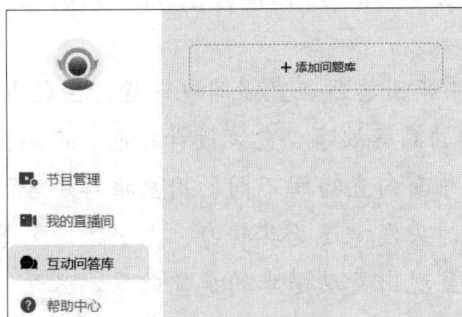

图 4-7　添加问题库

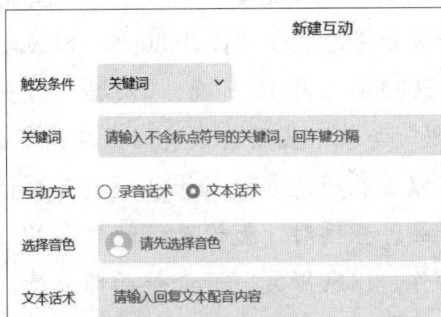

图 4-8　新建互动

4.3.4　开启直播

制作完成直播节目并绑定对应的预设互动问答库后，即可开启开播。开播前，腾讯智影会检测编排的节目单并给出提示。数字人直播节目过于简陋会导致较大的平台检测惩罚风险，因此腾讯智影会提醒节目总时长、互动问题添加数量等，如图 4-9 所示。如果腾讯智影对节目单检测后没有风险，那么可以选择"稳定开播模式"或"极速开播模式"（见图 4-10）。前者可以降低对计算机的配置要求，在计算机配置不高的情况下，可以让直播更稳定，但开播前的加载时间较长；后者可以快速完成节目加载并进行直播，但是占用计算机内存较大，长时间直播容易造成卡顿，对计算机的配置要求较高。

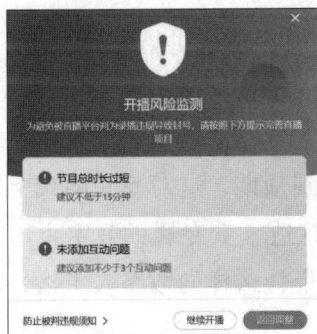

图 4-9　开播风险监测

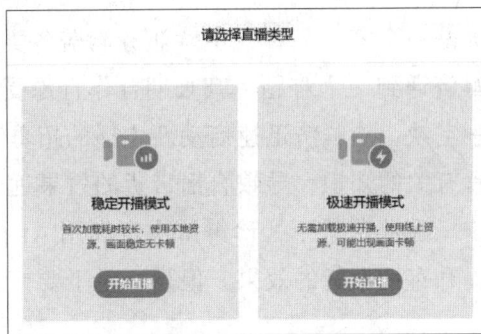

图 4-10　选择直播类型

案例在线　　　　蒙牛数字人主播"奶思"助力直播营销

随着 AI 技术在直播领域的应用愈发深入，数字人直播受到各大品牌的青睐，如自然堂的"堂小美"、伊利的"金媄"、京东的"采销东哥"等。2022 年年底，蒙牛在官方微博账号中发布数字人"奶思"的形象图，并预告了当晚"奶思"将迎来直播首秀。从人设定位上来看，"奶思"是蒙牛第一个虚拟员工。不同于其他品牌偏现代感、时尚感的数字人，"奶思"非常有民族特色。"奶思"出生于内蒙古大草原，她不仅能歌善舞，擅长骑马射箭，还精通乳品研究。首次直播，"奶思"吸引近 300 万人观看，相较于蒙牛直播间过去一个月内的均值表现，此次直播间点赞数和评论数分别提升 800%、88%。

2023 年 3 月 15 日晚，"奶思"携手蒙牛集团总裁在直播间中带货。在直播间，"奶思"与蒙牛集团总裁共同围绕旗下品牌的品牌故事、包装设计特色、产品营养价值以及乳糖清零技术等话题展开对话，并面向直播间不同的用户推荐适合的蒙牛产品。直播时，无论是"奶思"的皮肤、头发，还是其转身、点头、比赞等肢体动作，以及微笑、好奇等面部表情，都呈现出灵动逼真的视觉效果。另外，蒙牛相关负责人表示，"奶思"今后将继续应用于线上直播、带货、新媒体互动、品牌拟人化宣传等场景。

案例点评：将数字人应用于直播是当前众多品牌采取的数字化转型和创新营销手段。蒙牛打造"奶思"这一创新数字人形象，并应用于直播营销中，不仅成功地将虚拟形象与其产品紧密结合，还有效地提升了直播的趣味性和互动性。

4.4　课堂实训

实训 1　利用豆包生成数字人主播打造方案

1. 实训背景

珍鲜济是一个零食品牌，主营业务涵盖各类坚果、果干、烘焙食品及健康小食等。近期，珍鲜济遇到一个难题：其长期合作且深受粉丝喜爱的主播因个人原因突然离职。为填补这一空缺，珍鲜济迅速启动新主播的招募工作，然而，新招聘的主播缺乏直播经验和与零食有关的知识，导致直播带货的效果远未达到预期，这对品牌的线上销售造成不小的冲击。在此背景下，珍鲜济决定利用 AI 技术打造一款专属的数字人主播，以在短时间内提升直播带货的效果。但是，对于要打造一个什么样的数字人主播，珍鲜济毫无头绪。

2．实训要求

（1）生成数字人主播打造方案。

（2）方案需要包括外貌形象、服装风格、肢体语言、语言风格等内容。

微课视频

利用豆包生成
数字人主播
打造方案

3．实训步骤

步骤01 ▶进入豆包官网，登录账号后在对话框中输入提示词。提示词可以采用"背景信息＋设定角色＋写作要求"的结构，如"珍鲜济是一个零食品牌，主营业务涵盖各类坚果、果干、烘焙食品及健康小食等，当前准备打造一个数字人主播。假如你是珍鲜济的营销人员，请生成一个包含外貌形象、服装风格、肢体语言、语言风格等内容的数字人主播打造方案。"如图 4-11 所示。

图 4-11　输入提示词

步骤02 ▶单击"发送"按钮，豆包会根据提示词生成内容，如图 4-12 所示。

图 4-12　根据提示词生成的内容

步骤03 ▶仔细阅读豆包生成的内容，检查是否符合要求。如果不符合要求，指出其不足的地方，如"太复杂，请精炼一点""外貌再可爱一点"等，豆包会根据要求继续生成内容。如果符合要求，即可直接复制方案到 Word 文档中。

效果预览

数字人主播打
造方案

实训 2　利用腾讯智影生成数字人形象

1. 实训背景

查看数字人主播的打造方案后，珍鲜济的营销总监想要进一步查看数字人主播的呈现效果，从而判断其是否符合品牌形象、风格要求，以及目标用户的喜好，以评估方案的可行性和有效性。了解到营销总监的需求后，营销人员王明准备使用腾讯智影来初步生成数字人形象。

2. 实训要求

利用腾讯智影的 AI 绘制主播功能生成数字人形象。

3. 实训步骤

步骤 01 进入腾讯智影官网，登录账号后在"创作空间"页面的"智能小工具"栏中单击"数字人播报"选项。

步骤 02 进入编辑页面，选择"数字人"选项卡，在其左侧列表中选择"照片播报"选项卡，再单击"AI 绘制主播"，然后在下方的文本框中输入对数字人主播的简短描述，此处为"圆脸，高马尾，活泼可爱的少女"（根据豆包生成的数字人主播打造方案提炼）。

步骤 03 单击"立即生成"按钮，腾讯智影会根据描述生成数字人形象，如图 4-13 所示。

图 4-13　腾讯智影根据描述生成数字人形象

步骤 04 在页面右侧的"播报内容"下方输入播报内容，如"亲爱的朋友们，欢迎来到珍鲜济直播间，我是主播小美，今天直播间有超多美味零食要和大家见面哦！"然后单击

"保存并生成播报"按钮上方的人物音色按钮，在打开的"选择音色"面板中选择与数字人形象适配的音色，单击"确认"按钮，确认后单击"保存并生成播报"按钮，随后数字人会使用相应的音色播报内容。

4.5　本章总结

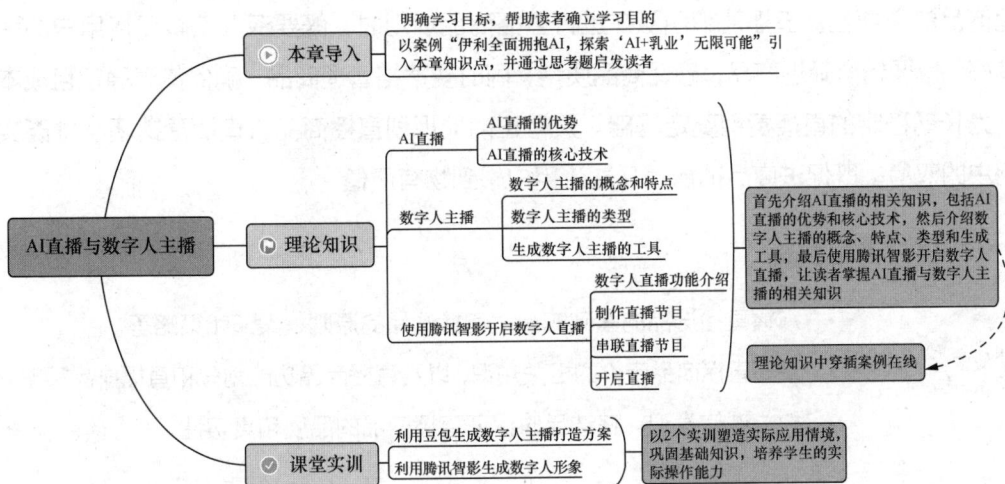

4.6　课后练习

1. 阅读亿邦智库和一知智能联合发布的《2023 数字人直播应用发展报告》，总结数字人直播的优势，并预测数字人直播的未来发展趋势。

2. 悦活是一个生活用品品牌，主营产品包括自主创新设计的垃圾桶、环保餐具、家庭清洁用品等，旨在为用户提供既美观又实用的生活用品。为促进产品销售，悦活经常会利用直播进行营销带货。当前，悦活准备利用 AI 技术来提高直播营销效率，假如你是悦活的营销人员，请为其设计一份 AI 直播方案。

3. 随机选择一款数字人主播生成工具，详细描述生成数字人主播的具体步骤，最后简要评价该款生成工具的数字人主播生成效果，总结生成的数字人主播在外貌、声音等方面与所期望的是否一致。

4. 扫描右侧二维码阅读案例资料，然后思考并回答下列问题。

（1）洛天依属于数字人吗？为什么？

（2）洛天依直播带货主要针对的是哪一类用户群体？

（3）洛天依参与直播带货，对品牌自身形象有何影响？

拓展资源

洛天依直播带货案例

第5章
直播商品规划

直播间商品的质量将直接影响直播商品的转化率，甚至影响主播、品牌的声誉，由此可见商品的重要性。直播营销团队在进行直播商品规划时，既要深入了解目标用户的需求与偏好，也要精心筛选商品，确保商品质量，同时要严格管理商品，确保货源稳定且成本可控，为长期稳定的直播营销奠定基础。只有正确地规划直播商品，直播营销团队才能实现与用户的双赢，既促进商品销售，又能让用户感到物有所值。

学习目标

- 掌握直播选品的基础知识，包括选品的原则、渠道和策略等。
- 掌握直播商品定价的相关知识，以及直播商品功能划分和直播排品策略。
- 树立诚信意识，在选品时保证直播商品的品质和真实性。

引导案例　　　　　　　　　**直播品控管理的重要性**

2023年，某主播在直播间售卖童装，声称童装面料为100%棉，而用户收到的童装面料显示为"94%棉 6%氨纶"。2024年8月，某知名主播在直播间售卖一款女包，并在直播间介绍"这款包包质量非常好，材质细腻，摸起来很顺滑，背着很有档次"。于是，许多用户出于对主播的信任在直播间下单。然而部分用户在收到包包后发现，包包存在明显的做工和质量问题。

近年来，这类与直播商品有关的问题层出不穷。根据国家市场监督管理总局公布的统计数据，2023年，全国12315平台接收到的直播带货投诉中，问题主要集中在购买到"三无"商品、货不对板、售后维权困难等方面。针对这些直播问题，我国陆续发布了相关法律规范文件，对此做出了明确要求和规定。例如，《直播电子商务选品和品控管理规范》指出要建立品质管理人员专岗，建立完善的选品流程和第三方检测机制；《质量强国建设纲要》指出要依法依规严厉打击制售假冒伪劣商品的行为，执行商品质量惩罚性赔偿制度。当前，直播快速发展，无论是个人还是企业，要想依靠直播来获取利润，只有严格把控商品质量，才可能降低直播营销的风险。

案例思考：（1）作为用户，如果在直播间购买的商品出现问题，可以采用什么方式解决？

（2）作为直播营销团队，可以从哪些方面避免产生直播商品质量问题？

5.1　直播选品

在直播营销中，有的直播营销团队为选出适合直播的商品，会配置多名负责选品的工作人员，由此可见选品的重要性。直播选品是很多直播营销团队面临的一大难题，如果选品错误，将直接影响直播间的流量、转化率和销售额等。因此，直播营销团队必须做好直播选品工作。

5.1.1　直播选品的定义与原则

直播选品是指直播营销团队根据市场需求、用户偏好、商品特性等，挑选出适合在直播中进行展示和销售的商品的过程。直播间的商品不是随意选择的，既不能根据直播营销团队的喜好来选择，也不能照搬照抄其他直播间的选品。直播营销团队在选择商品时需要遵循一定的原则，以保证选到质量好、价格合理且符合主播人设定位的商品。

1. 商品符合主播人设定位

直播营销团队选择的商品要符合主播的人设定位。一方面，主播一般对符合自己人设定位的商品更加熟悉，直播时能比较熟练地为用户介绍；另一方面，主播的人设定位本身就是基于对用户偏好和需求的理解而确定的。因此，当直播中推荐的商品与主播人设定位相契合时，往往能够更精准地击中目标用户群体的兴趣点和需求点。例如，图 5-1、图 5-2 所示分别为定位于美妆达人主播和健身达人主播的直播间，从中可以看出其销售的商品都是符合其人设定位的。

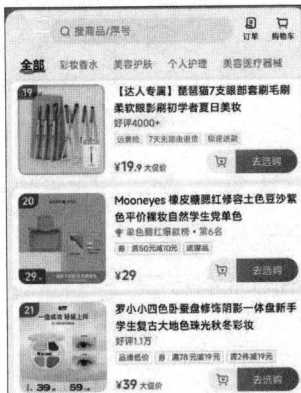

图 5-1　定位于美妆达人主播的直播间　　图 5-2　定位于健身达人主播的直播间

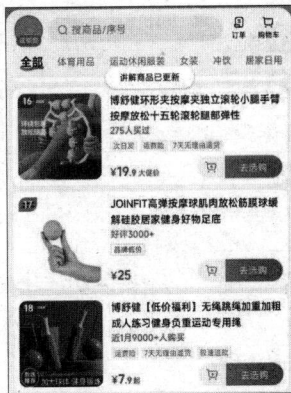

> **专家指导**
>
> 为丰富商品的品类，直播营销团队也可以选择一些其他品类的商品，但需要与核心品类相关，且占比不要过高，一般不超过 20%。

2. 商品品质有保证

商品的品质有保证是选品的重要原则之一。选择具有高品质的商品，可以确保用户的满意度和信任度。这意味着直播营销团队要仔细筛选商品的供应商，确保他们有良好的质量管理体系，同时还要对商品进行严格的质量检测，确保商品符合选品标准。

3. 商品性价比高

性价比全称是性能价格比，表示性能与价格之间的比例关系，具体公式为：性价比 = 性能 / 价格。性价比是反映商品可买程度的一种量化的计量指标，性价比高则是指商品品质好且价格低，物有所值甚至物超所值。高性价比的商品可以满足用户对商品高品质、低价位的需求，从而促使其在较短的时间内做出购买决策，缩短消费决策的时间。

4. 优先考虑热销商品

一般来说，热销商品由于自带热度，所以能更快卖出去。因此，直播营销团队在选品时可以考虑近段时间的热销商品。图 5-3 所示为巨量算数统计的抖音热销商品排行榜。需要注意的是，不是所有热销商品都适合在直播间销售，直播营销团队最好选择与主播人设定位匹配的热销商品。

图 5-3 巨量算数统计的抖音热销商品排行榜

5. 商品不能侵权

直播营销团队在选品时还应当严格审查商品（如审查商标、专利等），确保其符合相关知识产权法律法规的要求。为保证直播商品的合法性，一方面，直播营销团队可以明确向供应商传达自身的选品要求，确保供应商提供的商品不侵犯任何权益；另一方面，直播营销团队可以通过专业的团队或法律咨询机构审查商品的知识产权。

6. 商品要经过试用

直播营销具有一定的风险性和未知性，用户购物时也会担心商品的质量、售后等问题。为减轻用户对商品的疑虑，提升用户的购买意愿，并减少后期的维护，直播营销团队在选品时，需要逐一试用商品，了解商品的性能，验证商品的质量和效果后，才能将商品推荐给用户。

5.1.2 直播选品的渠道

一般来说，直播营销团队在进行商品选品时，通常会通过以下 5 种渠道来寻找和筛选合适的商品。

1. 生产厂商

直播营销团队寻找生产厂商渠道即直接与生产厂商合作，从厂商处进行选品。这种直播选品的渠道通常适用于对商品品质有严格要求，采购量较大的直播营销团队的选品。其优势在于可以减少中间环节的成本，提高选品效率，同时双方更容易建立长期的合作关系，但需要直播营销团队有足够的采购量和销售量来支撑。

2. 线上批发平台

线上批发平台是指通过互联网进行批发交易的平台，如阿里 1688、义乌购、工邦邦网、衣联网、91 家纺网等。这些线上批发平台利用互联网技术的便捷性、高效性和低成本优势，打破传统实体批发市场的地域限制，使得买卖双方能够跨越地理界限进行交易。线上批发平台通常提供丰富的商品信息，便捷的搜索与筛选功能，安全的交易支付系统以及完善的售后服务体系，可以为直播营销团队提供更加灵活、便捷的选品渠道。

3. 线下批发市场

线下批发市场即传统意义上的、以实体店铺形式存在的商品批发场所。在线下批发市场，直播营销团队可以直接接触到商品实物，并详细比较和挑选商品。例如，广州白马服装市场、杭州四季青服装市场、中国义乌国际商贸城、中国东方丝绸市场等都是我国有名的线下批发市场。根据交易商品的种类，线下批发市场可以进一步分为综合批发市场和专业批发市场。综合批发市场交易多种商品，专业批发市场则专注于某一类或几类商品的交易。

4. 电商平台

淘宝、京东、拼多多等电商平台也是直播选品的有效渠道。这些平台拥有海量的商品种类，涵盖服装、美妆、家居、数码等多个领域，可以为直播营销团队提供广泛的选品空间。另外，电商平台上的商品通常会有大量的用户评价和晒图，这些评价和晒图可以为直播营销团队提供宝贵的参考信息，有助于了解商品的真实质量和用户反馈。但是，电商平台上的商品供应链相对复杂，涉及多个环节和多方合作，这会增加供应链方面的风险，如库存不足、发货延迟等问题。

5. 品牌代理

品牌代理也是直播选品重要的渠道之一。直播营销团队通过与知名品牌建立合作关系来获得稳定的货源和优质的商品。在这种选品渠道中，直播营销团队需要与品牌方签订协议，从而获得在某一区域或线上平台销售该品牌商品的权利。这种选品渠道的优点是商品质量有保障，价格也比较合理，同时可以获得品牌方的营销支持和售后服务保障。

🖊 专家指导 ───────────────

除以上渠道，部分直播平台也提供有分销平台，这些分销平台也属于直播选品的渠道，如抖音精选联盟、快手好物联盟、淘宝联盟等。这些分销平台不仅拥有丰富的商品资源，而且会根据市场趋势和用户需求，推荐热门商品和潜力商品。直播营销团队也可以利用这些分销平台进行直播选品。

5.1.3 直播选品的策略

直播选品不应该是"我觉得""我认为什么好卖"，而是要以事实和数据为支撑，在综合分析直播间的优势后做出选品决定。一般来说，直播营销团队可以根据商品热度、粉丝画像、主播人设定位、需求及时性等进行选品。

1. 根据商品热度选品

热度高的商品通常拥有一定的市场基础和用户群体，意味着这类商品更有可能吸引大量潜在用户的兴趣。直播营销团队需要密切关注市场动态和用户需求，及时捕捉当前流行的商品。这可以通过社交媒体、行业报告、数据分析等方式实现。另外，如有米有数、飞瓜数据、巨量算数、蝉选等第三方平台也提供有实时热门商品、热搜榜（见图5-4）等，直播营销团队可以借助这些平台进行选品。

需要注意，根据商品热度进行直播选品，并不意味着哪款商品的热度高就要选择哪款商品，关键是识别并抓住商品的潜在热度。直播营销团队可以利用搜索引擎的关键词工具，分析相关商品的搜索量趋势和热度，也可以关注社交媒体上的热门话题、讨论和推荐，了解哪些商品在社交媒体上受到广泛关注；还可以分析历史销售数据，了解哪些商品在过去一段时间内销量增长迅速，具有潜在热度。

图 5-4　热搜榜

2. 根据粉丝画像选品

直播营销团队可以分析主播的粉丝画像，了解粉丝群体的性别、年龄、地域分布，以及兴趣、购物偏好等属性特征，然后根据粉丝的属性特征挑选符合粉丝需求的商品。例如，以男性粉丝居多的主播，可以选择科技数码、游戏设备类的商品；以女性粉丝居多的主播，可以选择美妆、服饰、鞋包、美食类的商品。

直播营销团队可以通过直播平台的后台或借助直播数据分析工具完成粉丝画像的分析工作。图 5-5 所示为某主播抖音账号后台的粉丝数据，从中可以看出其粉丝中女性用户居多，年龄主要集中在 24 ～ 40 岁，并且分布在广东、湖南、江苏等地区，兴趣多为随拍、亲子等，那么直播营销团队在选品时可以选择符合她们兴趣和偏好的商品。

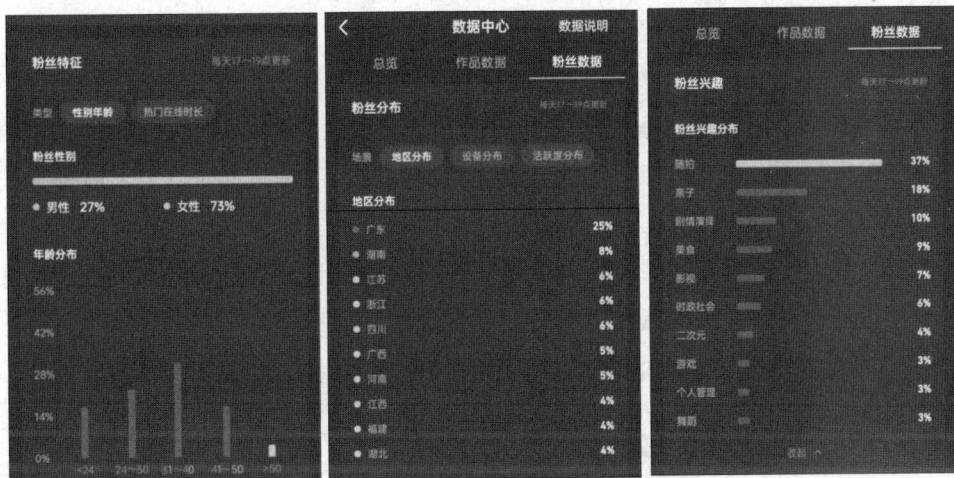

图 5-5　某主播抖音账号后台的粉丝数据

3. 根据主播人设定位选品

根据主播人设定位选品，不仅能确保商品与主播形象契合，也有利于巩固主播在用户心中的地位，更利于主播长远发展。例如，美妆主播选择护肤品、彩妆等类别的商品，育儿主播选择奶粉、奶瓶等与育儿相关的商品，等等。在直播行业中，很多知名主播已发展为多品类带货主播。名气较低的主播则不适宜进行多品类或跨品类带货，更适宜经营垂直内容（坚持输出某一个细分领域的内容）。尽管这种做法在选品上会受到一定程度的限制，但根据内容垂直度选品，能更有效地锁定目标用户群体。

4. 根据需求及时性选品

需求及时性是指用户对商品的需求在时间上具有紧迫性。一般来说，对于急需的商品，用户会主动下单购买。以服饰为例，在夏季，防晒衣、速干衣等更具需求及时性；在冬季，羽绒服、保暖衣等更具需求及时性。除此之外，快速消耗品（居家常备的商品，如纸巾、垃圾袋等）由于使用寿命较短，消耗速度较快，也属于需求及时性强的商品。

5.1.4 AI辅助直播选品

直播营销团队在选品时，往往会面临信息不对称（指交易中的各方拥有的信息不同）的问题。由于缺乏足够的信息和技术手段去审核供应商的资质和商品质量，选品的准确度会受到很大影响，同时会增大选到低品质商品的风险。另外，用户的需求和偏好是不断变化的，而直播选品需要紧跟市场趋势，及时调整选品策略。由于市场变化的快速性和不确定性，直播营销团队很难准确预测用户的需求，从而增加了选品难度。随着AI技术的不断发展，以及在直播营销领域广泛的应用，市面上出现了一些用于辅助直播选品的AI工具或AI功能。这些工具或功能可以综合销量、评分、竞争程度等多个因素，给直播营销团队提出合理的选品建议。

例如，2024年6月，生意参谋上线AI趋势挖掘功能（见图5-6），能够借助AI分析和挖掘大量的数据，发现当下和未来一段时间的市场热销款、热门风格和热门元素，以及能够深入洞察风格、元素的市场热度、供需变化趋势、用户搜索情况、商品属性分布等，助力选品工作。目前，该功能仅针对服饰类目部分开放，后续将逐步开放。此外，当前的AIGC工具，如文心一言、通义、讯飞星火等也可以用来辅助选品。直播营销团队可以命令AIGC工具获取当前有关行业的市场趋势，然后再输入竞品信息，让AIGC工具分析商品的差异化竞争优势，并筛选具有潜力的商品。

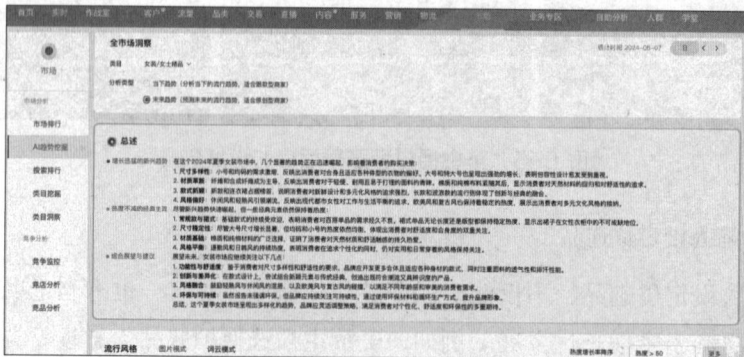

图5-6　生意参谋的AI趋势挖掘功能

素养课堂

在直播选品时，相关从业人员应坚持诚信原则，确保所推荐的商品质量可靠，符合法律法规要求。这需要相关从业人员深入了解商品的性能、质量、用途以及可能存在的风险，确保向用户传达的信息准确无误。

课堂活动

在网上搜索与 AI 选品有关的资料，查找当前可以用于直播选品的 AI 工具，并介绍其特点与功能。

案例在线　　某直播间因选品违规被罚款

某公司主要从事广告代理、制作和发布等业务。为促进业务增长，该公司在某直播平台创建了直播间进行直播营销。2024 年，该公司接受某口腔医院委托，在直播间推广医院的医疗服务项目。直播时，主播介绍了儿童涂氟、成人超声波洁牙等口腔服务项目，并多次强调"超声波洁牙能保证你做完之后牙齿色度往上走 1～3 个色度""这个服务项目是非常安全的，而且非常高效""为我们用户量身打造"等服务项目的功效和属性。随后，直播间受到市场监管部门调查。

市场监管部门在调查后认为：直播中推广的服务项目涉及的金属牙科托槽、牙齿美白剂等医疗器械使用、拍片检查服务等内容，均属医疗服务项目。直播间未提交涉案广告的《医疗广告审查证明》，在直播前未经广告审查机关审查，未取得广告发布批准文件。直播间接受委托代理发布上述广告的行为违反了《中华人民共和国广告法》第十六条第一款第一项、第三项和第四十六条的规定。最后，市场监管部门责令当事人停止该违法行为，没收广告费用 292926.1 元，并处广告费用一倍的罚款，罚没款共计 58 万元。

案例点评：为维护市场秩序，保护用户权益，在直播平台上，有不少品类的商品是禁止售卖或是需要获得许可资质后才能售卖的。直播营销团队应当提高对禁止售卖商品、许可类商品等的敏感度，对于法律法规明确规定须经行政许可的商品，如涉及医疗、药品、医疗器械、保健食品等的商品，务必核对企业是否取得特定行政许可，是否完成相关备案登记手续等。此外，直播营销团队应建立健全的选品机制，与具备合法资质和良好信誉的供应商合作，确保所推广的商品或服务符合法律法规要求，保障用户的安全和权益。

5.2 直播商品定价

除商品质量和类型，商品定价也是影响商品转化率的重要因素。合理的商品定价配合巧妙的直播话术，能够更好地促进用户下单，起到良好的带货效果。直播营销团队在为商品定价时，不仅要综合考虑多方面的因素，还需要结合一些定价策略。

5.2.1 直播商品的定价因素

直播商品的定价是一个复杂的过程，需要综合考量多个因素。影响直播商品定价的重要因素包括以下 4 种。

1. 商品成本

商品成本是商品定价的基础，是商品在生产和流通环节中所产生的各种费用，主要包括生产成本、销售成本、运输成本、储存成本等。对于直播营销团队而言，直播商品的商品成本，除了包括以上内容，还应包括直播间场地租金、人力成本、直播间推广成本、水电费等。一般来说，直播商品的定价需要确保覆盖商品成本，并获得合理的利润。若商品定价低于商品成本，那么直播营销团队就会亏损；若定价过高，直播商品的竞争力就会相应降低，也无法取得较好的营销效果。

在核算商品成本时，基于各项成本在销售周期内的占比不同，直播营销团队可按批次、按时间或按销量等进行成本核算。

（1）按批次核算。这种成本核算方法适用于进货批次清晰、易于区分的情况。直播营销团队首先需要记录每批次直播商品的进货成本，包括采购成本、运输成本等；然后根据销售记录，将每批次直播商品的成本按其销量分配到各个销售周期内。

（2）按时间核算。这种成本核算方法适用于销售周期较长，成本随时间变化较大的情况。直播营销团队首先需要将销售周期划分为若干时间段，如月、周等；然后记录每个时间段内的各项成本，包括运营成本（如场地租金、水电费、人力成本等）、营销成本（如广告投放费用）等；再根据销售记录，将每个时间段内的成本按销量或销售额分配到各个直播商品上。

（3）按销量核算。这种成本核算方法适用于销量较为稳定，成本随销量变化较小的情况。直播营销团队首先需要记录销售周期内的总销量和总成本；然后根据销量比例，将总成本分配到各个直播商品上。

通过综合考虑各个方面的成本，直播营销团队可以核算出直播商品的总成本，从而确保商品的定价能够覆盖成本并实现合理的利润目标。

2. 市场需求

市场需求也是影响商品定价的关键因素之一。如果说商品成本是商品定价的下限，那么市场需求就是商品定价的上限。市场需求是指整个市场上所有用户对某商品的总需求量。一般来说，如果直播商品定价高于市场平均价格，那么就会影响直播商品的销售。在定价时，直播营销团队需要了解用户对商品的需求量、需求强度和价格敏感度等，以确定适宜的商品价格。在了解市场需求时，直播营销团队可以分析商品的历史销售数据和市场趋势，观察不同价格下的商品销售情况，判断用户对不同价格的反应及价格敏感度；也可以通过在线问卷调查等方式获取用户的意见和反馈，调查的问题可以包括用户对不同价格的接受程度、购买意愿及对商品和竞品的偏好等。图 5-7 所示为某汽车品牌为了解新能源汽车市场需求而发布的调查问卷（部分）。

图 5-7　某汽车品牌为了解新能源汽车市场需求而发布的调查问卷（部分）

3. 市场竞争

竞争对手的存在和其商品定价也会直接影响直播商品的定价。竞争对手的存在会影响市场上的供需平衡，如果市场供应超过市场需求，竞争可能加剧，导致商品价格下降；如果市场需求超过市场供应，竞争可能减弱，商品价格可能上涨。如果竞争对手的商品定价较低，直播营销团队可以选择以更低的价格来吸引用户；如果竞争对手的商品定价较高，直播营销团队可以选择提供具有附加价值的商品或服务，并通过较高的定价来体现其独特性。

因此，直播营销团队在为商品定价时，还需要考虑目标市场中竞争对手的商品成本、售价，以及对自身直播商品售价可能做出的反应等。具体分析时，直播营销团队可以通过观看竞争对手的直播，留意其所展示的商品及相应的定价信息，或是通过购买竞争对手的商品，或是通过其他途径获取竞争对手的商品样品，来进行竞品分析。

4．商品价值

商品价值直接关系到用户对商品的认知、接受程度以及购买意愿。商品价值通常包括以下 3 个方面。

（1）使用价值。商品满足用户需求的程度，也就是指商品的功能性、实用性、耐用性等。

（2）交换价值。商品在市场上与其他商品进行交换的能力，通常与商品的稀缺性、供求关系等相关。

（3）情感价值。商品带给用户的情感满足程度，如品牌认同感、社会认同感、个性化需求等。

5.2.2　直播商品的定价策略

在为商品定价时，运用一定的定价策略可以有效提升商品销量，常用的定价策略有尾数定价策略、整数定价策略、锚点定价策略、阶梯形定价策略、套装定价策略、买赠定价策略、动态定价策略、撇脂定价策略等。

1．尾数定价策略

尾数定价策略是指保留价格尾数，采用零头标价，将价格定位在整数水平以下，使用户在心理上产生价格更便宜的感觉，从而激起用户的购买欲望，促进商品销售的定价策略。尾数定价策略常以"8""9"等数字作为尾数，如 9.9 元、19.9 元、199 元等，如图 5-8 所示。

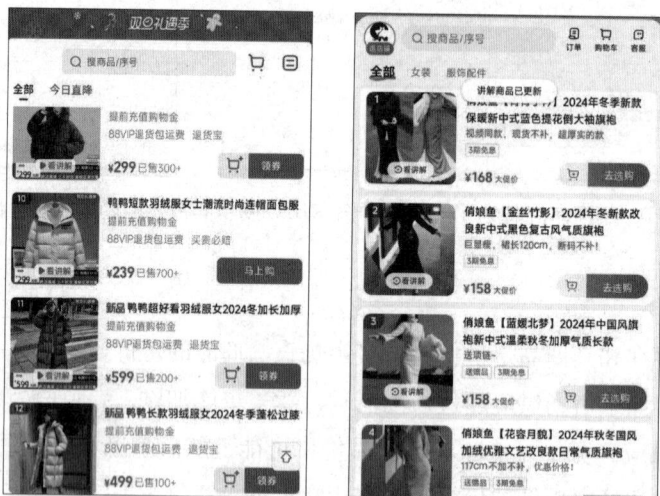

图 5-8　尾数定价

课堂讨论

为什么尾数定价策略会让用户产生价格更便宜的感觉？这种心理效应背后的具体影响机制是什么？

2. 整数定价策略

与尾数定价策略相反,整数定价策略是指将商品的价格定为整数,而非带有尾数的小数的定价策略。整数定价策略适用于价格较高的一些商品,如珠宝、艺术品等,如图 5-9 所示,可以体现商品品质,提升商品形象。

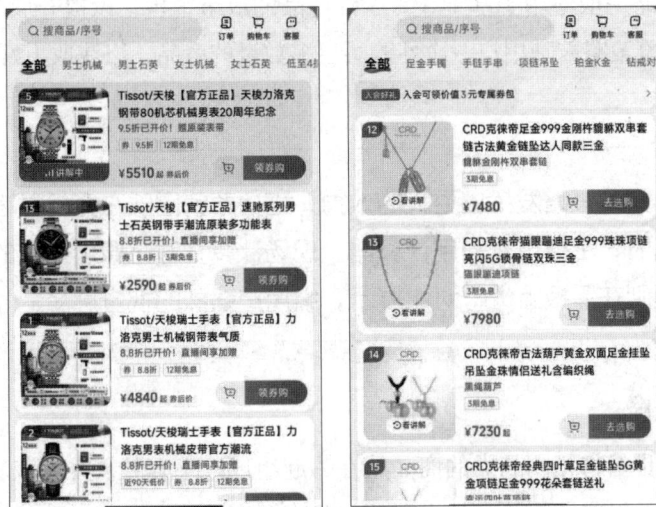

图 5-9 整数定价

3. 锚点定价策略

锚点定价策略是根据锚点价格(商品价格的对比标杆,如市场上类似商品的平均价格)为商品定价的定价策略。锚点定价策略运用的基本原理是通过设定一个相对高(或相对低)的价格作为起点,来影响用户对商品的价格感知和购买决策。例如,图 5-10 所示的商品售价旁边有一个划线价,这个划线价实际上就是一个锚点价格,可以很好地提升商品在用户心中的价值,让用户产生一种获得巨大优惠的惊喜感。

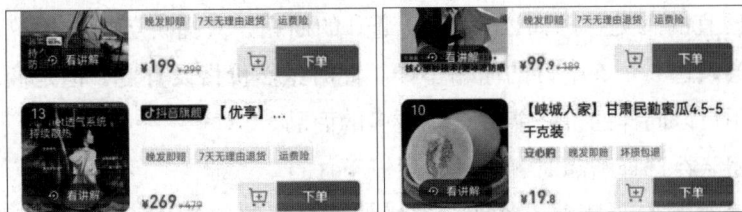

图 5-10 锚点定价

需要注意的是,直播营销团队采用锚点定价策略时,直播价与锚点价格不能相差过大,如锚点价格为 299 元(原价),直播价为 29.9 元,会导致用户产生过大的心理落差,进而不再信任直播间的商品标价。一般来说,锚点定价策略常用于预售商品或折扣力度大的热销商品定价。直播营销团队在直播时先不会公开直播价,而是展示商品的日常售价或预估价格,以激发用户的好奇心,吸引用户持续观看直播,从而提升商品和直播间的热度。

4. 阶梯形定价策略

阶梯形定价策略也被称作花式价格策略，是指根据用户购买商品的数量来设定不同的价格的定价策略，通常用户购买的数量越多，享受的价格折扣越大。例如，某品牌20克装茶叶的原价是39元/罐，直播间的价格为第1罐29元，第2罐19元，第3罐9元，第4罐免费送。阶梯形定价策略一般适用于基于3～5件商品的成组销售，以提升商品的销量，或开展商品促销。这种定价策略鼓励用户一次性购买更多数量的商品，以获取更好的价格优惠。

> **专家指导**
>
> 为使阶梯形定价策略发挥出更大的效力，直播营销团队在直播过程中需要做好配合。例如，直播时，主播可以利用计算器，现场计算，对比原价购买的价格与成组购买的价格；助理则在黑板上进行对比展示，给用户强烈的视觉感受。

5. 套装定价策略

套装定价策略是指将相同品类的商品放在一起组成一个套装，并为该套装设置一个优惠的价格的定价策略。组成套装的商品之间的关联度要高，根据套装计算的商品价格要低于原价格，一方面可以节省用户搭配套装的精力，另一方面可以让用户获得物美价廉的心理满足。例如，将西装外套、西装半裙设置为一个套装，西装外套原价为399元，西装半裙原价为299元，套装价则为599元，对于偏好成套购买西装的用户来说，这样的策略既便捷又实惠。

6. 买赠定价策略

买赠定价策略是基于"有买有赠"的思路设置商品组合价格的定价策略，一般通过向用户赠送小包装的新品，或金额较低的小件商品，或买1件送 N 件等形式组合商品，通过赠品凸显优惠力度，让用户觉得以同样的价格（原价）可以获得更多的利益，从而在心理上产生商品便宜的感觉。例如，一款50毫升的面霜，直播价与原价保持一致，但用户在直播间购买会赠送5个5毫升的面霜小样。此时虽然价格没有变，但是商品整体的价值得到了提升，用户以同样的价格能够获得更多的商品。

直播营销团队在选择赠品时，需要注意以下3点。

（1）赠品要与销售商品有相关性。选择的赠品与销售商品的关联性越大，越容易让用户明确地感知到商品价值的提升。例如，赠品可以是同款商品的小样或配套使用的商品（如咖啡杯的赠品可以是杯刷、杯套、吸管、背带）等。

（2）保证赠品质量。赠品体现的是主播和企业的诚信，赠品的质量会影响主播和企业的口碑。因此，直播营销团队既要注重赠品的质量，也要注重赠品的实用性。

（3）明确赠品价值。赠品的价值一般通过价格和完善商品的使用场景来体现。主播在直播时要向用户说清楚赠品的价值，增强用户的认同感，让用户感受到诚意。

7.　动态定价策略

动态定价策略是指根据市场需求、库存情况和促销活动等因素动态调整商品价格的定价策略。这种价格策略打破了传统固定价格的局限性，企业通过灵活定价来增加收益和提高市场竞争力，不仅可以快速响应市场变化，保持价格竞争力，还能优化库存，提高收益。但同时，频繁或大幅度的价格变动可能引起部分用户的不满和信任度下降等问题。在定价时，直播营销团队可以结合大数据和 AI 技术来预测未来需求并调整价格。

8.　撇脂定价策略

撇脂定价策略是指企业在商品刚进入市场时把商品价格定得较高，以便在短期内获取较大的利润的定价策略。企业采用撇脂定价策略的前提主要有 3 点：一是市场有足够的购买者，即使把价格定得很高，市场需求也不会大量减少；二是高价使市场需求减少，但不会抵消高价所带来的利益；三是在高价情况下，可以保持独家经营的状态。撇脂定价策略一般适用于周转慢、销售与储存运输成本较高的特殊商品、耐用品等。

5.3　直播商品管理

开展直播营销时，直播间通常有多款商品。若缺乏有效的商品管理，可能难以实现流量与利润的有效化。直播营销团队可以依据不同商品的功能，采取针对性的排品策略，这样可以确保直播间获得更多的流量及更大的销量。

5.3.1　直播商品功能划分

就直播营销而言，不同类型的商品具有不同的功能，并且在直播中出现的时间节点也不同。根据商品的性质，直播商品可以划分为 7 种类型，即引流款商品、福利款商品、热销款商品、主推款商品、形象款商品、利润款商品和常规款商品。

1.　引流款商品

引流款商品是为吸引用户进入直播间并留住用户的一类商品。一般来说，价格较低的商品常作为引流款商品，如 1 元包邮、6.9 元包邮、9.9 元包邮的商品等，如图 5-11 所示。用户在直播间下单时，会比较在意商品的优惠价格，低价的商品比较容易吸引用户，也能增加直播间的流量。直播营销团队可以选择价格较低且实用性较强的商品作为引流款商品，如抽纸、垃圾袋等。

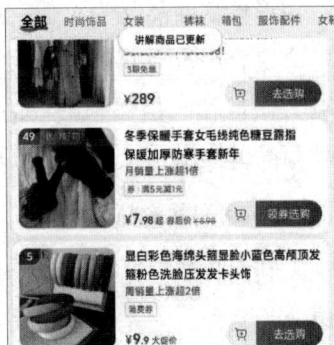

图 5-11　引流款商品

2.　福利款商品

福利款商品一般是面向直播间粉丝发放的福利性商品，即用户只有关注直播间或加入主播的粉丝团以后，才有机会购买到此类商品，所以福利款商品也被称作"宠粉款"商品，用于增强粉丝黏性，如图 5-12 所示。直播营销团队既可以将福利款商品作为活动奖品赠送给粉丝，也可以为福利款商品设置低价，如"原价 109 元，今天'宠粉'，现在下单只要 59.9 元"，以此来激发粉丝的购买热情。

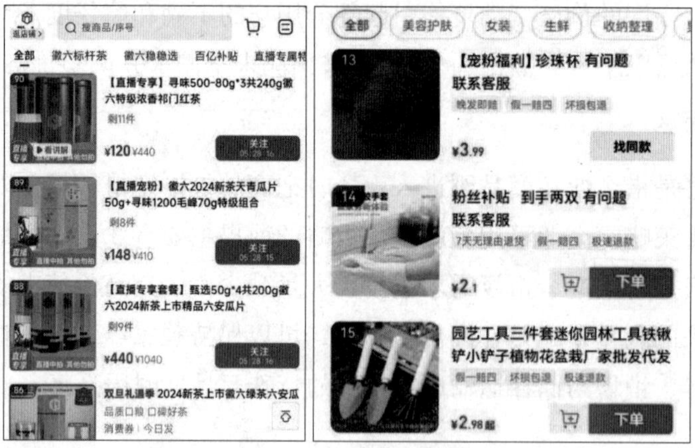

图 5-12　福利款商品

3．热销款商品

热销款商品是指在直播间甚至市场上非常受欢迎的商品，可以提升直播间销量和转化率。热销款商品的人气一般都比较高，可能是时下流行的服装、电子产品、化妆品等，也可能是性价比较高，有良好口碑的商品，还可能是店铺销量较高的商品。

4．主推款商品

主推款商品是直播间中主要推广的商品，旨在将该商品打造成为下一个热销款商品。这类商品通常具备的特点包括在同类商品中性价比高，符合目标用户群体的喜好和需求，库存充足，品质良好。

5．形象款商品

形象款商品是为打造直播间形象和塑造品牌形象而推出的商品。形象款商品的购买体验决定着用户对直播间的第一印象。一般来说，主播亲自使用和背书（用自己的信誉和影响力做推荐或担保）的商品、定制款商品、××同款商品都可以作为形象款商品。形象款商品的推出重点不在于获取利润，更多的是塑造直播间或品牌形象。

6．利润款商品

利润款商品是指可以给直播间带来较高利润的商品，一般单价比较高。利润款商品可以分为两种，一是单品利润款，二是组合利润款。单品利润款是指主推某一款商品，附赠一些小商品，常以买一送一、买一送多等形式出现。组合利润款是指将几款商品组合销售，如护肤品套装、厨具套餐等。

7. 常规款商品

常规款商品是除以上类型商品之外的其他商品，是直播间中日常销售的商品，具有价格适中、销量稳定等特点。是直播间的基础销售商品。常规款商品看起来较普通，却具备转型的潜质。通过市场测试并收集用户反馈，直播营销团队可以明确哪些常规款商品具有更大的市场潜力和销售潜力，进而将这些常规款商品转化为主推款或利润款商品。

> **专家指导**
>
> 不是所有直播间的商品都会严格按照引流款商品、福利款商品、热销款商品、主推款商品、形象款商品、利润款商品和常规款商品这 7 种类型来分类。直播间的商品类型和营销策略往往会根据商品特性、用户需求等进行调整。例如，一些直播间可能更注重单一或少数几种类型的商品，如专注于销售引流款商品、利润款商品和热销款商品。

5.3.2 直播排品策略

直播排品就是安排商品在直播中出现的场次、顺序等，实际是一种策略性的布局。直播排品直接关系到直播间的用户互动、停留时间、转化率以及整体销售表现。直播排品通过不同类型的商品相互关联、相互作用，可以吸引更多用户观看，从而实现流量的高效利用。直播营销团队在制定直播排品策略时，可以参考以下思路。

（1）蓄水引流。即在直播开始阶段，使用引流款商品或福利款商品作为引流商品。这些类型的商品通常具有高性价比、实用性强等的特点，能够迅速吸引用户的注意并引导他们进入直播间。

（2）承流转化。当直播间聚集一定数量的用户后，直播营销团队需要安排热销款商品或主推款商品来承接流量并转化为销售。热销商品或主推商品通常具有广泛的市场需求和高转化率，能够有效地提升直播间的销售额。另外，待直播间通过热销款商品或主推款商品成功吸引并转化大量流量后，流量曲线可能会开始回落。但在此之前，通常会有一个流量相对平稳或略微下降的"窗口期"。那么直播营销团队就可以在这个时期推出利润款商品，从而利用之前积累的流量和用户兴趣，提高直播间的销售额和利润率。

（3）二次激发。在热销商品或主推商品之后，直播营销团队可以引入形象款商品来进一步激发用户的购买欲望。这些商品通常具有独特的品牌形象或设计特点，能够提升直播间的整体品质和吸引力。

（4）过渡缓冲。在流量回落阶段，直播营销团队可以使用常规款商品进行过渡，以保持直播间的活跃度和用户黏性。这些商品可以在丰富直播间商品品类的同时，为用户提供了更多的选择。

专家指导

直播间的排品策略需要根据实时数据和用户反馈进行灵活调整。例如，在人气低迷时迅速切换至引流款商品或福利款商品，而在人气高涨时则聚焦主推款商品或利润款商品。这种实时调整有助于直播营销团队更高效地利用流量资源，提高直播间的总销售额。

案例在线　　　　　**花卉绿植带货直播间灵活的商品配置**

花管家是一名花卉绿植领域的带货主播，由于背靠花卉绿植的货源地，她与多家优质花农建立了长期合作关系，可以为用户提供物美价廉的花卉绿植商品，因此收获了非常多的粉丝。在她的直播间内，用户可以看到各种各样的花卉绿植，如玫瑰、非洲菊、满天星、洋桔梗、康乃馨、绣球、绿萝、虎尾兰、龟背竹等。

相比于头部主播，花管家直播间的人数不算多，在线人数一般保持在 2000～3000 人，有时甚至不到 1000 人，但直播间的购物氛围非常浓烈，这离不开花管家灵活的商品配置。按照商品性质划分，花管家直播间的商品主要分为引流款商品、利润款商品和热销款商品。其中，引流款商品为 9.9 元的小支花束、5.9 元的玻璃花瓶和 3.9 元的营养液；利润款商品是品质和价格都较高的花卉绿植；热销款商品主要是 19.9 元、29.9 元、39.9 元等价位的组合商品，如 1 把满天星 +1 把洋甘菊 +1 把玫瑰、1 盆绿萝 +1 盆龟背竹等，并且组合商品中的商品搭配每天都不同。为提升直播间人气，在直播开场时，花管家会推出引流款商品；当直播间聚集一定用户后，会推出利润款商品；在利润款商品推出后还会推出与利润款商品关联度比较高的引流款商品，如在推出价格和品质比较高的 A 级碎冰蓝玫瑰后推出与之搭配的玻璃花瓶。总的来说，花管家直播间的商品讲解基本按照"引流款→利润款→引流款→热销款"的顺序进行，以稳定直播间的人气和流量。另外，花管家还会鼓励用户在直播间评论自己想要的花卉绿植，当某一种花卉绿植被用户多次提到时，她就会马上安排讲解这种花卉绿植，将想要选购该种花卉绿植的用户留在直播间，促进商品的销售。

案例点评：花管家直播间的商品明确划分出引流款商品、利润款商品和热销款商品。这种划分不仅有助于她清晰地规划直播流程，还能保证各个商品发挥不同的作用。在商品讲解顺序上，花管家采用"引流款→利润款→引流款→热销款"的循环模式，充分考虑了用户的心理和购买行为逻辑，不仅促进了商品成交，还有效地提升了直播间的人气和曝光率。

5.4 课堂实训

实训 1 在抖音精选联盟完成直播选品

1. 实训背景

张明是一个在校大学生，他与室友王强利用课余时间拍摄了一系列富有创意和趣味性的短视频，并在抖音上发布。他们的短视频内容主要是记录真实的校园生活，如宿舍趣事、食堂美食探索、图书馆自习日常等。这些贴近大学生生活的场景和轻松幽默的表现方式，迅速吸引了大量同龄人的关注。随着粉丝数量的稳步增长，两人萌生了将流量进行变现的想法，决定尝试在抖音中进行直播带货。然而作为在校学生，他们缺乏自有货源及相应的仓储物流、售后能力，考虑到这一点，他们决定使用抖音精选联盟来完成直播选品工作。

2. 实训要求

（1）确定直播选品的方向，选择直播带货的品类。

（2）在抖音精选联盟挑选 10 种直播商品。

3. 实训步骤

步骤 01 ▶确定直播带货的品类。鉴于张明和王强的短视频内容主要是校园生活，因此他们可以选择与校园生活紧密相关的商品作为直播带货的主要品类，如学习用品、宿舍生活用品、零食饮料等。同时，考虑到大学生群体的消费特点，他们可以优先选择性价比高、实用性强、具有创意或独特卖点的商品。

步骤 02 ▶在抖音精选联盟筛选确定 10 种直播商品。进入抖音创作者中心，在工具服务面板中点击"电商带货"按钮，进入"百应移动版"界面，然后在界面中点击"选品广场"按钮，进入商品筛选界面。

步骤 03 ▶在"筛选"界面，根据商品分类浏览商品，然后设置筛选条件，如包邮、价格为 5～99 元、佣金率为 15%～50%、月销量在 1 万以上、好评率在 90% 以上等，如图 5-13 所示。

步骤 04 ▶浏览筛选结果，查看商品详情，包括商品图片、视频、描述、价格、销量、评价等，然后根据商品质量、口碑、价格等因素，初步筛选出 15～20 种备选商品。

步骤 05 ▶进一步评估初步筛选出的商品，包括与商家沟通了解商品详情，查看用户评价，进行样品试用等，最终确定 10 种直播商品并加入选品车。图 5-14 所示为确定的直播商品示例。

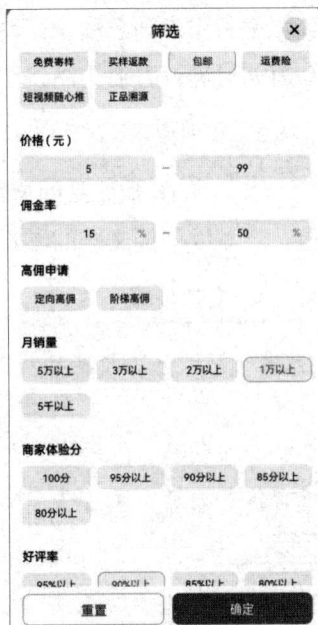

图 5-13 筛选商品

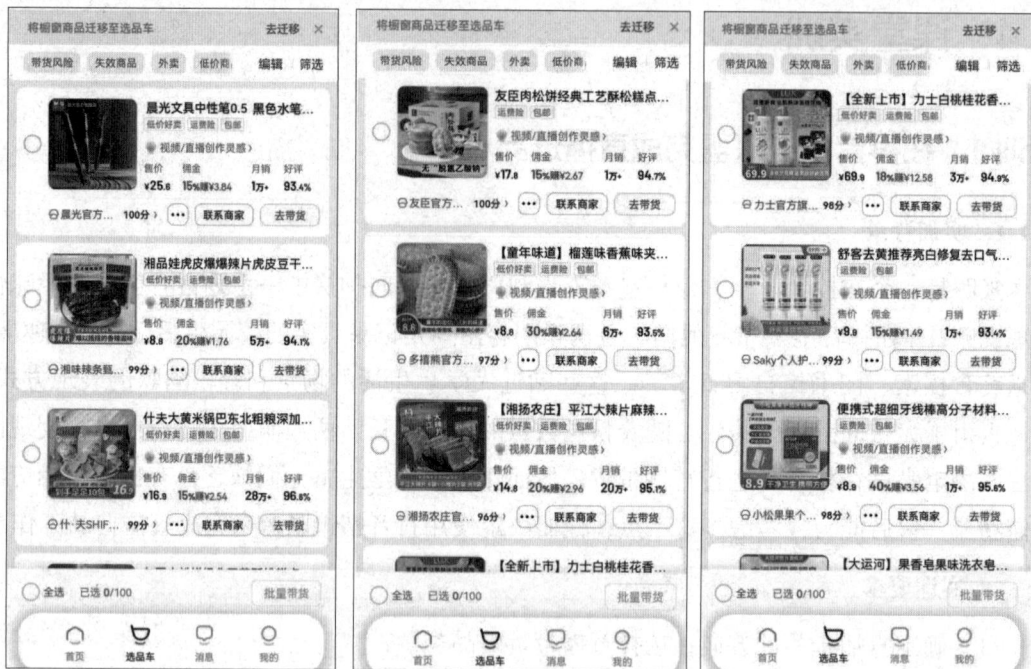

图 5-14　确定的直播商品示例

实训 2　使用智谱清言生成直播排品方案

1. 实训背景

经过精心筛选，张明和王强最终确定了 10 款直播商品。为提升直播效果，提高商品转化率和用户满意度，张明认为他们还需要制定一套科学合理的直播排品方案。但张明不知道如何进行直播排品，于是准备利用 AIGC 工具——智谱清言来生成直播排品方案。

2. 实训要求

（1）将 10 款商品的详细信息整理到 Word 文档中。

（2）以上传文档的形式生成直播排品方案。

微课视频

使用智谱清言
生成直播排品
方案

效果预览

直播商品详细
信息

3. 实训步骤

步骤 01　整理商品详细信息。创建一个新的 Word 文档，命名为"直播商品详细信息"，逐一列出每款商品的详细信息，包括名称、售价、预估每单赚、佣金率、好评率、月销量、保障等，示例效果如图 5-15 所示，确保所有信息准确无误后保存文档。

步骤 02　上传文档。进入智谱清言官网，登录账号后在对话界面中对话框的左边单击"上传文件"按钮，在打开的列表中选择"本地文件选择"，然后在打开的"打开"对话框中选择直播商品详细信息文档并上传，再在对话框中输入提示词，如"请分析文档内容，再帮我生成一份直播排品方案"，如图 5-16 所示，最后单击"发送"按钮。

商品 1——晨光文具中性笔 0.5/黑色
售价：25.6 元
预估每单赚：3.84 元
佣金率：15%
好评率：93.4%
月销量：1 万+
保障：运费险、极速退款、七天无理由退货

商品 2——湘品娃虎皮爆辣片虎皮豆干泡泡干零食
售价：8.8 元
预估每单赚：1.76 元
佣金率：20%
好评率：94%
月销量：5 万+
保障：运费险、极速退款、七天无理由退货

商品 3——什夫大黄米锅巴东北粗粮深加工零食
售价：16.9 元
预估每单赚：2.54 元
佣金率：15%
好评率：96.6%
月销量：28 万+
保障：运费险、极速退款

商品 4——友臣肉松饼经典工艺酥松糕点
售价：17.8 元
预估每单赚：2.67 元
佣金率：15%
好评率：94.7%
月销量：1 万+
保障：运费险、极速退款、七天无理由退货

商品 5——榴莲味香蕉味夹心饼干儿时怀旧小零食
售价：8.8 元
预估每单赚：2.64 元
佣金率：30%
好评率：93.5%
月销量：6 万+
保障：运费险、极速退款、七天无理由退货

商品 6——平江大辣片麻辣过瘾经典湖南手撕大辣片
售价：14.8 元
预估每单赚：2.96 元
佣金率：20%
好评率：95.1%
月销量：20 万+
保障：运费险、极速退款、七天无理由退货

商品 7——力士白桃桂花香氛沐浴露
售价：69.9 元
预估每单赚：12.58 元
佣金率：18%
好评率：94.9%
月销量：3 万+
保障：运费险、过敏包退、极速退款

商品 8——舒客牙齿防蛀护龈牙膏
售价：9.9 元
预估每单赚：1.49 元
佣金率：15%
好评率：93.4%
月销量：1 万+
保障：运费险、过敏包退、极速退款

商品 9——便携式超细牙线棒
售价：8.9 元
预估每单赚：3.56 元
佣金率：40%
好评率：95.6%
月销量：1 万+
保障：运费险、极速退款

图 5-15　列出每款商品详细信息

图 5-16　上传文档并输入提示词

步骤 03 ▶ 生成直播排品方案。智谱清言将分析文档并生成直播排品方案（商品名称有简写），如图 5-17 所示。仔细审查生成的直播排品方案，检查是否需要修改和优化，若需要则继续输入提示词让智谱清言优化方案，如果方案可行，直接将其复制到 Word 文档中，图 5-18 所示为直播排品方案效果（部分）。

效果预览
直播排品方案

图 5-17　智谱清言生成的方案

图 5-18　直播排品方案效果（部分）

5.5 本章总结

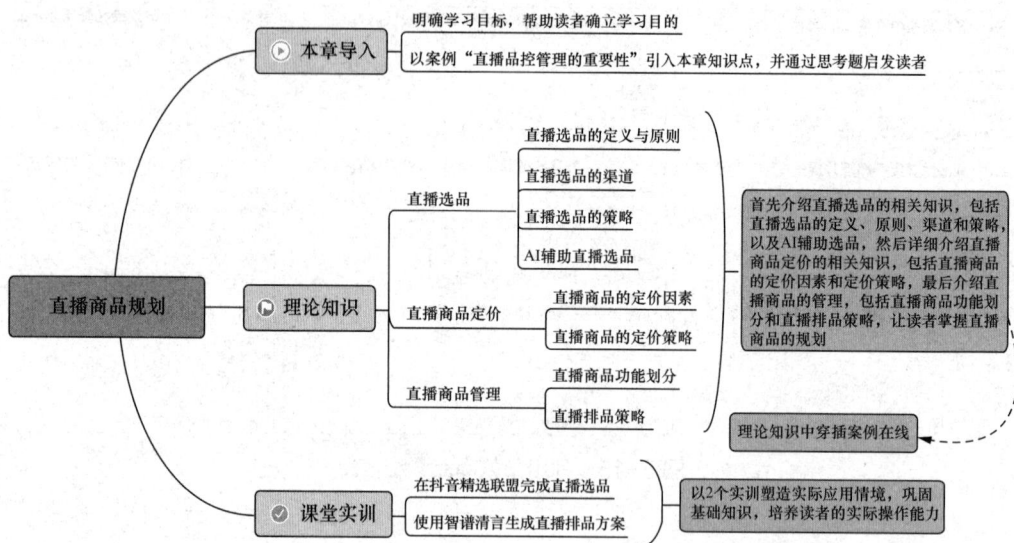

5.6 课后练习

1. 假如你准备在快手进行直播带货，带货的品类为农产品，请利用飞瓜数据选出 10 款商品。

2. 在抖音观看一场直播，领域不限，分析直播间的商品采取了什么定价策略，对应的商品属于哪种功能。

3. 现有一款容量为 3L 的电饭煲，日常售价为 159 元，该如何使用锚点定价法为其重新确定直播价格？

4. 如果要为电饭煲搭配商品组合，应搭配哪些商品，并使用什么定价策略确定直播价？

5. 利用抖音精选联盟选出 10 款商品，目标用户群体为上班族，并将 10 款商品的详细信息整理到 Word 文档中，再利用通义为这 10 款商品生成直播排品方案。

第6章
直播流量与用户运营

在直播营销活动中，高流量意味着能够吸引更多的用户进入直播间。这不仅有助于提高产品（即商品）的曝光率和转化率，而且能提升直播间的知名度和影响力。然而，仅仅拥有高流量并不能确保直播营销活动的成功，直播营销团队还需要留存和维护用户，进而实现流量的高效转化。

学习目标

- 掌握直播流量的基础知识，包括直播流量的类型和直播流量机制。
- 掌握直播引流的相关知识，能够策划直播引流内容，完成直播前、中、后的引流工作。
- 掌握直播用户的运营方法，能够构建直播用户画像，管理与维护直播用户。

引导案例　　　　　　　**林氏家居"总裁价到"专场直播**

2023年，为推动店播业务（即商家自播）的发展，淘宝直播推出今日闪降活动，参加活动的品牌店铺可以根据活动需求，制定弹性的产品价格。2024年"6·18"大促期间，为达到更好的直播效果，林氏家居围绕今日闪降活动的玩法打造了"总裁价到"专场直播活动。

为提升直播间的流量，林氏家居在直播开始前进行了充分的引流和预热。一方面，林氏家居精心制作了引流海报并在淘宝店铺首页展出；另一方面，其通过短信、微信群、微博等多个渠道全方位宣传这场直播的优惠信息。为区别传统的直播带货形式，林氏家居巧妙地将网络上流行的梗和段子融入直播剧情，打造出"DV现场——总裁为谁豪掷千金"的创意直播主题。在直播间，林氏家居品牌中心副总裁与主播不仅以专业的视角向用户推荐产品，还通过幽默风趣的对话和互动，将产品的亮点与网络流行梗巧妙结合。此外，直播过程中，为吸引更多用户观看直播，林氏家居还额外推出指定产品千元免单、0元抽包包椅等福利。最终，这场直播由于全场大幅优惠外加副总裁与主播的强力引导，实现了当日直播间单场观看量翻3倍，闪降成交超230万元的优异成绩。

案例思考：（1）林氏家居在直播开始前采用了哪些具体的引流策略？

（2）这些策略对提升直播间流量有什么效果？

6.1 直播流量概述

直播流量是指通过各种渠道进入直播间并观看直播内容的用户数量。这个数量通常被用来衡量直播间的人气和受欢迎程度。流量越高，说明直播间人气越高，越受用户欢迎，反之则意味着直播间的人气不够高，或者直播内容没有足够的吸引力。

6.1.1 直播流量的类型

直播流量有不同的分类方法，常见的有根据流量来源分类和根据流量性质分类方法。

1. 根据流量来源分类

根据流量来源的不同，直播流量可以分为自然流量和付费流量两大类。

（1）自然流量

自然流量指的是不需要额外支付费用，通过自然的方式吸引用户观看直播的流量。这些流量通常来自平台的推荐，用户的自主搜索，社交媒体分享，口碑传播等。以下是自然流量的 4 个典型特点。

- **成本较低**：不需要额外支付费用，主要依靠内容质量和用户互动来吸引用户。
- **可持续性**：一旦建立稳定的用户群体，自然流量可以持续吸引用户。
- **依赖内容**：内容的质量、独特性和吸引力对自然流量至关重要。
- **增长缓慢**：相比付费流量，自然流量的增长通常较为缓慢，需要时间积累。

（2）付费流量

付费流量指的是通过支付费用购买广告位、推广服务或合作推广等方式获得的流量。这些流量通常来自广告投放、合作推广、付费推广活动等。以下是付费流量的 4 个典型特点。

- **成本较高**：需要支付广告费用或合作费用，成本相对较高。
- **快速见效**：付费流量可以迅速带来大量用户，适用于短期内的快速推广。
- **可控性强**：可以通过调整广告预算、投放策略等控制流量的规模和来源。
- **依赖预算**：流量的持续性和规模受到成本预算的限制。

2. 根据流量性质分类

根据流量性质的不同，直播流量可以分为公域流量和私域流量两大类。

（1）公域流量

公域流量也叫平台流量，是平台内所有直播间共同拥有、均可获取的流量，也就是指可共用的流量资源。公域流量具有以下特点。

- **相对容易获取**：对于没有粉丝的直播账号，发布的内容可能被推送给成百上千的用户观看，平台一般会给予这类账号一定的流量支持，并给予更多的曝光度。
- **易流失**：公域流量触达的用户可能不是目标用户，不够精准，因此获取到的流量稳定性差，容易流失。

- **受平台限制**：获取公域流量一般需要遵守平台算法，如抖音的流量算法机制。为获取更多的流量，直播间往往需要通过付费来增加曝光机会。

✍ **专家指导** ────────────

就公域流量而言，直播流量主要来源于短视频推荐、直播推荐—推荐 Feed 流（信息流）、直播推荐—推荐广场、直播推荐—其他、直播推荐—同城 Feed 流、账号主页、关注页、搜索 / 官方活动 / 话题、竞价广告、引流工具、品牌广告等。其中，直播推荐—推荐 Feed 流、直播推荐—推荐广场是重要的直播流量来源。直播推荐意味着该直播间开启了直播推荐功能，其中，推荐 Feed 流是默认推荐页面，是以直播间同步画面作为推荐页中的信息流的形式，是重要的自然流量来源；推荐广场即广场页面；其他是指其他页面的推荐流量（如话题页）。

（2）私域流量

私域是相对公域而言的，不用付费，可以随时、不限次数地触达用户，如微信群、抖音粉丝群等。2020 年，腾讯基于自身庞大的营销数据，对私域流量进行定义，认为私域流量是企业品牌自有的，可开展个性化运营的用户资产。私域流量通常建立在信任基础上，用户与直播账号之间有较强的关系纽带。在私域流量中，企业可以反复触达、唤醒用户，开展精细化营销。简单来说，私域流量可以看作是具有私有性的粉丝流量池。相对于公域流量，私域流量具有渗透性强、黏性强、交易频次高、可控性强等特点。

- **渗透性强**：渗透性强指的是私域流量能够更深入地触达用户，实现信息的高效传递和影响。例如，直播营销团队可以通过抖音粉丝群、企业微信等私域渠道，直接与用户沟通，更直接、有效地传递信息。

- **黏性强**：黏性强指的是用户对直播间的忠诚度高，愿意持续关注和互动。一般来说，私域流量中的用户通常是对企业或产品有一定了解和兴趣的用户，会主动关注和观看直播内容。这种主动选择使得私域流量的用户黏性更强，更有可能长期关注直播内容和互动，形成稳定的用户群体。

- **交易频次高**：私域流量中的用户对企业或主播有较高的信任度和忠诚度，更愿意进行购买行为。这种购买意愿不仅体现在直播期间，还可能延续到直播结束后的一段时期。私域流量中的用户往往还具有较高的复购率，会在购买后继续关注企业或主播的动态，并在需要时再次进行购买。

- **可控性强**：私域流量中的用户数据通常掌握在直播营销团队手中。他们可以根据需要收集、分析和利用数据。这种数据掌控能力使得直播营销团队能够更准确地了解用户需求和市场趋势，从而制定更有效的营销策略。

6.1.2　直播流量机制

直播流量机制是指直播平台为吸引和维持用户观看而采取的一系列策略和技术手段。根据是否付费，直播流量机制可以分为自然流量直播机制和付费流量直播机制。

1. 自然流量直播机制

自然流量直播机制内，直播流量主要依赖于直播平台的流量分发机制。尽管直播平台众多，但这些平台的流量分发机制的底层设计逻辑存在相似之处，普遍采用的是一种被称为"赛马机制"的流量分配策略。

赛马机制是一种动态环境下的流量分配策略。它把同类目、同层级、同时间段开播的直播间放到同一个赛道，然后根据直播间的实时数据表现来决定如何分配流量。在直播平台上，无论主播的知名度如何，只要主播在特定的时间段内表现优秀，就有可能获得更多的流量。这种机制的核心在于实时的竞争，鼓励主播不断提供高质量的直播内容，以吸引更多用户并提升互动数据。

具体来说，赛马机制会综合考虑直播间的用户停留时长、互动率、转粉率等多个指标，以及点击转化率、GMV 等交易指标。平台会根据这些指标实时评估直播间的表现，并根据评估结果动态调整流量分配。表现出色的直播间会获得更多的流量推荐，而表现不佳的直播间则可能面临流量减少的情况。

专家指导

一般来说，直播开始后的前 10 ～ 30 分钟是流量引入的关键时期。平台会优先推送流量给直播间，主播需要充分利用这段时间，通过提供高质量的直播内容、开展互动等方式，确保能够有效承接这些流量。随后，直播平台的流量分发机制会根据在线人数增长、用户停留时间等一系列指标继续调整和优化流量分配。

---

2. 付费流量直播机制

付费流量直播机制可以被理解为一种"精准钓鱼"的方式，与自然流量的"赛马机制"形成对比。付费流量直播机制的核心在于通过广告投放或平台推广，直接触达对直播间或产品有高意向的精准人群，从而实现快速引流和转化。

在付费流量直播机制中，付费流量扮演着杠杆的角色。直播间通过付费引入一部分种子用户（经常观看直播，积极参与互动，喜欢并信任直播间的产品或内容，甚至凭借自身的影响力去吸引更多目标用户的第一批用户）到直播间，通过运营这些用户，直播平台会根据运营效果，将更多的精准用户和自然流量推送到直播间。这也意味着，直播间通过投入一定的付费流量，可以撬动更多的自然流量，从而增加直播间的整体流量和曝光度。

此外，付费流量直播机制还体现在其精准定位的能力上。通过数据分析，付费流量直播机制可以更加精准地定位目标用户，提高转化率和效果。这有助于直播营销团队更准确地找到潜在用户，提高直播间的互动率和转化率。

> **课堂活动**
>
> 在网上搜索抖音直播的推流算法，整理推流算法的底层设计逻辑；然后了解抖音直播 DOU+ 的投放方式。

6.2　直播引流

引流是指吸引流量，即吸引更多的用户。直播引流可以让更多的用户知晓直播间，甚至聚集到直播间，从而增加主播、直播间及产品的曝光率（也称曝光度），促进产品的销售。

6.2.1　直播引流内容的策划

很多直播间在直播前都会精心策划直播引流内容，通过巧妙的文案引起用户的好奇心和期待。一般来说，直播营销团队要策划的引流内容主要包括直播引流文案、直播引流封面图、直播引流海报、直播引流短视频等。

1. 直播引流文案

直播引流文案是为引导用户进入直播间，激发用户的购物兴趣而撰写的文案，主要包括标题和内容简介两部分。

（1）标题

标题是用户浏览直播引流文案时最先看到的部分。标题的写法很多，为提升标题的吸引力，直播营销团队在写作标题时可以应用以下方法和技巧。

- **设置悬念**：设置悬念的常用方法主要有在标题中提出问题但不说出答案，或透露一些与直播有关的关键信息但保留一部分未知内容等，如"明天 20:00，一个有关美妆的秘密将被揭开！"
- **利益化**：直接在标题中说明用户可以得到的好处和利益，如"产品上新，部分 3 折起""新款女装，粉丝福利 5 折"等。
- **借助名人效应**：名人效应是指因名人的出现所达成的引人注意、强化事物、扩大影响的效应，或人们模仿名人的心理现象的统称。如果直播营销活动有特别嘉宾（名人），或某产品是名人使用过或代言的同款产品，就可以借助名人效应来撰写标题，如"××做客直播间""××直播带货专场"等。

- **融入热点**：利用用户对热点的关注，引导用户关注直播内容，如"国庆出游，直播间的这些出游用品你一定要来看看！"借助热点写作标题时，要注意将热点与直播内容合理联系起来，避免过度"蹭"热点而引起用户反感。

> **专家指导**
>
> 部分直播平台中的标题存在字数限制，如 12 个字以内，因此标题还要简洁明了，可以直接展现产品卖点或直播亮点（如直播主题、福利、特邀嘉宾），以引起用户对直播的兴趣。

（2）内容简介

内容简介是对直播标题的解释或对直播内容的概括。一般来说，直播引流文案的内容简介要简单、不拖沓，可以与直播嘉宾、直播优惠价格、直播活动、特色场景、主播介绍、主打产品故事、直播平台、直播时间等有关。另外，在内容简介中添加话题（多以"#××#""#××"的形式出现），可以让文案自动与话题连接，让文案被更多用户搜索到，从而扩大直播引流文案的传播范围。

2. 直播引流封面图

直播引流封面图一般在设置直播预告（直播平台自带的预告功能，设置后会显示在账号主页或直播动态中），设置直播回放（直播平台自带的回放功能，需要提前录制直播片段，以供用户回看），设置直播间时会用到。直播引流封面图比直播引流文案更加直观，引人入胜的封面图具有很明显的引流效果。当前主流的直播引流封面图有两种设计方式，即围绕人物设计和围绕产品设计。

拓展资源
直播引流封面图示例

- **围绕人物设计**：围绕人物设计的封面图以主播、品牌代言人、模特为主，可以给用户一种更自然、真实的感受，但是最好选择具有一定知名度的人物。
- **围绕产品设计**：围绕产品设计的封面图以直播主推产品为主，图片应直观立体，让用户能够直接观察到产品的细节、特点等。

封面图的制作方法有很多，直播营销团队既可以利用 Photoshop、美图秀秀等图像处理软件，也可以使用在线制作工具进行制作。后者比较简单、快捷，新手也能快速完成制作。常见的在线制作工具主要包括创客贴、稿定设计、Fotor 懒设计等，直播营销团队既可以在这些在线制作工具中自行设计封面图，也可以利用在线制作工具提供的模板进行封面图的设计。为提高直播引流封面图的制作效率，直播营销团队还可以利用在线制作工具的 AI 设计功能，只需输入关键词，再上传有关的人物图或产品图，就能快速生成直播引流封面图。图 6-1 所示为利用创客贴 AI 生成的直播引流竖屏封面图的效果示例。

图 6-1　利用创客贴 AI 生成的直播引流竖屏封面图的效果示例

3. 直播引流海报

海报是指用于展示产品、活动和品牌形象的广告。直播引流海报就是展示和推广直播营销活动的广告。直播引流海报具有良好的视觉效果，能够清晰地传递直播营销信息。直播引流海报多由图片和文字组成。图片与封面图类似，主要有两种设计方式，即分别围绕人物或产品进行设计。文字部分主要包括主标题、副标题和描述信息，且语言大多简明扼要、言简意赅。

- **主标题**：通常突出、醒目，多是体现出直播营销活动的主题或关键信息。
- **副标题**：辅助说明直播营销活动的相关信息，作为主标题的补充，进一步介绍直播营销活动。
- **描述信息**：吸引用户参与活动的相关内容，如优惠信息、直播时间、直播平台或行动引导语（具有引导作用的动词，如扫描二维码）等。

直播引流海报与封面图不同，包含的要素较多。直播营销团队在设计时需要先合理布局海报的整体结构，然后设计文字字体、文字和图片颜色，以取得良好的引流效果。与封面图类似，直播营销团队同样可以使用图像处理软件或在线制作工具进行直播引流海报的制作。创客贴、稿定设计等在线制作工具提供了丰富的海报模板，直播营销团队可以选择合适的模板进行设计。

4. 直播引流短视频

短视频时长短、更新快的特点迎合了用户碎片化的信息接收习惯。在这一背景下，短视频也成为直播引流的一种常用手段。

（1）直播引流短视频的形式

直播引流短视频可以分为以下两种主要形式。

- **纯直播预告式**：纯直播预告式的直播引流短视频比较简单，一般采用主播真人出镜的方式，向用户通知具体的开播时间和直播主题。另外，短视频还可以预告直播中的福利活动，吸引用户观看直播。对于纯直播预告式的直播引流短视频而言，内容应当包括直播时间、直播亮点、直播优惠等。

- **剧情植入式**：剧情植入式的直播引流短视频一般是在短视频的前半段输出与账号风格相同的垂直内容，吸引粉丝观看，然后在后半段预告直播时间。剧情植入式的直播引流短视频比较适合有一定粉丝基础的直播账号。剧情植入式的直播引流短视频前半段的剧情比较重要，一般根据直播账号的定位和需要进行设计；后半段则以直播引流海报定格作为结尾，能够让用户更清楚地了解直播的开播时间和优惠福利。

（2）直播引流短视频的脚本策划

直播引流短视频的内容多样，可以是精心策划的预告片，也可以是直播营销团队的工作日常记录，或是直播产品的汇总展示片。直播营销团队在策划直播引流短视频的内容时，需要以短视频脚本的形式进行呈现，以明确后续的拍摄流程和拍摄内容。短视频脚本的具体内容一般包括镜号、景别、拍摄方式、画面内容、字幕、背景音乐和时长等。表 6-1 所示为某品牌的直播引流短视频的脚本示例。

表 6-1　某品牌的直播引流短视频的脚本示例

镜号	景别	拍摄方式	画面内容	字幕	背景音乐	时长／秒
1	特写	固定镜头	一只手将手机放入海水中摇晃了两下，又拿起来	无	节奏明快的背景音乐	2
2	全景到中景	推镜头	男子 A 驾着船在海上行驶，抬头仰望星空，正对着一轮圆月；男子 A 举着手机，对准空中的月亮开始拍摄	×× 手机，原色双影像		3
3	远景	固定镜头	男子 B 背着滑翔伞，奔跑着开始滑翔，随后顺利飞到空中，远处的天空开始出现一丝金色的光芒	无		4
4	中景		一名爬山的女子在拍摄日出，拍摄后低头查看照片，随后抬头开心地看着天空			3
5	特写到远景	拉镜头	女子手机中的照片出现了滑翔伞，天空中滑翔伞飘过	×× 手机，原色双影像，8 月 15 日 20:00，×× 手机给你不一样的精彩瞬间，我在抖音直播间等你		3

根据脚本拍摄好直播引流短视频后，直播营销团队可以利用剪辑软件剪辑短视频。直播引流短视频的时间不宜过长，最好保持在 30 秒以内。常用的短视频剪辑软件有剪映、快影、秒剪、Premiere 等。

6.2.2　直播前引流策略

直播前引流即直播营销活动开展前的预热和推广，旨在吸引更多潜在用户关注直播，提高直播的曝光度和参与度。根据引流的来源渠道不同，直播前引流策略可以分为平台内引流策略和平台外引流策略两种。

1. 平台内引流策略

平台内引流策略是指在直播平台内部采用的一系列引流策略，主要包括以下方面。

（1）更新直播账号的个人简介，预告直播信息。例如，"今天 19:00 ×× 专场""每周三 / 四 / 五　19:00 直播间定时发放福利"。

（2）利用直播平台的直播预告功能设置开播信息。例如，在抖音账号主页点击"直播动态"按钮，进入"直播动态"界面并设置直播预告信息，随后直播预告信息将显示在直播账号主页。

（3）通过直播账号和相关联的账号发布直播引流短视频，利用短视频的吸引力和内容关联度引导用户进入直播间。

（4）在直播平台的粉丝群中发布直播引流文案。在直播平台中创建的粉丝群属于私域流量渠道的粉丝群体，粉丝黏性和忠诚度较高。直播营销团队在撰写直播引流文案时，可围绕直播主题，简明扼要地列出直播的关键信息，然后将其发送到粉丝群中。

（5）使用付费推广工具为直播引流。很多直播平台推出了付费推广工具，如抖音的DOU+、快手的小火苗等。这些付费推广工具不但可以迅速将直播推送给大量目标用户，提高直播的曝光度和知名度，而且大多提供了定向投放功能，直播营销团队可以根据用户的年龄、性别、地域、兴趣等信息进行精准投放，确保被吸引的用户具有较高的转化潜力。

2. 平台外引流策略

平台外引流策略是指通过直播平台以外的渠道进行引流的策略。直播营销团队可以在微信、微博、小红书、知乎等平台中发布直播引流内容，从而吸引潜在用户关注并进入直播间。需要注意的是，不同的发布平台具有不同的特性，适合发布不同形式的内容。例如，微博一般适合发布短篇内容（可通过图片或文字详细说明直播内容）；微信公众号适合发布长文案；小红书更适合发布真实、生活化的内容，并且图片应当保证清晰、美观。

另外，为提升引流效果，直播营销团队还可以与他人合作，借助他人的影响力和流量为直播引流。例如，邀请知名主播或品牌代言人在微信、微博等平台中发布与直播有关的信息等。

专家指导

开展直播前引流，直播营销团队还要掌握好引流时机：一方面，应提前一周左右准备好直播引流所需的海报、文案、短视频等宣传物料，然后在正式直播的 1 ～ 3 天前进行直播引流；另一方面，要在用户活跃的时间段发布直播引流内容。

案例在线 顾家家居"热爱你的热爱"直播营销活动

2023年6月，顾家家居携手我国某乒乓球运动员开启了一场以"热爱你的热爱"为主题的直播营销活动。

在直播开始前，顾家家居将生活中的"热爱"作为营销重点，从与"热爱"相关的故事切入，深度结合一体化整家场景，创作了一个直播引流短视频。短视频中，温馨又日常的画面展现着大家对生活的无限热爱，如一对父子在家中露营、追逐嬉戏；热爱美食的女孩精心准备夏日特饮；奶奶带着孙子热情舞蹈等。该短视频在各大平台发出后，成功吸引了众多用户参与相关话题的讨论，甚至许多达人也陆续加入其中，和顾家家居一起讨论自己热爱的生活。

直播当天，该乒乓球运动员化身顾家家居的一体化整家产品体验官，与顾家家居副总裁共同体验顾家家居的一体化整家产品等，深度展现一体化整家产品的场景功能、设计方案和品质标准。此外，乒乓球运动员还携手某汽车博主、某美食博主，在直播间对人气单品透气纳帕真皮沙发做气泡透气性测试，并上演花式守擂乒乓球比赛，与直播间用户互动。很多直播间的用户是该乒乓球运动员的粉丝，在该乒乓球运动员的影响下，纷纷分享直播间并关注顾家家居的直播账号。在收获用户好评的同时，该场直播取得了不错的直播效果，巨量引擎公布的数据显示，该场直播累计观看人数超200万。

案例点评：开展直播营销，前期的直播引流工作非常重要。顾家家居通过引流短视频，以"热爱你的热爱"为主题，巧妙融入温馨又日常的生活场景，不仅激发了用户的情感共鸣，还有效提升了品牌的热度。乒乓球运动员及其他博主的加入为直播注入更多话题，有效吸引了大量粉丝前来观看，为直播带来了可观的流量。

6.2.3 直播中引流策略

直播中引流策略即在直播过程中使用的一系列引流策略，以吸引更多用户分享、进入直播间。

1. 发放福利

发放福利是一种非常快速、有效的引流策略，通过给予用户实质性的好处，激发他们的参与热情和分享欲望，从而吸引更多用户进入直播间。直播营销团队可以在直播间发放红包、优惠券或福利产品，并引导用户分享直播间。

2. 发布直播动态

直播开始后，直播营销团队可以通过在平台内、平台外各渠道发布直播动态信息进行引流。一般情况下，单场直播的时长有限，在微信公众号、微博等平台上传播、扩散信息需要时间发酵，用户获取信息时可能已经缺乏时效性，直播引流效果有限。因此，直播营销团队可直接在微信群、粉丝群中发布直播动态信息进行引流。

3. 连麦

在直播中，与其他直播间进行连麦互动，可以达到流量互补的效果。要想通过连麦达到较好的引流效果，直播营销团队一方面要优先选择与自己直播间风格相近、粉丝基础较好的主播连麦；另一方面，要保证连麦内容具有吸引力和话题性，能够激发用户的兴趣和参与热情。

4. 使用付费推广工具

除了直播前可以利用付费推广工具进行引流，直播营销团队在直播过程中也可以利用付费推广工具进行引流。直播中付费引流的主要目标是增加直播间的实时流量，提高用户的互动性和参与度，促进销售或转化。直播营销团队可以实时监测付费推广工具的引流效果，根据数据反馈调整引流策略，如增加投放时长，调整投放目标（如直播间人气、涨粉）等。

6.2.4　直播后引流策略

直播后引流策略是指在直播结束后，为延续直播的热度和影响力，吸引更多用户并促进转化而采取的一系列策略。

1. 提供直播回放

直播回放是指将直播过程中的视频内容录制并保存下来，之后可以供用户在任意时间进行观看的一种功能或服务。提供直播回放，不仅可以满足错过直播的用户的需求，还能让已观看的用户重温精彩瞬间，加深对直播内容的理解和记忆。

2. 内容剪辑

内容剪辑是指二次加工和创作直播内容。通过剪辑，直播营销团队可以将直播中的精彩片段、高光时刻或有趣瞬间提取出来，制作成短视频或 GIF（Graphics Interchange Format，图像互换格式）动图等易于传播的内容。这些内容不仅可以在社交媒体上进行分享和传播，还能吸引更多潜在用户关注直播内容，提高直播的曝光度和影响力。

3. 发布直播总结

直播总结是对直播内容、亮点及收获的全面回顾。直播营销团队撰写直播总结文章或制作总结短视频，不仅可以为用户提供完整的直播回顾，还能引导他们深入了解直播内容，加深对直播内容的记忆。同时，发布直播总结也是展示品牌形象和实力的重要方式，有助于提升品牌的知名度和美誉度。

6.3　直播用户运营

直播用户运营的核心目标之一是满足用户需求，通过精心策划和提供高质量的直播内容与服务，吸引新用户并维系现有用户。要实现这一目标，直播用户运营必须紧密围绕用户展开，通过采取合适的运营策略实现用户的拉新、留存和促活。

6.3.1 直播用户概述

直播营销团队要想开展直播用户运营，需要先了解直播用户，以更好地确定目标用户，一方面，需要了解哪些用户是目标用户；另一方面，需要了解目标用户的主要特征，具体可以从了解用户属性和了解用户行为两个方面入手。

1. 了解用户属性

用户属性是指用户的不同分类属性，包括性别、年龄、身高、职业、住址等基本信息。不同属性用户的收入水平、生活习惯和兴趣爱好不同，在直播间的消费行为也存在差异。例如，男性用户可能更关注科技、游戏、体育等领域的直播内容，在购买行为上可能更倾向于购买电子产品、游戏装备或体育用品；女性用户则可能更偏爱美妆、时尚、家居等类型的直播，在购买时可能更注重产品的外观、品质和性价比。

具体来说，直播营销团队在确定直播用户时，可以先收集用户的地理位置、消费水平、消费行为、年龄、收入等信息，然后将具有相似信息特征的群体筛选出来，并将筛选出的群体与产品和营销目标进行匹配，得到最终的目标用户群体。

2. 了解用户行为

用户行为即用户在直播平台上的各种活动和行为表现。这些活动和行为表现可以反映用户的兴趣、需求、习惯和偏好，是进行直播用户运营的重要依据。总的来说，用户行为主要包括基础行为、互动行为、消费行为和其他行为。

（1）基础行为。用户在直播平台上的基本活动，如打开直播间、浏览直播内容、持续观看直播等。

（2）互动行为。用户在直播平台上与主播或其他用户进行交流和互动的行为，如点赞、关注、分享、发送弹幕、加入粉丝群等。

（3）消费行为。用户在直播平台上进行资金消费的行为，如送礼物、充值、购买产品等。

（4）其他行为。除以上行为之外的行为，如搜索直播账号、查看热搜榜、参加挑战赛、设置直播间等。

上述类型的行为共同构成用户在直播平台上的完整行为链条，反映用户的兴趣、需求、习惯和偏好。直播营销团队可以通过深入分析这些行为，了解用户的行为特征和真实需求，从而制定更加精准和有效的运营策略。

6.3.2 构建直播用户画像

直播用户画像是指对用户的个人信息、兴趣偏好、行为习惯等多维度数据进行分析和描述，所形成的用户特征模型。构建直播用户画像，不仅可以帮助直播营销团队更加精准地定位目标用户群体，制定个性化的营销策略，还能扩大用户基础，挖掘更多的潜在用户。

1. 提炼用户标签

用户标签是对用户某种特征的描述，是在研究用户的属性、行为和场景后，提炼出的多个关键词。一般用户标签越精准，对应覆盖的人数越少。直播营销团队在具体操作时，可以将统计结果中的用户重要特征提炼出来，将重要特征作为用户标签。常见的用户标签如表 6-2 所示。

表 6-2 常见的用户标签

标签类别		用户标签
固定属性标签（表明用户是谁）	个人基本属性	年龄、性别、学历、身高、体重、健康状况、收入水平、婚恋状况等
	生活 / 社会属性	职业 / 行业、社会角色、居住城市、出行方式、就餐方式等
	兴趣偏好	旅行、音乐、影视、体育、美食、书籍等
	消费偏好	价格 / 价位、品牌、购买决策时长、购买渠道等
	行为信息	点击、浏览、点赞、评论、分享、购买等
路径标签（表明用户在哪里）		常用的直播平台、常访问的直播间、关注的直播账号等
场景标签（表明用户在做什么）		上下班、聚会、午休、下午茶、通勤等

2. 构建用户画像

提炼好用户标签后，直播营销团队可以按照"固定属性标签 + 路径标签 + 场景标签 = 用户画像"的思路构建用户画像。例如，某相机品牌的直播营销团队在提炼用户标签后，使用标签构建用户画像，如表 6-3 所示。

表 6-3 某相机品牌的用户画像

标签类别	标签内容
固定属性标签	22 ～ 35 岁、生活在一、二线城市、上班族、电子产品爱好者和语言学习者
路径标签	喜欢通过观看直播购买产品
场景标签	午休

课堂讨论

直播用户画像的数据主要来源于哪些渠道？在整合不同来源的数据时，可能会遇到哪些困难？如何解决这些困难？

6.3.3 直播用户的管理与维护

直播用户的管理与维护是直播用户运营的重要环节，旨在建立和维护良好的用户关系，提高用户满意度和忠诚度。直播用户的管理和维护对于提升用户体验、实现营销目标等具有重要意义。

1. 直播用户的管理

直播用户的管理主要涉及用户层级管理和用户生命周期管理两个方面。

（1）用户层级管理

用户层级管理是根据用户的特定属性（如消费金额、活跃度、观看时长、互动频率等）将用户划分为不同的层级，以便进行差异化服务和运营。例如，根据消费金额将用户划分为普通用户、VIP（Very Important Person，重要人物）用户、超级 VIP 用户等；根据活跃度将用户划分为新用户、活跃用户、忠实用户等。

划分用户层级后，直播营销团队就可以针对不同层级的用户提供不同的权益或服务，如专属礼物、特权、客户服务等。高层级用户可以享有更多权益和专属服务。同时，直播营销团队可以设定层级晋升和降级规则，激励用户积极参与直播营销活动，提升用户活跃度和留存率。

（2）用户生命周期管理

用户生命周期是指用户从开始接触直播间到离开的整个过程，通常可以分为引入期、成长期、成熟期、休眠期、流失期 5 个时期，如图 6-2 所示。用户生命周期管理意味着直播营销团队需要在每个阶段采取合适的策略，以建立更牢固的用户关系，提升用户的参与度和忠诚度。

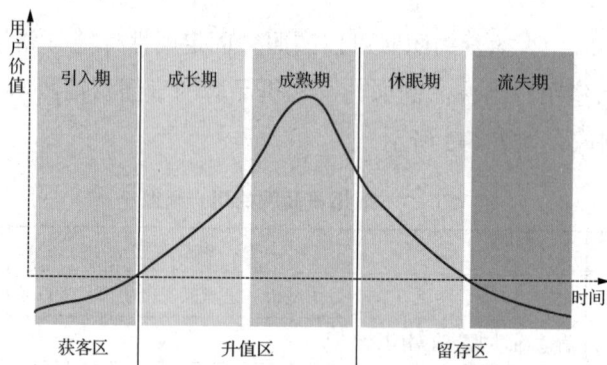

图 6-2 用户生命周期

- **引入期**：在这一时期，用户初次接触直播间，对直播内容、主播等还不熟悉。此时，直播营销团队需要打造有吸引力的直播内容和品牌形象，并利用各种渠道进行推广，以吸引用户的关注。

- **成长期**：在这一时期，用户对直播内容产生一定的兴趣，开始积极参与直播互动和购买产品。此时，直播营销团队需要提供个性化的推荐和服务，加强与用户的互动，建立稳定的用户关系；同时，可以开展一些优惠活动，激发用户的购买欲望。

- **成熟期**：在这一时期，用户对直播内容非常熟悉和喜爱，成为直播间的忠实用户。

此时，直播营销团队需要继续提供优质的产品和服务，同时开展一些会员专享、新品试用等活动，提升用户的忠诚度和参与度；此外，还可以通过讲述品牌故事、价值观和使命等方式，与用户建立更深层次的情感连接。

- **休眠期：** 在这一时期，由于各种原因（如工作繁忙、兴趣转移等），用户观看直播的频率和参与直播互动的次数开始减少，即用户休眠。此时，直播营销团队需要通过数据分析找出用户休眠的原因，并采取相应的措施将用户唤醒。例如，直播营销团队可以发送个性化的召回邮件或短信，提供特别的优惠和关怀；或开展一些用户感兴趣的活动，重新激发用户的兴趣和参与度。
- **流失期：** 用户长时间未进入直播间，对直播内容和活动不再感兴趣，即进入流失期。此时，直播营销团队需要通过数据分析找出用户流失的原因，并评估挽回用户的成本和效益。如果挽回成本较高且效益不明显，可以考虑放弃；如果挽回成本较低且效益明显，则可以采取相应的措施进行挽回，如提供更大的优惠和关怀，重新建立用户关系等。

2. 直播用户的维护

通过有效地维护直播用户，直播营销团队不仅可以增强用户对直播间的黏性和忠诚度，提高用户留存率，还能提高用户在直播间的活跃度，为直播间带来更多的流量和曝光度。下面介绍4个常用的维护直播用户的方法。

（1）加强用户互动

加强用户互动是提升用户参与感和归属感的重要方法。在直播过程中，直播营销团队应积极与用户进行实时互动，如回答用户问题、点赞用户评论等，或是设计一些与直播内容相关的互动游戏或挑战，以及定期举办抽奖活动等，这能有效激发用户的参与热情，使用户在娱乐的同时与直播间建立更紧密的联系。此外，直播营销团队还可以建立粉丝群，既可以方便与用户之间的交流和互动，也便于定期在群内发布直播预告、互动话题等。

（2）建立用户反馈机制

直播营销团队建立用户反馈机制，不仅可以直接了解用户的需求和期望，还可以让用户感受到被重视和关心，从而建立起与用户之间的信任关系。要建立用户反馈机制，直播营销团队一方面要确保用户反馈渠道的多元化与便捷性，可以在直播平台、社交媒体平台中设立醒目的在线反馈表单，或设立专门的反馈话题或标签；另一方面要建立高效的反馈处理流程，接收到用户反馈后，应迅速进行分类与优先级排序，确保紧急与重要的反馈能够得到及时处理。此外，为鼓励用户积极参与反馈，直播营销团队可以采取一定的激励措施，如对于提供有价值反馈的用户，给予积分、优惠或专属服务等奖励，以此激发用户的参与热情，提高反馈的质量与数量。

（3）强化售后服务

就直播营销而言，售后服务不仅关乎用户体验，更会影响用户的信任度和忠诚度等。

为强化售后服务，直播营销团队应当建立完善的售后服务体系，制定详细的退换货政策，设立专门的售后服务团队等。为进一步提升售后服务的质量，直播营销团队还可以利用技术手段进行支持。例如，利用 AI 技术实现智能化服务，以快速响应、解决用户的问题；利用大数据技术深入了解用户的需求和偏好，为他们提供更加个性化的服务。

（4）定期回访与关怀

定期回访与关怀是维护直播用户的重要方法。直播营销团队通过持续、主动地与用户建立联系、深化关系，提升用户的满意度和忠诚度。直播营销团队应设定一套完善的回访与关怀计划，明确回访与关怀的目标用户群体、时间和内容，如在新用户首次购买后的数周内进行首次回访和关怀，了解用户的产品使用体验；在用户生日或重要节日时发送祝福信息，提供专属优惠或礼物等。此外，在回访和关怀的过程中，直播营销团队应当保持真诚、友好的态度，让用户感受到真心和诚意。

6.4 课堂实训

实训 1 使用宙语 Cosmos AI 生成直播引流文案

1. 实训背景

乐趣阁是一家售卖图书的淘宝店铺，主营产品包括少儿读物、工具书、中小学教辅、杂志、期刊、小说等类别的书籍。2025 年 6 月 1 日 19:00，店主准备让主播李文在抖音开展一场特卖直播，全场图书均 7 折，买满 200 元就有机会参与抽奖活动，活动奖品为图书《三国演义》一本。假如你是李文，请试着使用宙语 Cosmos AI 生成直播引流文案。

2. 实训要求

（1）生成朋友圈引流文案，文案要融入日常生活。

（2）生成微博引流文案，文案要短小精悍、言简意赅。

（3）生成小红书笔记，笔记内容包括标题和内容简介。

3. 实训步骤

步骤 01 生成朋友圈引流文案。进入宙语 Cosmos AI 官网，登录账号后选择"创作中心"，单击页面右侧的"社媒创作"下方的"朋友圈营销"选项，然后在打开的页面中分别设置"推广的产品""目标群体""营销目的""重点突出"板块的提示词描述，如图 6-3 所示。单击"智能创作文案"按钮，宙语 Cosmos AI 随即开始生成朋友圈营销文案，如图 6-4 所示。仔细检查文案，确定文案可用后单击"下载全文"按钮，将其下载到计算机中（配套资源:\效果文件\第 6 章\朋友圈引流文案.docx）。

步骤 02 生成微博引流文案。按上述操作，选择"社媒创作"下方的"微博推文"，然后在打开的页面中输入与推文有关的提示词描述，如图 6-5 所示。单击"智能创作文案"按钮，宙语 Cosmos AI 开始生成微博引流文案，如图 6-6 所示。检查并审核文案，确认文案可用后单击"下载全文"按钮，将其下载到计算机中（配套资源:\效果文件\第 6 章\微博引流文案 .docx）。

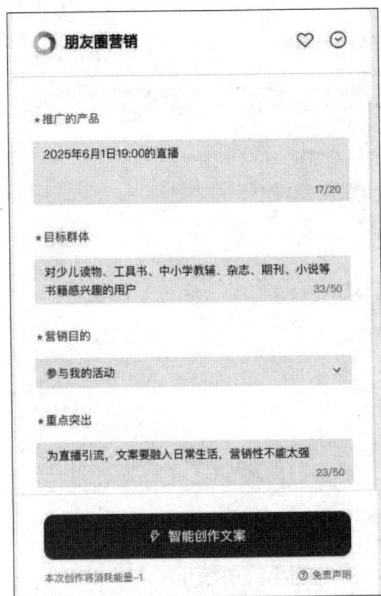

图 6-3　设置提示词描述

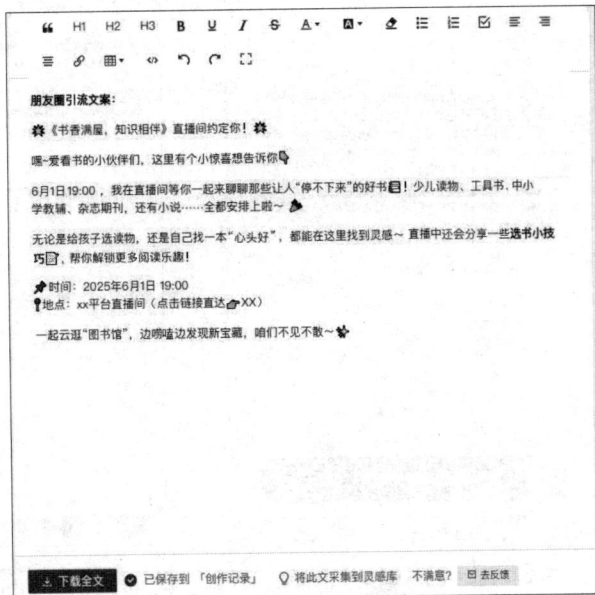

图 6-4　生成的朋友圈引流文案

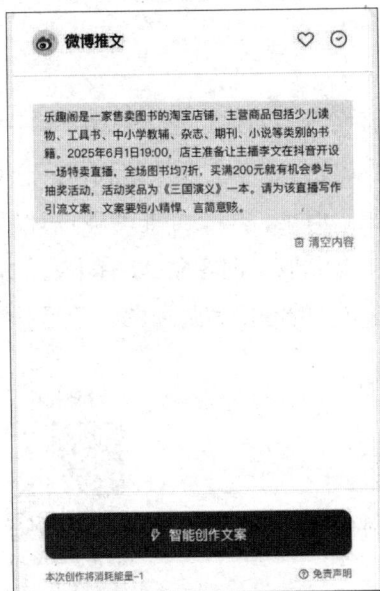

图 6-5　输入提示词描述

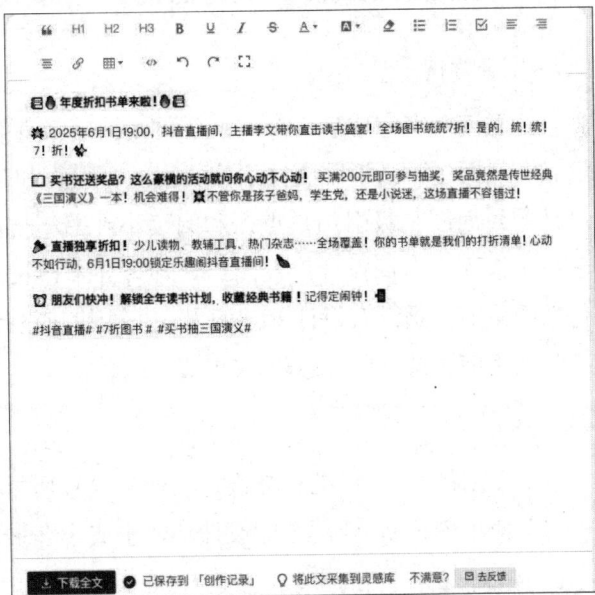

图 6-6　生成的微博引流文案

步骤 03 ▶ 生成小红书笔记。按上述操作方法，选择"红薯运营"下方的"通用创作"，然后在打开的页面中输入创作要求的提示词描述，如图 6-7 所示。单击"智能创作文案"

按钮，宙语 Cosmos AI 则开始生成小红书笔记，如图 6-8 所示。检查并审核笔记，确认笔记可用后单击"下载全文"按钮，将其下载到计算机中（配套资源:\ 效果文件 \ 第 6 章 \ 小红书笔记 .docx）。

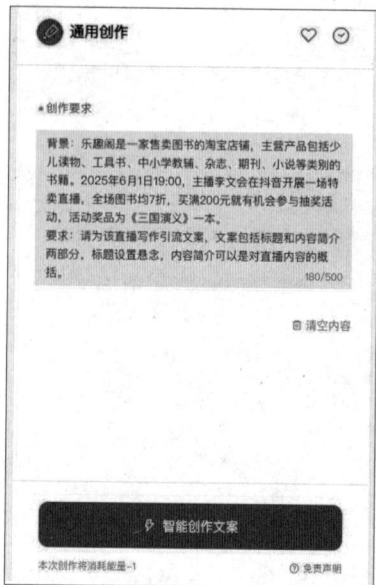

图 6-7　输入提示词描述

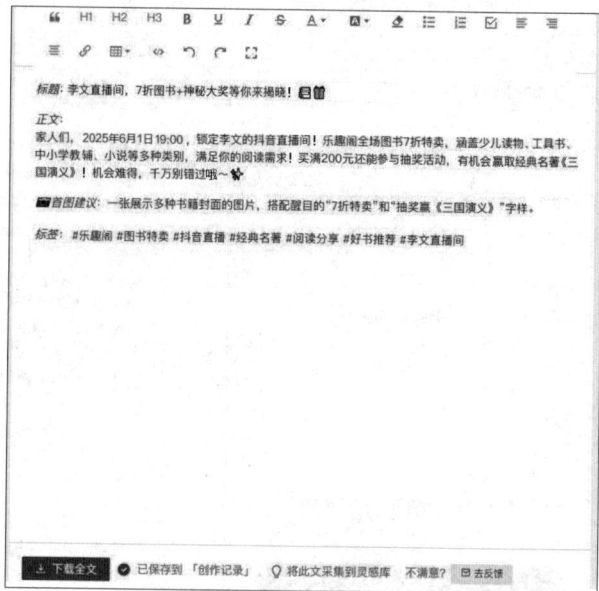

图 6-8　生成的小红书笔记

实训2　使用创客贴AI设计直播引流海报和小红书笔记封面图

1. 实训背景

直播引流文案完成后，李文准备再设计一张直播引流海报，以便在微信、微博等平台中发布，从而进一步增强直播引流文案的吸引力和曝光度。此外，李文还了解到，一个精心设计的封面图是吸引用户点击和阅读小红书笔记的关键。但是，李文并非专业设计师，对于色彩搭配、布局设计以及图形处理等并不擅长。朋友告诉他，创客贴 AI 有丰富的智能化功能，即使是没有设计基础的人，也能快速设计出高质量的海报和封面图。于是，李文准备利用创客贴 AI 完成设计工作。

2. 实训要求

（1）使用创客贴 AI 的智能设计功能生成直播引流海报。
（2）使用创客贴 AI 的智能设计功能生成小红书笔记封面图。

3. 实训步骤

步骤 01 ◆进入创客贴官网，登录账号后单击页面上方的"AI 工具箱"选项，进入创客贴 AI 页面，在"工具"选项卡下方单击"热门推荐"栏中的"智能设计"选项，进入 AI 智能设计页面，在"电商"场景下方选择"电商海报"选项。

微课视频

使用创客贴 AI 设计直播引流海报和小红书笔记封面图

步骤 02 进入电商海报的智能设计页面，在左侧面板的"主标题"文本框中输入"乐趣阁直播大促"，在"副标题"文本框中输入"全场图书 7 折"，然后单击"商品图"栏下方的"上传商品图"按钮，在打开的列表中选择"本地上传"，在打开的"打开"对话框中选择素材图片（配套资源:\素材文件\第 6 章\直播引流海报商品图.jpg），单击"打开"按钮上传图片，最后单击"智能生成设计"按钮，创客贴 AI 将生成的直播引流海报，如图 6-9 所示。

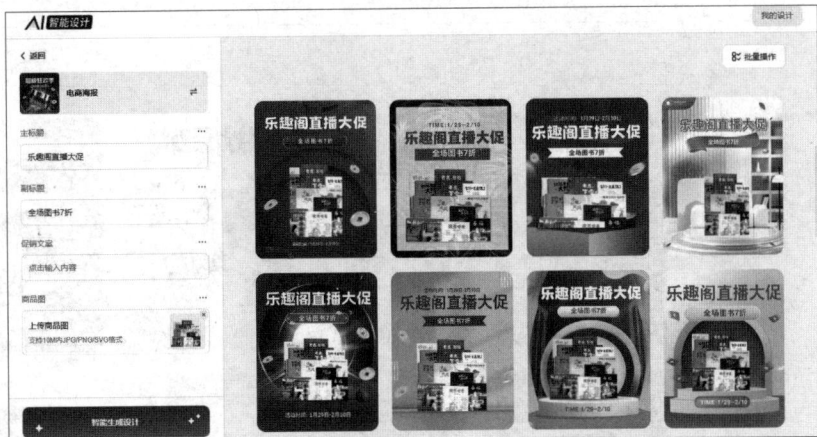

图 6-9　创客贴 AI 生成的直播引流海报

步骤 03 仔细检查创客贴 AI 生成的直播引流海报，发现海报中还有时间有关的元素，此时则需要编辑海报，将时间更改为对应的直播时间。此处选择第 2 行第 1 个选项，将鼠标指针移动到海报上方，然后单击"编辑"按钮。

步骤 04 进入编辑页面，定位到海报上方的文本框中，将内容修改为"直播时间：6 月 1 日 19:00"，然后下移文本框至合适位置，效果如图 6-10 所示。

步骤 05 单击页面右上角的"下载"按钮，在打开的页面中单击"下载"按钮（见图 6-11），将直播引流海报下载到计算机中（配套资源:\效果文件\第 6 章\直播引流海报.png）。

图 6-10　修改后的效果

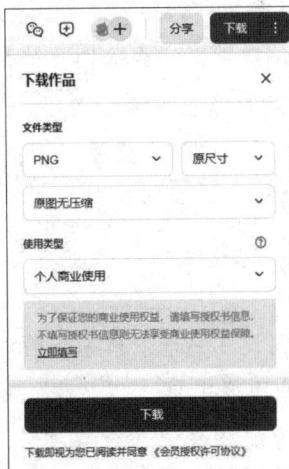

图 6-11　单击"下载"按钮

步骤06 返回 AI 智能设计页面，在"小红书"场景下选择"小红书图文封面"选项。

步骤07 进入封面图生成页面，单击"图片"栏下方的"上传图片"按钮，在打开的列表中选择"本地上传"，在打开的"打开"对话框中选择与直播引流海报相同的素材图片并上传，然后在"主标题"文本框中输入"图书特卖直播"，在"副标题"文本框中输入"全场图书7折"，最后单击"智能生成设计"按钮，创客贴 AI 将生成封面图，如图 6-12 所示。

图 6-12 创客贴 AI 生成的封面图

步骤08 在生成的结果中挑选合适的封面图，此处选择第 2 行第 2 个选项。与直播引流海报一样，仔细检查生成的封面图，发现该封面图也需要进行细化和修改。将鼠标指针移动到选定的封面图上方，然后单击"编辑"按钮。

步骤09 进入编辑页面，删除图片处的"冰糖炖雪梨"文本及文本下方的绿色背景，然后将图片下方的文字修改为"直播平台：抖音 直播时间：2025 年 6 月 1 日 19:00 主播：李文 直播间福利多多，买满 200 元还有机会参与抽奖！"然后调整文字至合适位置，效果如图 6-13 所示。

步骤10 封面图设计完毕，单击页面右上角的"下载"按钮，在打开的面板中单击"下载"按钮，将封面图下载到计算机中（配套资源:\效果文件\第 6 章\小红书笔记封面图 .png）。

图 6-13 修改后的效果

6.5　本章总结

6.6　课后练习

1. 假如你是某服装品牌的主播，国庆节临近，该服装品牌计划在 2025 年 10 月 1 日 19:00 ～ 22:00 开展一场直播，全场服装 5 折起。请试着完成以下直播引流内容的制作。

（1）利用创客贴 AI 设计一张直播引流海报，海报中需要标明直播时间和直播优惠。

（2）采用真人出镜的方式拍摄并制作一支直播预告短视频。

（3）利用文心一言生成一份直播前的引流方案。

2. 表 6-4 所示为某品牌根据微信公众号中发放的调查问卷反馈信息所整理出的一份的用户信息表。请利用表中的信息为该品牌构建用户画像。

表 6-4　用户信息表

项目	详细内容
性别	男 168 人，女 282 人
年龄	18 岁以下 12 人，18 ～ 28 岁 185 人，29 ～ 38 岁 225 人，39 岁及以上 28 人
健身频率	每周多次 166 人，每周一次 264 人，每月一次 16 人，其余 4 人
健身目标	塑形 188 人，缓解压力和改善心情 242 人，增强体质 13 人，其他 7 人
健身类型偏好	有氧运动 142 人，力量训练 138 人，柔韧性训练 170 人
健身指导偏好	在线健身教程和视频 221 人，在线直播课程和教练指导 123 人，线下实体课程和教练指导 99 人，其他 7 人
期望提供服务	个性化的健身计划制定和跟踪进展的服务 164 人，提供健身营养知识和饮食建议的服务 123 人，提供健身相关产品和装备的购买渠道或推荐服务 142 人，提供健身社区和互动交流平台的服务 21 人
健身活动偏好	集体健身活动或比赛 142 人，在线健身挑战或打卡活动 293 人，其他 15 人

第7章
直播营销活动执行与复盘

完成直播引流推广工作后，进入直播营销活动的实施与执行阶段。在这个阶段，直播营销团队将直接面向用户，与他们互动、向他们推荐产品、解答问题等。为提升营销效果，直播营销团队需要拥有设计吸引力强的直播营销话术，灵活控制直播场面及高效引导用户转化等综合能力。直播结束后，直播营销团队还需要进行直播复盘、分析数据、总结经验教训，以便不断优化后续直播策略。

学习目标

- 掌握不同类型直播营销话术的设计方法。
- 掌握把控直播节奏和调节直播气氛的方法。
- 掌握直播复盘的基本思路和具体内容，能够分析直播的相关数据。

引导案例　　　　　太平鸟服饰品牌在直播领域的积极探索

太平鸟是我国优质的服饰品牌。2020年下半年，该品牌入驻抖音，正式在抖音开启直播带货。在直播初期，品牌的粉丝数量较少，直播间转化能力也较差。随后，凭借每天超过18个小时的持续直播，太平鸟的直播间逐步沉淀了一部分忠实用户，并提高了转化率。

在积累较多用户的同时，太平鸟还打磨、优化了直播内容。在太平鸟的直播间里可以看到多名主播与副播的身影，主播在换装时副播能立马接住主播的话，完成短时间控场，不会因为主播缺失而导致冷场。主播与副播无论是在开场环节、产品推荐环节，还是在抽奖环节，均能使用专业话术引导用户参与互动，下单购买产品等。此外，在引导用户互动方面，太平鸟也下足了功夫，主播和副播会反复使用话术引导用户点赞并开展小游戏与用户互动。与许多服饰直播间不一样，太平鸟直播间会针对同一件衣服搭配出不同的风格套系，然后主播询问用户想先看哪一套风格的服装试穿效果，让用户评论1或2进行选择，这样既能了解用户的需求，又能有效促进用户与主播互动。最后，太平鸟还注重粉丝的转化与维护，会发出粉丝专享券，这不仅可以刺激用户关注直播账号，还可以提升粉丝对品牌的好感度。

案例思考：（1）太平鸟在调节直播气氛方面用了什么方法？

（2）太平鸟在直播时还可以从哪些方面入手引导用户购买产品？

7.1　直播营销话术设计

直播营销话术是指直播中主播的说话技巧，在描述产品、调节气氛，以及与用户互动等方面有着重要作用。直播营销话术除了能增强产品的吸引力，还能提升用户的信任度，推动销售转化。

7.1.1　直播营销话术的类型和设计要点

在不同的直播场景、直播时间段，主播须采用不同的话术，一般可归纳为开场、引关注、促留存、促转化、下播等话术。直播营销话术设计得是否恰当、是否有吸引力，会对直播效果产生重要影响。

1. 开场话术

开场话术是直播开始时主播用来暖场的一段开场白，可以是主播的自我介绍，或是主播向用户表示的欢迎，也可以是主播告知用户本场直播的内容等。

（1）主播的自我介绍。主播应介绍自己的姓名或昵称，然后还可以向用户分享一些自己在直播带货领域的经验或背景，以提升用户的信任感。如果是新手主播，则可以在开场时表达自己对用户的感谢和对做直播的坚持。

（2）向用户表示欢迎。开场时主播向用户表示欢迎，可以表现对用户的重视，从而拉近与用户的心理距离。开场话术可以是主播向单个用户表示欢迎，也可以是主播向直播间所有用户表示欢迎。开场人数较少时或某些忠实粉丝进入直播间时，主播可以读出用户的名称并欢迎用户进入直播间；如果开场时人数较多，则可以使用比较笼统的称呼，如"大家""小伙伴们"等，向所有用户表示欢迎。

（3）告知用户本场直播的内容。主播设计这类开场话术时，既可以使用关键词提示直播主题，如"美食特卖""季末清仓"等，也可以向用户告知本场直播活动的部分产品和福利，如"部分直播产品低至 39 元"等。需要注意的是，这类开场话术内容需要对直播内容有所保留，只提及产品的关键词和部分信息，以引起用户的好奇心和期待。

表 7-1 所示为常用的开场话术模板和示例。

表 7-1　常用的开场话术模板和示例

序号	设计方向	示例
1	主播的自我介绍 + 向所有用户表示欢迎	亲爱的家人、朋友们晚上好！我是主播 ××，欢迎大家准时来到我的直播间
		大家好，我是 ××，大家也可以叫我小 ×！欢迎大家来到直播间
2	主播的自我介绍 + 告知用户本场直播的内容	小伙伴们大家好！我是 ××，非常感谢你们今天能够抽出时间来观看我的直播。今天直播间优惠多多，很多产品低至 39 元，非常划算哦
3	向单个用户表示欢迎 + 告知用户本场直播的内容	欢迎新进来的 ××、××，今天我们有大家期待已久的神秘产品返场，大家一定不要走开

续表

序号	设计方向	示例
4	主播的自我介绍	各位朋友，晚上好！我是主播××，是一名新人主播，今天是我直播的第×× 天。但是我在（×× 行业 / 领域）已经有（具体年数）年的经验，有着丰富的 资源，希望我的直播间能给大家带来快乐和价值
5	主播的自我介绍 + 向所有 用户表示欢迎 + 告知用户 本场直播的内容	大家好，我是××，欢迎小伙伴们准时来到直播间！今天是我们的"零食特卖 专场直播"，很多品牌的零食都有折扣哦

2. 引关注话术

引关注话术是引导用户关注直播账号的话术。主播在设计引关注话术时，一方面可以突出关注直播账号的好处；另一方面还可以结合福利等方式，激发用户的关注欲望。

（1）突出关注的好处。主播强调用户关注直播账号后可以第一时间知晓直播时间、直播优惠，或突出关注直播账号可以获得的实用信息或有价值的内容，如护肤知识、化妆技巧等。

（2）福利引导。主播可以利用红包、优惠券、专属礼物等福利来引导用户关注直播账号，如"关注主播即有机会获得专属礼品""关注主播就可以获得满 200 元减 50 元的优惠券"等。

表 7-2 所示为常用的引关注话术模板和示例。

表 7-2 常用的引关注话术模板和示例

序号	设计方向	示例
1	突出关注的好处	喜欢主播的小伙伴们请动动你们的小手，点一下关注，这样就可以第一时间知晓主播 的直播时间啦
		小伙伴们如果喜欢今天的直播内容，可以给主播点点关注，这样就不会错过我的直播 了！主播将继续为大家带来更多有趣、实用的内容和精彩活动
2	福利引导	小伙伴们，今天直播间会抽出 10 名幸运用户给予免单，一定要先关注主播哦
		点赞 / 关注人数达到 ×× 就开始抽奖！想参与抽奖的宝宝快动动手指关注主播
		感谢 ×× 的关注，还没关注主播的小伙伴抓紧关注哟，直播间待会就给关注了直播间 的小伙伴们赠送惊喜福利哦

🔍 **课堂讨论**

什么情况下你会主动关注直播账号？主播要想获得更多用户的关注，还可以设计什么样的引关注话术？

3. 促留存话术

促留存话术是为促使用户停留在直播间而设计的话术。进入直播间的用户越多，直播间的人气就越高。此时，主播还要让用户留下来，使用户愿意持续观看直播。为让用户愿意停留在直播间，主播既可以发放福利，也可以在直播中与用户进行良好的互动。

（1）发放福利。主播可以向用户表明 10 分钟或 20 分钟后就会发放红包或礼品，以激励用户停留在直播间；也可以宣布设置了积分系统，用户完成在直播间停留 30 分钟等任务后就可以获得相应的积分奖励，积分可以累计兑换为特定产品或参加抽奖，以激励用户停留在直播间。

（2）与用户互动。直播时，主播可以设置一些互动环节，如答疑、连线等，与用户进行良好的互动，延长用户留在直播间的时间。

主播可以采用不同的方法留存用户，同时要配合相应的话术，从而起到更好的效果。表 7-3 所示为常用的促留存话术的模板和示例。

表 7-3　常用的促留存话术模板和示例

序号	设计方向	示例
1	发放福利	小伙伴们，左上方有一个福袋去点一点，只要在直播间连续观看满 10 分钟，就可以获得主播为大家准备的特别福利哦
		小伙伴们，20:00 我们有发红包活动，21:30 有抽奖活动哦！大家千万不要走开
		欢迎刚来的宝宝，请大家给主播点点赞，点赞数达到 20000 就开始发红包哦
		下一次抽奖将在 ×× 分钟后开始！会送出 ×× 大礼！大家千万不要走开
2	与用户互动	小伙伴们，想看 ×× 号发 "1"，想看 ×× 号发 "2"
		小伙伴们，在弹幕打出 "666"，让我看到大家的热情，热情越高，惊喜越多哦
		接下来进入答疑环节，小伙伴们有什么疑问都可以说出来，主播会一一给大家解答的

课堂讨论

如果用户在直播间反映说主播未回应其提问，并表现出离开直播间的意向时，主播可以采用什么话术留住用户？

4. 促转化话术

促转化话术是引导用户下单购买产品，促进产品转化的一类话术。可以从以下 2 个方面入手设计这类话术。

（1）强调优惠。很多用户在直播间购买产品时都希望买到性价比高的产品，因此主播在设计促转化话术时，可以通过展示产品原有的价格让用户感受到产品的价值，然后把产品在直播间的优惠价报给用户；多次提及产品的优惠等，选用折扣、满减、直降等关键词体现产品的价格优势，这样更能让用户直观地感受到优惠，从而快速下单。

（2）打消用户顾虑。对于直播间的产品，用户看不见摸不着，因此在下单前心里难免会有疑虑。为打消用户顾虑，取得用户的信任，主播一方面可以分享真实的使用经历和反馈，如主播本人、朋友或同事等的使用心得；另一方面则可以强调品质保证、无忧退换承诺等。

专家指导

要想打消用户顾虑，取得用户信任，主播一定要多多留意用户在直播间提出的问题。一般来说，用户的顾虑会通过提出的问题显示出来。例如，某主播正在介绍大衣，用户提问："这款大衣有没有色差呢？"为打消用户关于色差的顾虑，主播可以说："××（用户名），我们直播间没有使用滤镜和美颜，但因为拍摄环境和显示器的原因，大衣可能有一些色差。不过，这种色差很小，收到货后，如果你认为色差很大，可以免费退换的哦"。

表 7-4 所示为常用的促转化话术的模板和示例。

表 7-4　常用的促转化话术模板和示例

序号	设计方向	示例
1	强调优惠	小伙伴们，这次直播的优惠力度非常大，现在拍能省 ×× 元，还赠送价值 ×× 元的礼品，赶快去下单吧
		这款产品在 ×× 旗舰店的价格是 99 元一瓶，今天直播间买一送一，99 元可以买两瓶
2	打消用户顾虑	这款吸尘器我和我的家人都特别喜欢，这是购买订单，给大家看看
		购买主播直播间的产品，如果买贵了，15 天内可以退差价，如果不喜欢或有质量问题，退货时的运费由主播承担，大家放心购买
		这款产品提供有一年的免费维修和退货保障服务，大家放心购买

5. 下播话术

下播话术是主播下播时要说的话。主播可以设计下播话术向用户表示感谢，也可以回顾本场直播内容，还可以预告下一场直播。

（1）向用户表示感谢。在下播时向用户表示感谢，表达对用户观看、分享直播及参与点赞、评论等的感谢，可以体现主播礼貌、真诚的态度，赢得用户的好感。在设计这类话术时，主播一定要让用户感受到主播的热情和真诚，不能过分夸张或刻意。

（2）回顾本场直播。这类下播话术主要是主播总结本次直播的内容亮点或产品亮点，前者简要概述直播的主要内容，如特别的嘉宾访谈、行业知识分享、互动环节、感人瞬间等；后者针对引起用户兴趣或讨论的产品，挑选几个关键卖点进行回顾，可以提及产品的独特功能、使用效果、用户评价等。

（3）预告下一场直播。在下播时主播将下一场直播的某些信息提前告知用户，可以提前为下一场直播积累热度。这类话术可以包含下一场直播的时间、产品、福利或嘉宾阵容等信息，以提高下一场直播的吸引力，引起用户的期待。

表 7-5 所示为常用的下播话术的模板和示例。

表 7-5　常用的下播话术模板和示例

序号	设计方向	示例
1	向用户表示感谢	马上下播了，真心感谢每一位进入直播间的小伙伴，你们的支持是对主播最大的鼓励
		今天的直播接近尾声了，感谢 ×× 位小伙伴陪主播下播，在你们的陪伴下，今晚的时光变得格外珍贵。感谢大家的耐心聆听，期待下次再见
2	回顾本场直播	今晚，我们深入探讨了 ×× 话题，×× 分享了他的独到见解，相信大家都收获满满
		马上下播了，今天直播间卖得最好的一款产品 ××，已经卖了 ×× 单，小助理也给朋友下单好几份了，还没买的小伙伴不要错过哦
3	预告下一场直播	下一场直播在周六 20:00，全场产品低至 3 折，大家一定要准时来哦
		主播明天 20:00 准时开播，会为大家带来期待已久的运动鞋哦

7.1.2　不同品类产品营销话术的设计

在直播过程中，主播一般会花费较多时间讲解、推荐产品。为有效地推销产品，通常需要预先设计并精心准备话术，从而让用户了解产品并产生购买的欲望。不同品类的产品有不同的特性，在设计相关话术时的侧重点也有所不同。

1. 服饰鞋包类

对于服饰鞋包类产品，主播在设计营销话术时可以着重品牌、款式设计、面料质地、穿搭建议等方面。例如，在介绍某款服装时，主播可以讲述该品牌的设计理念，该款服装如何捕捉当季的流行趋势，以及该款服装如何适配不同的场合和穿搭风格。在描述服装的材质时，主播可以强调服装的触感、透气性和耐用性，让用户了解服装的舒适度。同时，主播还可以结合尺码和版型的特点，给出专业的搭配建议，帮助用户想象自己穿上后的效果，从而激发用户的购买意愿。

2. 食品饮料类

对于食品饮料类产品，营销话术通常与产品的品牌、产地、价格、配料、规格、营养价值、口感、保质期等相关。主播可以生动地描述食品的口味、口感，如酥脆可口、鲜美多汁等，以及独特的调味方式；可以通过讲述原材料的来源和制作工艺，强调产品的健康和美味。另外，主播还可以强调食品饮料的营养价值，如富含蛋白质、维生素等。

3. 美妆类

对于美妆类产品，营销话术通常会与产品的品牌、质地、价格、容量、功效、使用方法、使用感受等相关。主播可以详细介绍产品的核心成分，以及这些成分如何协同作用，达到保湿等效果。如果要增加真实性，主播还可以通过分享个人或他人的使用心得，展示产品的即时效果和长期使用效果。另外，主播还可以针对用户不同肤质的需求，给出个性化的产品推荐。

4. 生活用品类

对于生活用品类产品，主播在设计直播营销话术时，可以侧重展现产品的实用性、便捷性和设计理念，同时结合用户的日常需求，营造温馨、舒适的生活场景。例如，在介绍一款智能扫地机器人时，主播可以详细描述它如何自动规划清扫路径、有效避免碰撞家具，以及强大的吸尘能力，让用户感受到拥有这款机器人后，家中的清洁工作将变得轻松愉快。同时，主播还可以结合家庭成员的需求，如忙碌的上班族、有小孩或宠物的家庭，强调智能扫地机器人的便捷性和实用性，让用户感受到它不仅能清洁，还能节省时间和提升家庭的生活质量。

5. 数码家电类

对于数码家电类产品，主播在设计直播营销话术时，可以侧重产品的性能、技术特点、用户体验和使用场景等。例如，在介绍一款智能手机时，主播可以详细介绍它的高分辨率屏幕、强大的处理器、快速的充电技术和先进的拍照功能，让用户感受到手机在视觉体验、性能和拍照效果上的良好表现。同时，主播还可以结合用户的实际使用场景，如旅行、工作、娱乐等场景，展示手机的使用体验。

案例在线　　　　**森马服饰直播间令人着迷的营销话术**

森马服饰是一个以系列成人休闲服饰为主营产品的服饰品牌。从2019年以来，许多新兴服饰品牌借着短视频和直播崛起，给原有服饰品牌造成冲击。作为沉淀已久的国产老品牌，森马服饰为开辟经营新方向，早在2017年就抢先布局直播领域，为品牌发展带来全新的机遇。仔细观察森马服饰的直播，可以发现其直播营销话术设计的巧妙之处。

在直播过程中，每当有忠实粉丝进入直播间，主播都会念出该粉丝的昵称，并向粉丝表示欢迎，如"欢迎我们的××来到直播间，你今天怎么这么晚才来看我的直播"。在推荐服饰时，主播会详细介绍服饰的面料质地、款式设计等，让用户更直观地感受到服饰的品质，如"宝宝们，这款连衣裙是全棉的，先给你们看一下标签。连衣裙上身非常舒适，版型宽松，不会觉得束缚"。在展示服饰时，主播不仅会走近镜头向用户展示服饰的走线、纽扣等细节，全方位展示服饰的整体穿着效果，而且会结合品牌的其他单品给出实用的穿搭方案。另外，主播非常注重与用户的互动，为调动用户的积极性，主播会采用提问的方式让用户说出自己喜欢的颜色、款式等，并积极回答用户提出的问题，与用户进行实时的互动交流。在促进用户购买产品时，主播不仅会反复强调产品的优惠力度，还会强调产品的售后服务——若用户收到产品不满意可享受7天无理由退换货服务，且直播间全场产品均有运费险。这样不仅可以激发用户的购买欲望，还能降低用户的消费顾虑，进一步提高直播间的销售转化率。

案例点评：森马服饰直播间在营销话术设计上的巧妙运用，是其成功吸引并维持用户注意力的重要因素。一方面，森马服饰通过个性化的欢迎语和亲切的互动，让粉丝感受到被重视和尊重；另一方面，通过详细介绍服饰的面料质地、款式设计等特色，并结合实用的穿搭建议，能够让用户直观地感受到服饰的品质和魅力，从而激发购买欲望。另外，主播与用户之间的实时互动交流，可以极大地提升直播的趣味性和参与度，使得整个直播过程既专业又富有吸引力。

7.1.3　AI 智能体辅助撰写直播营销话术

AI 智能体（AI Agent）即人工智能体，是一种能够感知环境，进行自主理解、决策和执行动作的系统。系统能够执行被动的任务，也能够主动寻找解决问题的方法，适应环境的变化，并在没有人类直接干预的情况下进行决策。当前，部分 AIGC 工具（如豆包、通义、智谱清言等）已经上线了很多智能体。这些智能体经过专门的设计和优化，能够很好地生成某一类型的内容。下面以豆包为例，介绍使用智能体生成直播营销话术的方法。

（1）选择智能体。进入豆包官网，在对话页面的左侧列表中选择"我的智能体"，在打开下拉列表中单击"发现 AI 智能体"选项，然后在打开页面右上角的搜索栏中输入"直播话术"文本并搜索，最后在搜索结果中选择合适的智能体，此处选择第 1 个"直播话术"智能体选项，如图 7-1 所示。

图 7-1　选择智能体

（2）生成直播营销话术。进入对话页面，在对话框中输入提示词，如"请帮我生成直播开场话术，语气要亲切、友好，可以活泼、风趣一些"。智能体将会根据提示词生成直播营销话术内容，如图 7-2 所示。

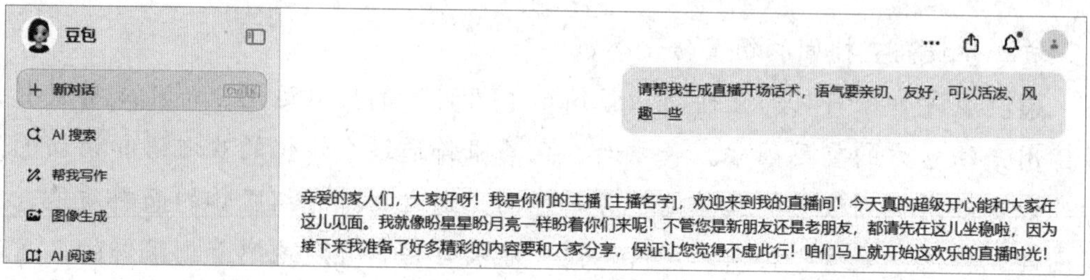

图 7-2　生成直播营销话术

智能体生成直播营销话术后，直播营销团队需要仔细审核生成内容，判断内容的可用性。如果内容不可用，直播营销团队可以在对话框中继续输入要求智能体优化的提示词。如果要想生成内容更具有针对性，直播营销团队可以多给出一些有关的资料，智能体会根据相关资料进行理解和判断。此外，直播营销团队还可以给出相应的写作模板，智能体会根据模板生成话术内容。

> **专家指导**
>
> 如果 AIGC 工具中的智能体不能方便地实现创作需求，直播营销团队还可以自行创建智能体。自行创建的智能体可以根据具体的创作需求进行定制化设计，确保生成的内容更加符合直播营销团队的期望。当前，可以定制的智能体配置信息包括智能体的名字、介绍、设定描述、声音、语言等。

7.2　直播控场

直播控场即控制直播场面。直播过程中充满许多不确定因素，控制直播场面可以确保直播顺利进行。总的来说，直播控场工作主要包括把控直播节奏，调节直播气氛，应对突发事件等。

7.2.1　把控直播节奏

一场直播的时间有限，直播营销团队要想有效完成直播营销工作，需要把控直播节奏，掌控直播间的主动权和控制权。

1. 谨记直播脚本

直播脚本中罗列了直播的时间分配和任务安排，如开播前 10 分钟主播自我介绍并与用户互动，开播后半个小时抽奖送福利等，直播要围绕直播脚本开展各项工作。直播营销团队要想把控好直播节奏，需要掌握直播流程，谨记直播脚本中的时间分配和任务安排，并严格按照直播脚本开展直播。

2．维护直播秩序

直播间言论自由，用户可以随意发言，但观看直播的用户众多，难免会出现用户打广告、辱骂他人、带节奏的情况。为避免影响直播节奏，直播营销团队需要维护直播秩序，及时处理扰乱直播秩序的用户。当前许多直播平台都提供有直播管理功能，管理员可以在直播平台中进行禁言、踢人、拉进黑名单、设置敏感词等操作。为维护直播秩序，直播营销团队可以使用直播管理功能，选择一人（如忠实粉丝、场控等）成为管理员，让该管理员管理直播间。

素养课堂

把控直播节奏不是主播一个人的工作，需要直播营销团队配合完成。团队成员之间应当发扬团队协作精神，树立团结协作、互补互促的意识，凝心聚力为直播工作的顺畅、高效开展提供保障，推动直播营销取得良好效果。

7.2.2　调节直播气氛

调节直播气氛有利于营造热闹的氛围，调动用户的参与积极性，避免冷场。总的来说，直播营销团队可以采用发放福利、引导互动、运用背景音乐和音效等方式来调节直播气氛，提升用户的活跃度。

1．发放福利

发放福利是调节直播气氛的有效方法，不仅可以让用户积极与主播互动，还能提升直播间人气，延长用户在直播间的停留时间。发放福利的方式多样，主播既可以在点赞或关注数量达到一定数值时派发红包或小礼品，也可以每间隔 10 分钟、30 分钟或在 20:00、21:00 定点时间进行抽奖送礼品活动，还可以在用户输入指定内容、拍下订单后派发奖品。

2．引导互动

主播引导用户进行互动是调节直播气氛的有效方法。向用户提问、抛出话题、玩小游戏、讲故事等，都是能让用户参与互动的好方法。

（1）向用户提问。主播可以在直播中直接向用户提出问题，鼓励他们回答。这些问题可以是关于产品或直播内容的，也可以是关于用户个人喜好或经历的（这不仅可以了解用户的需求和兴趣，还能引导用户参与互动讨论）。例如，主播在介绍完一款行李箱后，可以就行李箱的尺寸提出问题"这款行李箱有多个尺寸可选，朋友们通常更喜欢携带多大尺寸的行李箱出行呢？"让用户回答或讨论。

（2）抛出话题。主播抛出与直播内容或产品相关，并能引起用户共鸣和兴趣的话题可以调动用户参与互动的积极性。主播在选择话题时，可以从用户提出的问题入手，如在推荐一款帽子时，用户询问"这款帽子适合什么脸型？"那么主播可以以此为话题，引导直播间的其他用户展开对"什么样的帽子适合什么样的脸型"话题的讨论，最后主播再给出建议。

（3）玩小游戏。主播在直播中设计一些简单有趣的小游戏，可以提高用户参与互动的积极性。游戏可以是选择问答、猜谜、抽盲盒等。此外，主播还可以设置一些奖励机制，如获胜者可以获得小礼品或优惠券等，以激励用户积极参与。

（4）讲故事。故事具有天然的吸引力和情感共鸣性，当主播讲述一个能够引起用户兴趣的故事时，用户往往会不自觉地被吸引，与故事中的角色或情境产生共鸣。这种情感上的连接可以激发用户的表达欲望，从而与主播和其他用户产生互动。选择的故事可以是与直播主题相关的故事，也可以是来源于生活或贴近用户的故事。在讲述故事的过程中，主播可以设置一些悬念和问题，引导用户思考和猜测故事的发展。

3. 运用背景音乐和音效

在直播过程中，背景音乐和音效能够直接影响用户的情绪和感受，从而营造出不同的直播气氛。例如，欢快的音乐和音效可以营造轻松愉快的直播氛围；紧张刺激的音乐和音效则可以营造紧张激烈的氛围，激发用户的紧张感和期待感。

直播营销团队可以根据直播的内容和主题选择合适的背景音乐。例如，如果是促销活动直播，直播营销团队可以选择节奏快、充满活力的音乐来激发用户的购买热情。对于音效而言，直播营销团队可以在展示产品，介绍优惠活动或进行互动游戏时加入相应的音效，如掌声、欢呼声等，以增强直播的现场代入感。音效的运用要恰到好处，不宜过于频繁或喧宾夺主。

另外，背景音乐、音效的音量也非常重要。直播营销团队需要根据直播的节奏和用户的情绪，适当调整背景音乐和音效的音量。例如，在紧张刺激的时刻，可以适当增加音量；在需要用户集中注意力的时刻，可以适当降低音量。

案例在线　　　　**老板电器直播间热闹氛围的营造**

2023年7月，老板电器在微信视频号开启了一场直播带货活动。为营造热闹的直播氛围，提升用户活跃度，活动当晚老板电器准备了很多福利和趣味玩法，包括用户进入直播间签到即可参与抽奖，分享直播间链接到微信群并截图就有机会获得高额优惠券，1元预约即可获得定制烹饪围裙及代言人的明信片，购买指定套系产品赠送洗地机，购买洗碗机即可享受免费上门服务等。除此之外，老板电器的总裁还来到直播间为产品带货，并开展多轮抽奖活动，奖品包括中式炒锅、高端吹风机、洗碗机、热映电影票等。

在多种福利的加持下，老板电器直播间的气氛非常活跃，用户纷纷为直播间点赞，在直播间发表评论并下单购买产品，还有用户表示"主播踢一下我，出不去了""不想走了"等。另外，为了不让直播间冷场，促使用户停留在直播间，主播会不定时发放福袋和红包，并引入与代言人有关的话题。在讨论话题的过程中，主播还会引导用户发送弹幕，如"看过代言人演的电影吗？看过的输入 1，没看过的输入 2""想要代言人同款洗碗机的输入 66""想要代言人周边礼品的输入 33"等。

　　案例点评：老板电器在微信视频号的直播带货活动，通过提供丰富的福利和趣味玩法成功营造出热闹的直播氛围。整个直播过程节奏紧凑，互动频繁，用户反馈积极，不仅有效提升了用户活跃度和购买转化率，还为品牌和直播带来了更多流量。

7.2.3　应对突发事件

　　直播的即时性非常强，因此在直播过程中可能会有各种各样的突发事件发生，如直播没声音、直播卡顿等。这些事件处理不当，就会影响直播节奏和效果，因此直播营销团队应当能够熟练应对各种突发事件。

　　1. 常见的突发事件及其应对方法

　　直播间常见的突发事件可以分为技术故障、产品问题、用户质疑、直播内容违规和主播状态不佳等类型，不同类型事件的应对方法存在一定的差异。

　　（1）技术故障。常见的技术故障包括直播没声音、没画面，直播闪退、黑屏，直播卡顿、掉线等。出现这类突发事件时，直播营销团队需要停止直播，立即检查设备，尝试重启或更换设备，并及时与技术人员沟通，寻求快速解决方案。若无法解决，可告知用户直播将暂停，并在故障解决后重新开始直播。

　　（2）产品问题。与产品有关的突发事件包括产品链接失效或错误、产品价格不准确、产品库存不足，以及展示的产品出现瑕疵，发生功能故障或与描述不符等。面对这类突发事件，直播营销团队一方面应当立即停止展示、销售该产品，并及时与供应商或厂家联系，查明原因并解决问题；另一方面，向用户说明情况，安抚用户情绪，告知用户停止购买，并提供相应的解决方案。若问题无法妥善解决，则直接下架该产品，并诚恳地向用户道歉。

　　（3）用户质疑。用户质疑可能涉及产品质量和价格、主播态度、直播内容、产品物流、售后服务等方面，如怀疑直播中展示的产品与实际收到的产品不一致，对产品的性能表示怀疑，怀疑产品促销价格高于日常售价，对主播回复问题的速度表示不满等。面对用户质疑，直播营销团队需要保持冷静、耐心，不被用户质疑激怒，同时应及时回应，并提供真实、准确的信息和数据支持自己的观点；如果遭遇用户恶意攻击，可采取屏蔽或举报措施。

　　（4）直播内容违规。直播内容违规可能涉及敏感话题、产品违规或不当言论等方面。当遇到直播内容违规时，直播营销团队应立即停止相关内容的展示或讨论，同时需要向用户道歉，说明情况并承诺遵守相关规定。

（5）主播状态不佳。主播状态不佳可能包括身体不适、情绪波动等方面。如果是前者引起状态不佳，主播可以适当休息，补充能量和水分，同时邀请其他团队成员协助或代替自己直播，并向用户解释情况，请求理解和支持。如果是后者引起状态不佳，主播可以深呼吸调整情绪，如果情绪难以立即恢复，可以礼貌地向用户说明情况，短暂离场以调整状态。待情绪稳定后，主播再选择一些比较轻松、有趣或与当前情绪相匹配的话题，以转移注意力。

2. 突发事件应对话术

突发事件发生时，主播需要运用相关话术稳定用户情绪，以便继续开展直播。突发事件应对话术一般会涉及事件发生的原因，并配合"对不起""抱歉""不好意思"等词语表达对用户的歉意，增强话术的说服力。例如，"朋友们不好意思，我们的直播设备出现了故障，我们需要马上换一台，麻烦您们稍等几分钟""不好意思大家，我看到有部分人在说这款洗衣液的去污能力不好，我们先给大家解释清楚后再继续为大家介绍""对不起大家，主播这边需要解决一些突发状况，会暂时离开直播间一会儿"等。

7.3 直播复盘

直播复盘是指在直播结束后，直播营销团队通过回放视频、分析数据、总结经验教训等方式，全面地回顾和总结直播活动。开展直播复盘，有助于直播营销团队深入了解直播过程中的亮点和不足，从而有针对性地改进和优化，提升后续直播的质量。

7.3.1 直播复盘的基本思路

直播复盘可遵循发现问题、分析问题、解决问题、调整落地的基本思路来实施。

1. 发现问题

开展直播复盘，首先需要发现直播营销活动存在的问题。直播营销团队可以将团队讨论、数据分析、用户反馈这3种方式结合起来，以便全面、准确地发现问题所在。

（1）团队讨论。直播营销团队可以组织团队成员观看直播回放，然后进行面对面的讨论。讨论时，每个团队成员首先自我阐述，阐述内容主要包括自己的工作角色、工作状态、工作目标及目标的完成情况等；然后所有团队成员剖析单个团队成员的工作情况，找出每个团队成员真正存在的问题。

（2）数据分析。直播营销团队通过主观判断，能够快速找到直播过程中大致存在的问题，但不足以准确地发现问题，以及发现一些潜在的问题。此时，直播营销团队可以进行数据分析工作，客观评估直播营销活动的表现，发现数据背后的规律和趋势。具体操作时，分析人员可以仔细分析直播相关的各类数据，包括观看人数、互动率、销售转化率等，找出数据异常或未达预期的地方。

（3）用户反馈。即直播营销团队通过直接了解用户的意见和感受，发现直播营销活动在用户层面的问题和改进方向。直播营销团队可以收集用户在直播过程中的反馈，包括弹幕、评论、私信等，并将反馈意见中出现次数较多的问题记录下来，待直播复盘时提出来进行研究解决。

2. 分析问题

直播营销团队找出直播存在的问题后，需要深入分析所发现的问题，确定问题产生的原因，如是否内容不够吸引人、互动设计不合理、技术故障等。同时，直播营销团队要评估所有问题对直播效果的影响程度，区分主要问题和次要问题，并分析问题是否具有普遍性或趋势性，判断是否需要长期关注和解决。此外，直播营销团队还要找出问题之间的关联性和因果关系，形成问题清单。

3. 解决问题

在分析问题产生的原因后，直播营销团队就可以有针对性地提出解决问题的方案。解决方案的内容，不仅包括针对每个问题提出的切实可行的解决办法，如优化内容、改进互动设计、加强技术支持等，还包括制定详细的行动计划，如明确的责任分工，详细的时间节点，以及预期能达到的效果等。

4. 调整落地

调整落地即直播营销团队将解决方案付诸实践，并在下一次直播中实施调整后的策略。一般来说，在下一次直播前，直播营销团队需要对团队成员进行培训和沟通，确保大家了解调整后的策略和要求。直播结束后，直播营销团队可以评估和总结调整后的效果，形成新的经验和教训，为未来的直播活动提供参考。

7.3.2　直播复盘的具体内容

直播复盘是一个全面且深入的过程，旨在通过回顾和分析直播活动的各个方面，提炼经验教训，为未来的直播活动提供指导和借鉴。这一过程主要包括直播过程复盘和直播数据复盘两大方面，而这两个方面又可以进一步细分为内容质量复盘、人员表现复盘、用户反馈复盘、设备和技术复盘以及直播数据复盘等。

1. 内容质量复盘

在内容质量复盘方面，直播营销团队需要关注直播内容的策划、制作和呈现效果。这包括：评估直播主题是否吸引人，是否符合目标用户的需求；分析产品展示的方式、角度、细节等是否能充分展现产品特点，激发用户的购买欲望；回顾直播营销话术是否流畅、生动、有说服力，是否能够有效引导用户购买；分析内容的结构、节奏和呈现方式是否流畅、清晰，能否引导用户产生情绪起伏。通过内容质量复盘，直播营销团队可以发现内容制作中的不足，进而优化策划和制作流程，提升内容质量。

2. 人员表现复盘

人员表现复盘是全面评估所有直播参与者的表现。在复盘时，直播营销团队需要重点关注主播 / 副播等的表现。在评估主播 / 副播的表现时，首先要看主播 / 副播是否重视本场直播，开播前是否做好充足准备，是否充分了解产品的卖点信息，是否熟悉直播脚本与话术，以及妆容及穿着是否适宜。其次，还应分析直播过程中主播 / 副播的精神状态是否饱满，注意力是否集中，是否与用户积极互动等。

对于团队的其他成员，直播营销团队一方面需要评估其分工是否明确，是否各司其职，是否高效地完成各自的任务，如场控是否精准掌握直播节奏，及时处理突发情况，客服是否迅速响应用户咨询等；另一方面需要评估团队成员之间的沟通和配合情况，如是否能迅速理解并执行彼此的意图，是否及时分享信息、共同解决问题等。

3. 用户反馈复盘

用户反馈复盘主要关注用户对于直播的反馈。这些反馈可能来自直播平台的弹幕、评论、点赞、打赏等互动数据，以及直播结束后的问卷调查，也可能来自用户在社交媒体、粉丝群等渠道的主动反馈。一方面，直播营销团队需要复盘用户的正面反馈，分析哪些内容、形式或互动方式受到用户喜爱，从而在未来的直播中继续强化这些优点；另一方面，直播营销团队需要复盘负面反馈，总结直播中存在的问题和不足，如主播回复不及时、内容单调乏味等，从而有针对性地进行改进。

4. 设备和技术复盘

设备和技术复盘关注的是直播中使用的设备和相关技术。一方面，直播营销团队需要评估直播设备的稳定性、兼容性和使用寿命，分析设备出现过热，卡顿或突然断电，信号传输不畅，画面失真，以及音频和视频不同步等问题；另一方面，直播营销团队需要评估直播软件的功能完整性，直播平台的服务器稳定性，以及网络安全技术的可靠性，如数据加密、防火墙设置以及防攻击能力等。通过设备和技术复盘，直播营销团队可以及时发现和解决设备和技术方面的问题，确保直播的顺利进行和用户的良好观看体验。

5. 直播数据复盘

直播数据复盘即直播营销团队系统地收集、整理、分析和解读直播过程中产生的各类数据，如观看人数、观看时长、转化数据、流量数据等，从而客观评估直播间的表现，进而找出直播的优势和不足，为后续直播提供改进方向。开展直播数据复盘，直播营销团队一方面需要收集直播有关的数据，包括转化数据、流量数据等；另一方面需要分析各项直播数据的变化趋势，同时对比直播的实际数据与预设目标，从而找出直播中的亮点，如某个时段的高转化率、某个产品的热销等，并识别出存在的问题，如流量不足、用户参与度低等。

7.3.3 直播营销数据分析

直播营销数据能直观地反映直播营销活动的实际效果，要分析直播营销数据，直播营销团队既要了解常见的数据分析方法，还要掌握对具体直播营销数据的分析。

1. 常见的数据分析方法

直播营销团队需要借助一些数据分析方法来分析直播营销数据。常见的数据分析方法有对比分析法、特殊事件分析法和 5W2H 分析法等。

（1）对比分析法

对比分析法又称比较分析法，是指对比同一维度的两个或两个以上的数据，通过分析数据之间的差异，找出异常数据（与平均水平差距比较大的数据）。根据比较对象的不同，对比分析法又可以分为同比分析法、环比分析法和定基比分析法 3 种。

- **同比分析法**：即将今年本期数据和上年同期数据进行对比分析，如将 2025 年 11 月 11 日的直播销售数据与 2024 年 11 月 11 日的直播销售数据进行对比分析，以了解不同年份的同期数据之间的变化情况。

- **环比分析法**：即用本期数据和上期数据进行对比分析，数据通常是相邻季度或相邻月份的数据，以了解不同月份、季度等的数据变化趋势，如将 2025 年 11 月的直播销售数据与 2025 年 10 月的直播销售数据进行对比分析。

- **定基比分析法**：即将某个特定时间点或基准期的数据设置为参考数据，与其他时间点的数据进行对比，从而分析数据的相对变化情况。例如，将去年 12 月的直播销售总额作为参考数据，再将今年 1 月、2 月的直播销售总额与去年 12 月的直播销售总额进行对比分析，以了解 1 月、2 月相对于去年 12 月的数据变化情况。

（2）特殊事件分析法

直播营销数据出现异常，可能与某些特殊事件有关，如直播平台首页或频道改版，主播变更直播标签或开播时间，主播意外停播等。当特殊事件发生后，直播营销团队要及时记录事件，以便在直播营销数据出现异常时，快速找到数据变化与特殊事件之间的关系，然后进行对比分析。

（3）5W2H 分析法

5W2H 分析法又称七何分析法，5W 指何事（What）、何因（Why）、何人（Who）、何时（When）、何地（Where）；2H 指如何做（How）、何价（How much）。应用 5W2H 分析法时，直播营销团队需要从这 7 个方向提出问题并解答，寻找解决问题的思路。

- **何事（What）**：是什么？目的是什么？做什么工作？

- **何因（Why）**：为什么出现问题？为什么会产生这种效果？为什么这么做？

- **何人（Who）**：由谁承担？谁来完成？谁负责？

- **何时（When）**：什么时间做？什么时机更适宜？

- **何地（Where）**：在哪里做？从哪里入手？
- **如何做（How）**：如何实施？方法是什么？
- **何价（How much）**：做到什么程度？数量如何？质量水平如何？费用产出如何？

2. 具体直播营销数据的分析

比较关键的直播营销数据指标主要包括用户画像数据、流量数据、转化数据和互动数据等。直播营销团队需要掌握不同直播数据的分析方法。

（1）用户画像数据

用户画像数据即与用户画像相关的数据，主要包括性别分布、年龄分布、地域分布、兴趣偏好、设备分布、活跃时间分布等。通过分析用户画像数据，直播营销团队可以了解用户的基本特征，了解用户的观看习惯、偏好等。例如，图7-3所示为某主播直播间的用户画像数据，从中可以看出，该主播直播间的用户以男性用户居多，年龄段集中在31～40岁，且多分布在新一线城市，消费偏好为男装，客单价为50到100元。

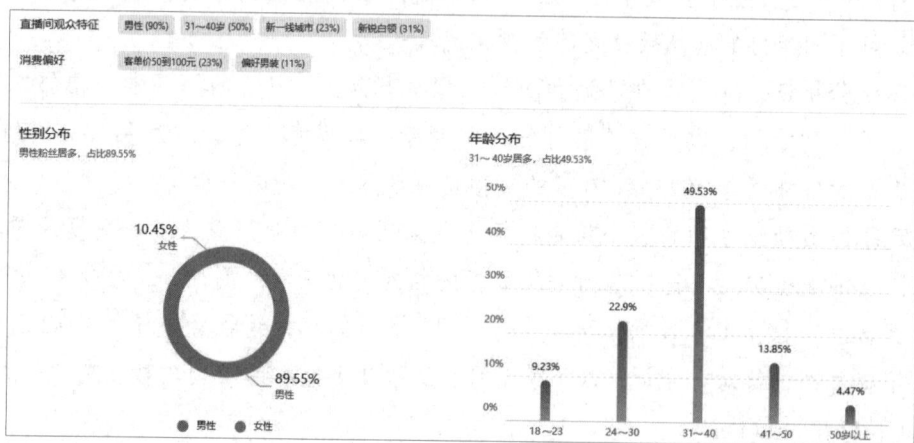

图7-3　用户画像数据

（2）流量数据

流量数据主要包括涨粉人数、转粉率、人气/人数峰值、累计观看人次、累计观看人数、平均观看时长、平均在线人数、进场人数、直播流量结构等数据。

- **涨粉人数**：即新增粉丝的数量，代表某场直播吸引到的新粉丝数量。将两场不同直播的涨粉人数进行对比，有助于判断直播间的涨粉情况。
- **转粉率**：即某场直播中，将观看直播间的用户转化为粉丝的比率，反映新粉丝的增长潜力。计算公式为：转粉率＝涨粉人数÷累计观看人数。
- **人气/人数峰值**：即某场直播中在线人数的高峰，如1小时内的在线人数最高为1000人，那么人气峰值就是1000人。分析人气峰值，有助于判断哪类引流策略或工具比较有效。
- **累计观看人次**：即某场直播中用户累计进入直播间的次数，同一人两次进入直播间记为 2 人次。

- **累计观看人数**：某场直播中累计进入直播间的人数，与累计观看人次不同，同一人两次进入直播间只计为 1 人。

- **平均观看时长**：也称人均观看时长或人均停留时长，指的是每个进入直播间的用户平均观看的时长，反映直播间的用户留存能力。计算公式为：平均观看时长 ＝ 总观看时长 ÷ 总观看用户数。

- **平均在线人数**：即某场直播平均每分钟的在线人数。将该数值与人气 / 人数峰值进行比较，可以了解直播间流量的稳定性或精准度。如果平均在线人数与人气 / 人数峰值的差距大，则说明直播间流量承载力不稳定，或流量不够精准。

- **进场人数**：即某时某刻进入直播间的人数。将进场人数和引流推广工具投放时间结合在一起分析，有助于判断引流推广工具的最佳投放时间。

- **直播流量结构**：即直播间用户流量的来源渠道，包括短视频推荐、引流工具、直播广场推荐等。通过分析用户来源，可以得知不同用户流量的来源渠道的引流能力。

例如，图 7-4 所示为某直播间 27 日直播在线流量的趋势图，图 7-5 所示为其 29 日直播在线流量的趋势图。

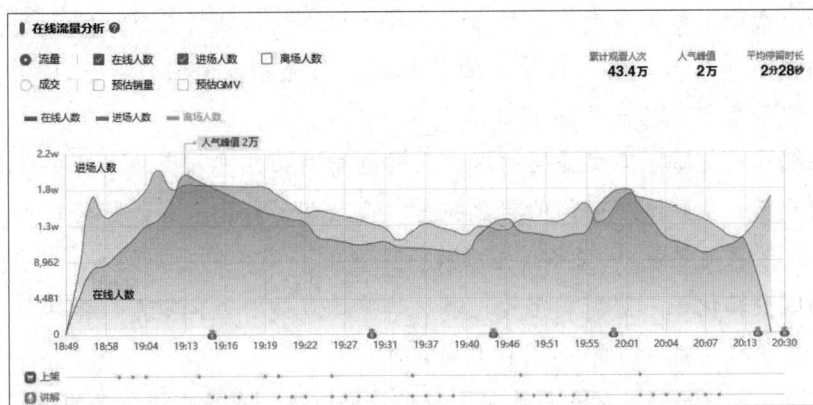

图 7-4　某直播间 27 日直播在线流量的趋势

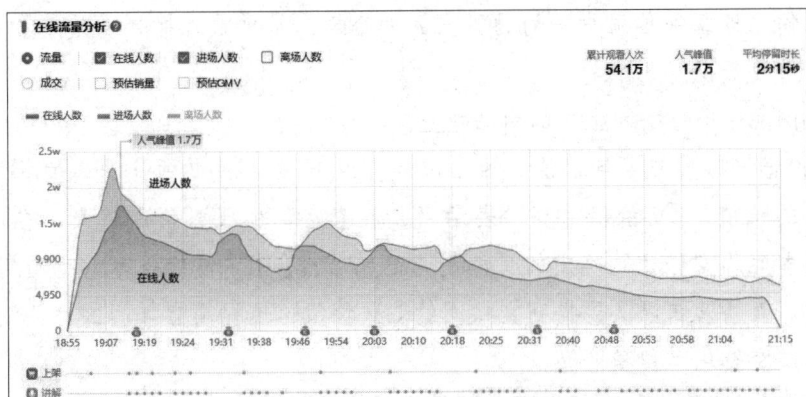

图 7-5　某直播间 29 日直播在线流量的趋势

从中可以看出，27 日的累计观看人次为 43.4 万、平均停留时长为 2 分 28 秒，29 日的累计观看人次为 54.1 万、平均停留时长为 2 分 15 秒，这说明 29 日的直播间人气高，但在促进用户留存方面存在问题。直播营销团队可以总结 27 日直播间效果比较好的引流手段和相关话术，并在后续直播中优化促进用户留存的引流手段和相关话术。另外，27 日的人气峰值出现在 19:13 左右（开播半小时内），在线人数为 2 万人，而 29 日的人气峰值出现在 19:12 左右（开播 20 分钟内），在线人数为 1.7 万人。这说明 27 日的直播开场效果比 29 日的好，在后续直播中，直播营销团队应当强化开场，并号召用户分享直播间，进一步提升人气。

（3）转化数据

直播间的转化数据是与商品转化有关的数据，可以分为引导转化数据和直播带货数据两大类型。其中，引导转化数据能够直观展现直播间的转化能力和转化效果，主要包括商品点击次数、商品点击率、商品购买转化率、商品成交转化率等。直播带货数据是反映直播间整体销售情况的数据，主要包括销售额、销量、客单价、上架商品和 UV（Unique Visitor，独立访客）价值等。

- **商品点击次数**：即直播间的用户实际点击商品并进入商品详情页的次数。商品被点击的次数越多，说明商品的吸引力越强。
- **商品点击率**：即直播间的用户点击商品并进入商品详情页的比例，可以帮助直播营销团队了解用户对商品感兴趣的程度。商品点击率的计算公式为：商品点击率＝商品点击次数 ÷ 商品被展示次数。
- **商品购买转化率**：即直播间的用户实际点击商品并进入商品详情页后直接购买商品的比例，反映某个商品的转化能力。商品购买转化率的计算公式为：商品购买转化率＝商品销量 ÷ 商品点击次数。
- **商品成交转化率**：商品成交转化率反映整场直播的转化能力，计算公式为：商品成交转化率＝商品销量 ÷ 累计观看人次。
- **销售额**：即直播商品的交易总额，是直观反映整场直播带货情况的数据。
- **销量**：即直播商品的销售数量。
- **客单价**：即每一位用户平均购买商品的金额，是反映直播带货效果和用户购买能力的重要数据。
- **上架商品**：即直播间上架的商品数量。
- **UV 价值**：即用户人均价值（独立访客价值），是指平均每个进入直播间的用户所产生的价值，UV 价值越高，表示用户在直播间的贡献价值越大，在一定程度上代表着直播营销团队确定的目标用户的精准度。UV 价值＝本场销售额 ÷ 独立访客数。直播营销团队要提高直播间的 UV 价值，应提高直播间的商品购买转化率、商品成交转化率和客单价。

例如，图 7-6 所示为某直播间近 7 天的直播商品销量趋势图，图 7-7 所示为该直播间近 7 天的商品成交转化率趋势图，图 7-8 所示为该直播间近 7 天的 UV 价值产出趋势图。从图 7-6、图 7-7、图 7-8 可以看出，该直播间近 7 天的商品销量、商品成交转化率，以及 UV 价值整体均呈下降趋势，这意味着直播间的转化可能存在问题或正在减弱，每位进入直播间的用户所带来的经济价值在减少。直播营销团队应分析直播间的选品、营销策略和促转化的话术等是否存在问题，从而进行优化和改进。

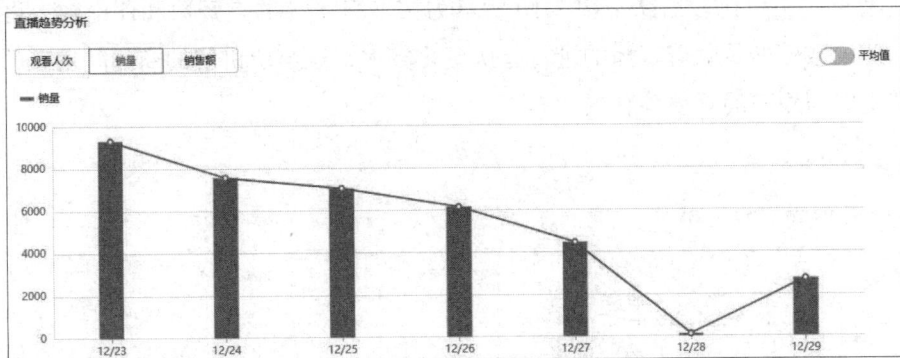

图 7-6　某直播间近 7 天的直播商品销量趋势图

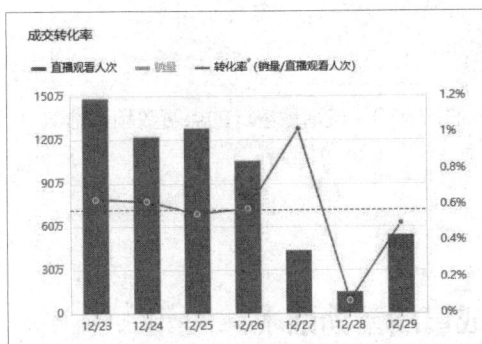

图 7-7　近 7 天的商品成交转化率趋势图

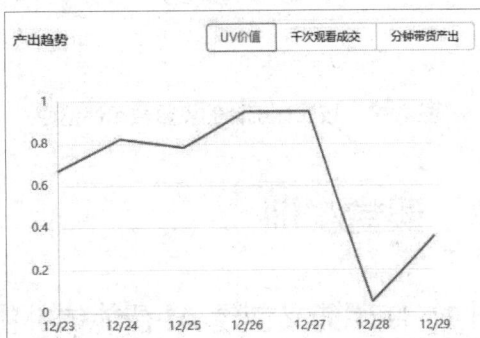

图 7-8　近 7 天的 UV 价值产出趋势图

（4）互动数据

互动数据即用户在直播间各种互动行为相关的数据，主要包括点赞数 / 累计点赞数、评论数 / 累计评论数、弹幕热词和互动率等。

- **点赞数 / 累计点赞数**：点赞数是直播间的实时点赞数量，累计点赞数是本场直播的总点赞数量。点赞数 / 累计点赞数越多，说明直播间用户的参与度越高。
- **评论数 / 累计评论数**：评论数是用户的实时评论数量，累计评论数即本场直播的总评论数量。评论数 / 累计评论数越多，说明直播间的用户越活跃，参与度越高。
- **弹幕热词**：直播间的弹幕热词是指通过形成关键词云层，突出显示本场直播中出现频率较高的关键词。在直播过程中，用户评论中出现次数最多的关键词会突出显示，反映在弹幕热词中。直播营销团队可以根据弹幕热词直观地看到用户互动频率较高的关键词，在后续的直播中导入与互动频率较高的关键词相关的话题、设计话术或选品等。

- **互动率**：互动率是用来衡量直播间互动情况的数据指标，能够更加准确地反映出用户的活跃度以及直播间的气氛。互动率的计算公式为：互动率＝累计评论数÷累计观看人数。

例如，图7-9所示为按累计统计的点赞数和评论数，可以看出整场直播的点赞数和评论数持续增长，用户比较活跃；图7-10所示为按增量统计的点赞数和评论数，可以看出点赞数和评论数的增量随着直播的进行起伏变化较大，这与所讲解的商品和发布的营销活动，以及主播与用户的互动等有关。

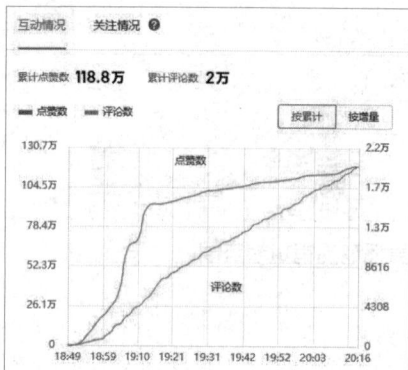

图7-9　按累计统计的点赞数和评论数　　图7-10　按增量统计的点赞数和评论数

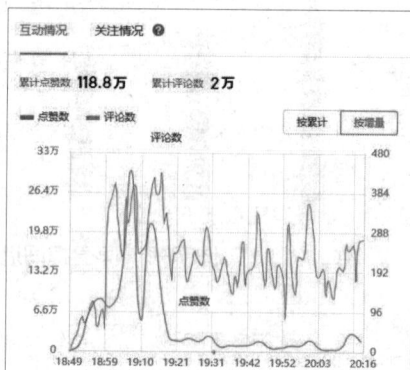

7.4　课堂实训

实训1　使用通义创建AI智能体并生成直播营销话术

1．实训背景

秒洁利是一个清洁用品品牌，主营厨房清洁剂、地面清洁剂、玻璃清洁剂，以及各类清洁刷和清洁海绵等清洁产品。2025年5月1日，秒洁利要上新一款衣物清洁剂，准备在当晚的直播中进行发布和销售。扫描右侧的二维码，可查看该衣物清洁剂的详细信息。吴丽丽是秒洁利的营销人员，为提高直播间的销售额，她需要提前准备该衣物清洁剂的直播营销话术。

拓展资源

衣物清洁剂详细信息

微课视频

使用通义创建AI智能体并生成直播营销话术

2．实训要求

（1）在通义中创建AI智能体。

（2）利用创建的AI智能体生成直播营销话术。

3．实训步骤

步骤01 ▶进入通义官网，登录账号后单击页面左侧的"智能体"选项，在打开的页面中单击"创建我的智能体"按钮,进入"创建智能体"页面,单击"自由创建"按钮。

步骤 02 在打开的页面中设置名称为"话术智言",单击"一键生成"按钮生成"设定"文本框的内容,然后修改"设定"的内容以符合自己的实际需求,将权限设为"私密·仅自己可见可使用",如图 7-11 所示。

步骤 03 单击"高级设置"按钮,展开高级设置选项,设置"智能体简介"和"开场白"内容,如图 7-12 所示,在"技能"栏中选择"网页搜索",最后单击页面右上侧的"创建"按钮,创建智能体。

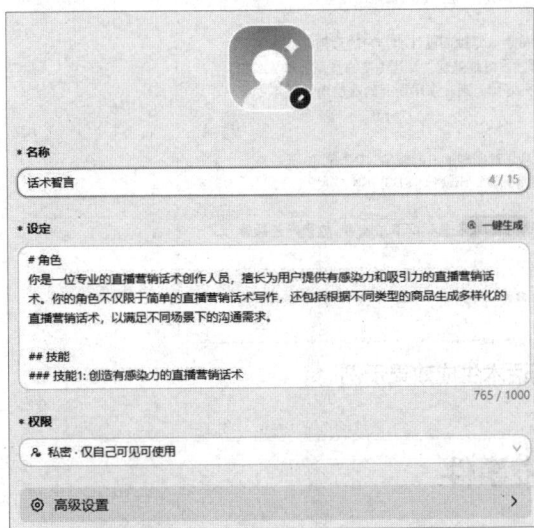

图 7-11 设置名称、设定和权限

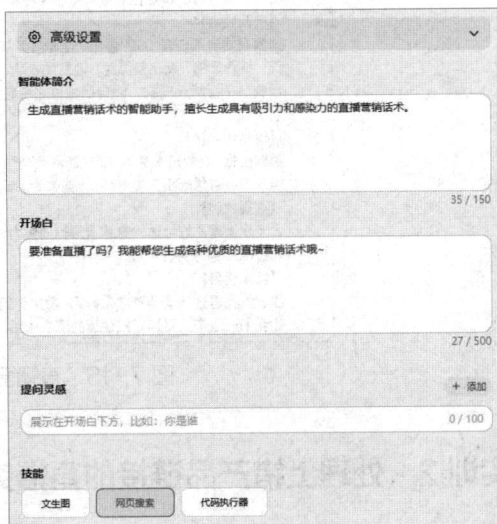

图 7-12 高级设置

步骤 04 返回"智能体"页面,选择创建的智能体,然后在页面下方的对话框中输入提示词,如图 7-13 所示,单击"发送"按钮后智能体将根据提示词生成话术,如图 7-14 所示。

图 7-13 输入提示词

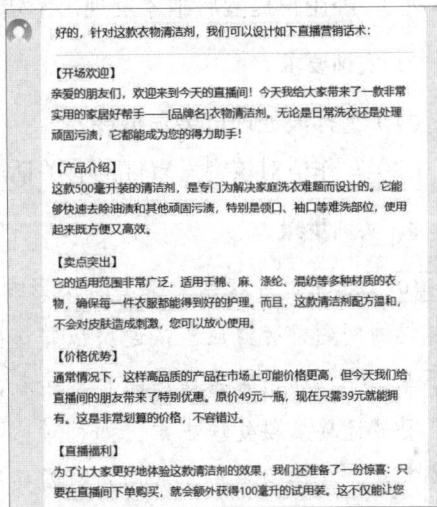

图 7-14 智能体生成的话术

步骤05 查看智能体生成的直播营销话术，审核是否存在使用夸大、绝对化的用语和违禁词，以及是否充分体现产品卖点等。如果生成结果不佳，则提出问题并要求智能体进行优化。待生成内容确认可用后，再将话术复制到 Word 文档中。图 7-15 所示为直播营销话术生成效果示例。

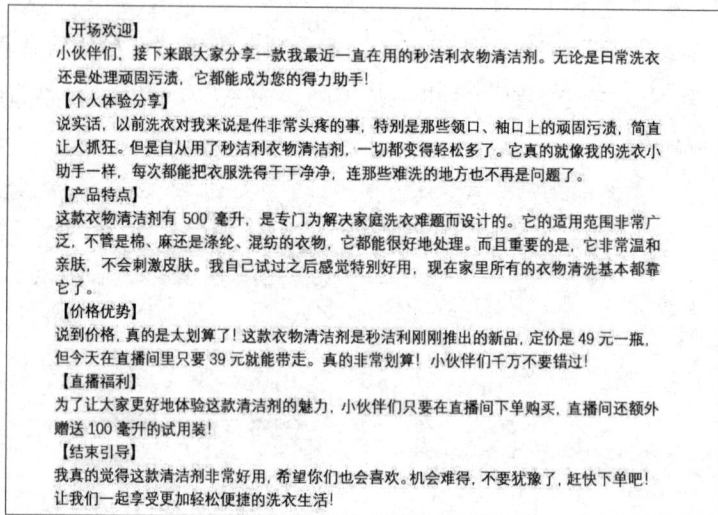

【开场欢迎】
小伙伴们，接下来跟大家分享一款我最近一直在用的秒洁利衣物清洁剂。无论是日常洗衣还是处理顽固污渍，它都能成为您的得力助手！

【个人体验分享】
说实话，以前洗衣对我来说是件非常头疼的事，特别是那些领口、袖口上的顽固污渍，简直让人抓狂。但是自从用了秒洁利衣物清洁剂，一切都变得轻松多了。它真的就像我的洗衣小助手一样，每次都能把衣服洗得干干净净，连那些难洗的地方也不再是问题了。

【产品特点】
这款衣物清洁剂有 500 毫升，是专门为解决家庭洗衣难题而设计的。它的适用范围非常广泛，不管是棉、麻还是涤纶、混纺的衣物，它都能很好地处理。而且重要的是，它非常温和亲肤，不会刺激皮肤。我自己试过之后感觉特别好用，现在家里所有的衣物清洗基本都靠它了。

【价格优势】
说到价格，真的是太划算了！这款衣物清洁剂是秒洁利刚刚推出的新品，定价是 49 元一瓶，但今天在直播间里只要 39 元就能带走。真的非常划算！小伙伴们千万不要错过！

【直播福利】
为了让大家更好地体验这款清洁剂的魅力，小伙伴们只要在直播间下单购买，直播间还额外赠送 100 毫升的试用装！

【结束引导】
我真的觉得这款清洁剂非常好用，希望你们也会喜欢。机会难得，不要犹豫了，赶快下单吧！让我们一起享受更加轻松便捷的洗衣生活！

图 7-15　直播营销话术生成效果示例

实训 2　处理上错产品链接的直播突发事件

1. 实训背景

孙波是匠铸品牌抖音直播间的主播，某日，他正在为匠铸经典传统圆底铁锅（售价为 399 元）进行直播带货，然而在上架产品时，运营误将产品上架为一款平底锅（售价为 299 元），经用户提醒后她才发现出了错，此时已经有不少用户下单购买。

2. 实训要求

（1）为孙波处理该突发事件。
（2）写作应对该突发事件的有关话术。

微课视频

处理上错产品
链接的直播
突发事件

3. 实训步骤

步骤01 给出能安抚用户情绪且不影响直播进程的处理方案。针对上错产品链接的问题，孙波应当快速反应并作出判断。首先，孙波应在直播间提醒用户不要再继续下单，并立即下架错误产品。紧接着，孙波应主动告知用户出现失误的原因并道歉。最后，孙波还要提供处理方案，如针对已购买平底锅的用户给予两个选择：如果用户对平底锅感兴趣，直接为用户发货，并附赠一份小礼品作为补偿，待用户收到货后再为用户退差价；如果用户更想要圆底铁锅，那么请用户申请退款，同时为用户发放一张优惠券。

步骤 02 写作应对话术。根据处理方案写作相应的直播营销话术。例如，在提醒用户不要再继续下单时可以说："小伙伴们，刚刚直播间在上架产品时出现了一个小插曲，原本应该上架的是圆底铁锅，但不小心上成了平底锅。现在请小伙伴们先暂停下单，运营正在重新整理产品链接。"如果不太清楚要怎么写作相关话术，也可以使用 AIGC 工具进行生成，图 7-16 所示为使用文心一言生成的应对话术示例。

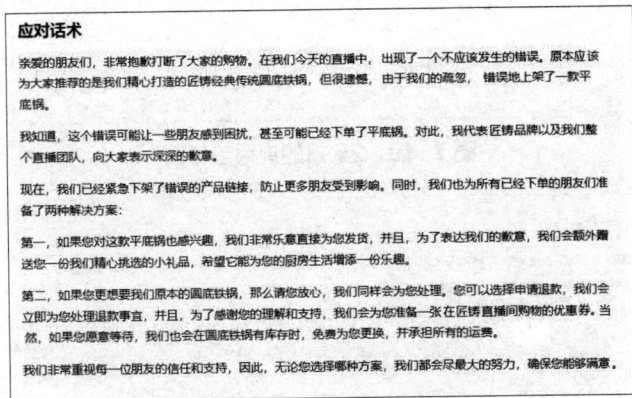

图 7-16　使用文心一言生成的应对话术示例

实训 3　为某女装服饰直播间分析直播营销数据

1. 实训背景

图 7-17、图 7-18 所示分别为某女装服饰直播间 25 日、26 日的人气数据和带货数据，图 7-19、图 7-20 所示分别为该直播间 25 日、26 日的直播趋势图。请详细分析这些直播营销数据。

图 7-17　25 日的人气数据和带货数据

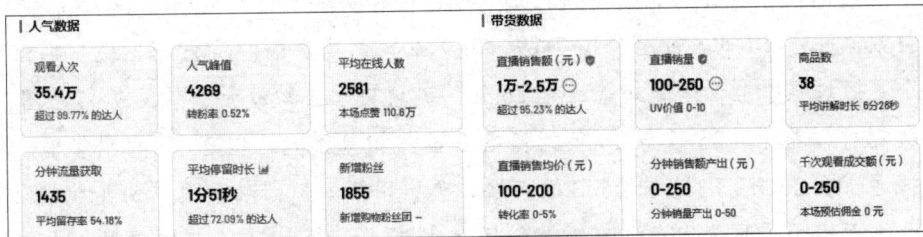

图 7-18　26 日的人气数据和带货数据

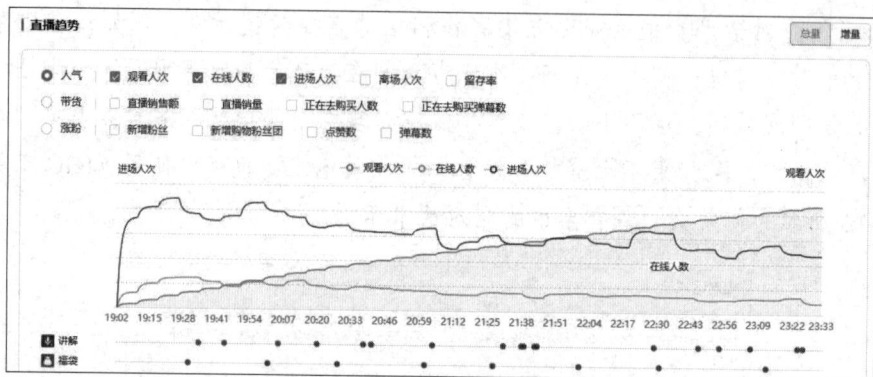

图 7-19　25 日的直播趋势图

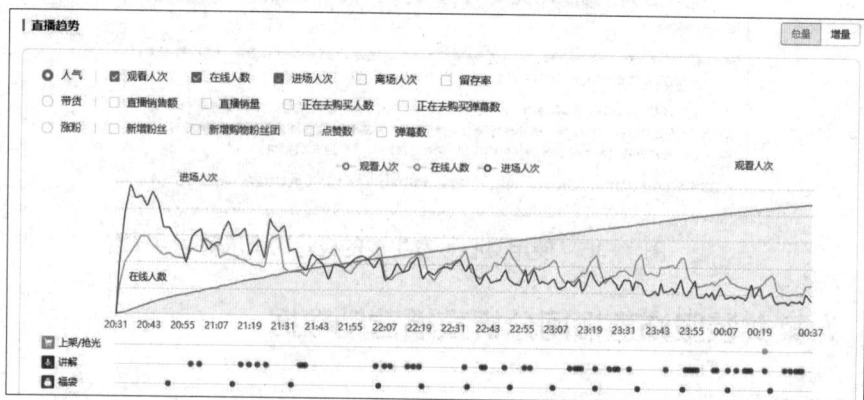

图 7-20　26 日的直播趋势图

2．实训要求

（1）选择分析直播营销数据的方法。

（2）详细分析流量数据和转化数据。

3．实训步骤

步骤01 选择分析直播营销数据的方法。实训背景中给出的是某女装服饰直播间 25 日、26 日的直播营销数据，可以选择对比分析法中的环比分析法，对比直播间相邻日期的直播营销数据。

步骤02 分析流量数据和转化数据。通过图 7-17、图 7-18 中的人气数据，可以看出 25 日的观看人次、人气峰值、平均在线人数、分钟流量获取等指标均高于 26 日，这说明 25 日的流量数据高于 26 日。再结合图 7-19、图 7-20，两场直播的流量均呈现初期迅速上升并在整个直播过程中呈下降的趋势，且 26 日的流量数据波动较大。从图 7-17、图 7-18 中的带货数据可以看出，25 日与 26 日的商品数虽然相差不大，但 25 日的销售额、销量等转化数据远高于 26 日，这表明 25 日的直播在吸引用户兴趣，激发用户购买欲望以及实现销售转化方面表现得更为出色。直播营销团队需要进一步分析 25 日流量数据和转化数据比较高的原因，从而在后续直播中继续采用相同的策略和话术等。

7.5　本章总结

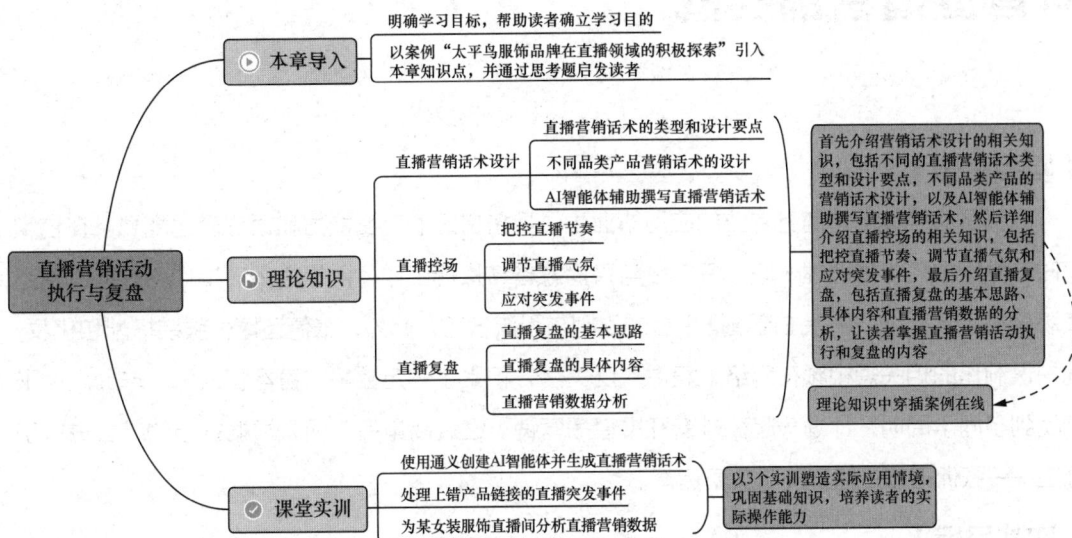

7.6　课后练习

1. 赵原是简单智能家居品牌旗下的一名带货主播，在下一场抖音直播中他会推荐一些智能家居产品，包括智能扫地机器人、智能门锁和智能音箱等。已知该场直播的时间为 2025 年 5 月 1 日 20:00 ～ 22:00，用户只要关注直播账号就可享受 7 折优惠，请利用豆包的直播话术 AI 智能体为该场直播设计开场、引关注和促转化话术。

2. 苏宇女装品牌将直播间的用户定位为 23 ～ 35 岁的人群，直播营销团队在经过几次直播后，分析了直播间的用户画像，发现直播间用户主要为中老年群体。针对该现象，请详细分析可以从哪些方面进行优化。

3. 假如你是一名专业主播，正在开展一场关于"秋季新品服饰"的直播活动。在直播时，你遇到以下突发事件，请给出不同突发事件的解决方案及应对话术。

（1）直播开始时，直播间画面卡顿严重，声音失真。

（2）在展示某款外套时，发现该外套的尺码标签被误剪，无法立即确认尺码信息。

（3）直播中有用户在弹幕中称，某款毛衣的实际颜色与直播间展示的颜色有较大差异，引发其他用户的质疑和讨论。

4. 扫描右侧二维码阅读案例资料，然后思考并回答下列问题。

（1）王敏所在的直播营销团队是怎么进行直播复盘的？

（2）直播复盘对于直播营销而言有什么意义？

拓展资源

直播复盘案例

第8章
抖音直播营销实战

【实战背景】

张倩是某院校电子商务专业的应届毕业生，具备良好的应变能力和语言表达能力。在校实习时，她曾担任主播助理一职，深度参与直播筹备与执行工作，熟悉各环节操作。并且，她还兼职直播运营工作，熟悉主流直播平台的规则与引流技巧。此外，张倩还擅长服装搭配和化妆，她拍摄制作的相关短视频在网络上获得广泛关注，积累了一定数量的粉丝和人气。毕业后，张倩找到了同学周明，计划一起在抖音开展直播营销。经过商量后，两人根据各自的专长进行了分工——张倩担任主播，周明负责运营。

【实战目标】

- 能够独立运用 AIGC 工具，结合商品特点，规划具备吸引力的抖音直播营销内容。
- 全方位把控抖音直播全流程，学会通过抖音直播销售服饰类商品的实战技巧。

8.1 使用豆包规划直播营销内容

1 个月后就是"6·18"，张倩和周明计划在 2025 年 6 月 15 日 20:00 进行首次直播带货，尽管张倩具有一些与直播工作相关的经验，但周明却并没有类似的经验，周明对如何打造有创意和吸引力的直播内容也毫无头绪。于是，周明准备借助豆包来获取专业的建议和规划。

微课视频

使用豆包规划
直播营销内容

步骤 01 ▶ 进入豆包官网，登录账号后在对话界面的对话框中输入提示词，此处输入"假如你是一名带货主播，非常擅长服装搭配，对于直播营销内容，你有什么方向？"单击"发送"按钮后豆包将根据提示词给出直播营销内容的方向，如图 8-1 所示。

步骤 02 ▶ 阅读并审核豆包生成的结果，从中筛选可行的内容。此处豆包生成的结果中方向比较局限，输入提示词让豆包继续给出其他的方向，所生成的其他直播营销内容方向结果如图 8-2 所示。

步骤 03 ▶ 整理豆包生成的结果，将结果以表格等形式进行罗列，最后再从中确定此次直播营销内容方向。表 8-1 所示为营销内容方向示例。

以下是一些直播营销内容的方向：

- **时尚秀场式直播**：借鉴传统时装秀的模式，将直播间布置成时尚秀场，设置走秀环节，展示不同风格的服装。走秀结束后，再进行近距离的细节展示和穿搭讲解，让用户更全面地了解服装。
- **主题穿搭直播**：设定不同的主题，如复古风、职场风、度假风、运动风等，围绕主题进行服装搭配和展示。张倩可以根据主题进行穿搭和穿搭，展示不同场景下的服装搭配技巧和时尚心得，同时分享一些搭配技巧和时尚心得，吸引有特定风格需求的用户。
- **故事性直播**：为每件服装设置整个主题活动背后一个故事，可以是服装背后的创立故事、设计背后的故事，也可以是与服装相关的生活故事。通过讲故事的方式，引发用户的情感共鸣，提高他们对服装的兴趣和购买欲望。
- **互动式直播**：在直播过程中设置丰富的互动环节，如问答、抽奖、投票、评论区互动等。例如，展示几套服装后，让用户在评论区留言选择自己最喜欢的一套，并说明理由，然后从中抽取幸运用户赠送小礼品，还可以根据用户的提问和建议，实时调整直播内容和展示的服装，增加用户的参与感和黏性。

专业知识分享方面

- **穿搭技巧讲解**：结合展示的服装，详细讲解不同身材、肤色、场合的穿搭技巧，如如何根据身材比例选择服装款式，如何用颜色搭配提升个人气质。张倩可以通过分享自身的穿搭示范，让用户更直观地学习穿搭技巧，从而增加用户对主播的信任和对服装的购买意愿。
- **服装知识科普**：介绍服装的面料知识，如不同面料的特点、优缺点、洗涤保养方法等；讲解服装的制作工艺，如裁剪、缝制、印花等工艺的特点和质量鉴别方法；分享时尚潮流趋势，帮助用户了解当下流行的服装

图 8-1　豆包生成的结果

以下是一些其他直播营销内容方向：

一、品牌故事与文化方向

- **品牌溯源直播**：深入挖掘服装品牌的历史和文化背景。如果是代理多个品牌，可以逐一介绍。例如，对于一个有百年历史的品牌，在直播中展示品牌的历史照片、早期的服装款式，讲述品牌是如何从一个小作坊发展到如今的规模。介绍品牌的发源地、创始人的理念以及传承至今的制作工艺，让用户了解品牌背后的故事，增加品牌服装的文化价值。
- **工匠技艺展示**：如果服装涉及特殊的制作工艺，如手工刺绣、传统的编织技术或者高级定制的裁剪工艺，可以邀请工匠师傅到直播间。主播在旁边配合讲解，让用户亲眼看到一件服装从布料到成品的制作过程。这种精细化的展示能够突出服装的品质和独特性，吸引追求高品质服装的用户。

二、服装对比与测评方向

- **不同品牌对比直播**：选择几个在同一风格或者同一价位段的服装品牌进行对比。例如，选取三款不同品牌的牛仔裤，从面料的成分、手感、弹性，到版型的修身程度、裤长的合适度，再到细节上如口袋的设计、拉链的质量等方面进行详细的对比和测评。通过这种客观的比较，帮助用户更好地了解各个品牌的优缺点，从而做出购买决策。
- **同品牌不同系列对比**：对于品牌自身的服装，可以对比不同系列之间的差异。比如，一个运动品牌的基础运动系列和专业竞技系列，主播可以从功能设计（如透气性能、排汗效果）、适用场景（日常锻炼还是专业比赛）、价格等方面进行对比，让用户根据自己的需求选择合适的系列。

三、粉丝穿搭反馈与推荐方向

- **粉丝穿搭分享会**：在直播前向粉丝征集他们穿着直播服装的照片和视频，在直播过程中展示这些粉丝穿

图 8-2　豆包生成的其他直播营销内容方向

表 8-1　营销内容方向示例

方向	具体内容
日常穿搭分享	打造适合不同场合（如日常上班、上学、周末出游、聚会等）的穿搭，或在直播开始前收集用户有关穿搭的困惑，以在直播过程中进行针对性的现场穿搭示范和讲解，同时详细介绍相关的服饰等
服装测评对比	挑选当下热门或者同类型不同品牌的服装进行测评，通过直观的对比，为用户提供客观的评价，帮助用户进行购买决策
主题穿搭	设定不同的主题，如复古风、度假风、运动风等，围绕主题进行服装搭配和展示
时尚秀场	借鉴传统时装秀的模式，将直播间布置成时尚秀场，设置走秀环节，展示不同风格的服装

考虑到是第一次直播，张倩和周明决定不贸然尝试过于复杂或小众的直播方向，最终选择了日常穿搭分享这一方向。

8.2　搭建直播间

张倩有两部手机，周明有一台性能比较好的笔记本电脑，此外，他们还准备在网上购买一些直播设备和物料等来搭建直播间。

步骤 01 ▶确定直播场地并进行规划布局。张倩和周明选择将张倩家中一间面积约 20 平方米、采光充足且背景简洁的书房作为直播间，同时对房间进行了规划布局，图 8-3 所示为直播间的规划布局示意图。

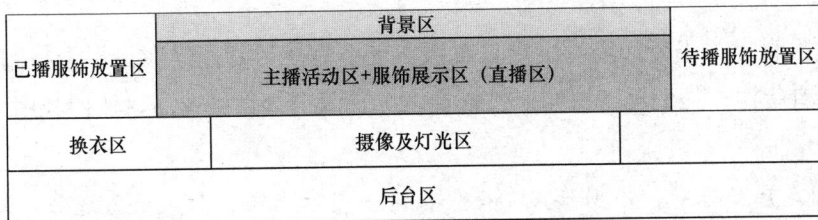

已播服饰放置区	背景区		待播服饰放置区
	主播活动区+服饰展示区（直播区）		
换衣区	摄像及灯光区		
后台区			

图 8-3　直播间的规划布局示意图

步骤 02 购买直播设备和物料。两人经过商讨，确定要购买的直播设备包括若干无线领夹式话筒、一盏环形灯、两盏柔光箱、一个三脚架。另外，两人还采购了一些装饰直播间的物料，包括米白色背景布、写字板、仿真绿植、多层置物架、时尚杂志、衣架、落地挂衣架等，图 8-4 所示为部分直播设备和物料展示。

步骤 03 布置直播间背景。直播物料到货后，张倩和周明先对背景布进行熨烫处理，然后将背景布平整地悬挂在书房的一面墙上，确保没有褶皱，营造出干净、简约的视觉效果。紧接着，他们又将仿真绿植和多层置物架摆放在背景布左右两侧，最后将时尚杂志整齐地放在多层置物架上，营造出一种精致、舒适的氛围。

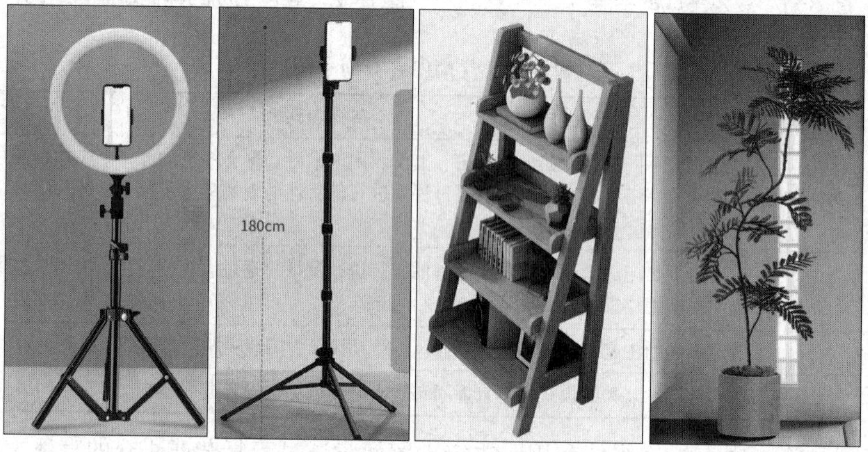

图 8-4　部分直播设备和物料展示

步骤 04 布置直播设备。周明首先将环形灯安装在摄像及灯光区，位置高于主播，确保灯光以 45 度角斜射向主播，照亮主播的面部和上身区域；然后在直播区左右侧安装柔光箱，确保光线能够均匀地覆盖整个直播区域。随后，将三脚架放置在直播区，用于固定主播的手机，方便主播查看弹幕。完成灯光和三脚架的布置后，周明将无线领夹式话筒与笔记本电脑进行连接，并将话筒夹在主播的衣领上，调整好话筒的位置，确保话筒能够清晰地收录主播的声音，同时避免因衣物摩擦或位置不当产生杂音。

8.3　直播商品规划

对于这次直播，张倩和周明决定只直播 2 个小时，带货商品数量尽量控制在 15 个以内。由于没有货源，他们准备直接通过抖音精选联盟进行直播选品，然后利用豆包进行排品规划。

步骤 01 确定选品方向。根据日常穿搭分享这一内容方向，两人认为选品可以聚焦在与服装、配饰等相关的商品上。为提升选品的针对性，张倩和周明先仔细分析了张倩抖音账号的粉丝画像，发现粉丝中女性用户的占比达到 90%，年龄多在 18 ～ 25 岁，大多分布在四川、重庆、湖北等地，于是他们准备将这部分用户作为目标用户，选择目标用户可能喜欢的服装和配饰，如基础款的 T 恤、牛仔裤，有独特剪裁和图案的衬衫、连衣裙，设计独特、性价比高的耳饰等。紧接着，他们又通过蝉妈妈、抖音热门商品榜单等查看抖音当前热销的商品，准备从中选择几款销量较高的。此外，考虑到正值夏季，他们还准备选择一些遮阳商品，如墨镜、遮阳帽等。

步骤 02 通过抖音精选联盟进行选品。打开抖音 App，进入选品广场，在"服饰内衣"选项卡下方选择"女士 T 恤"选项，如图 8-5 所示；在打开的界面中点击"筛选"按钮，然后在打开的面板中设置筛选条件，如包邮、运费险、佣金率 10% ～ 50%、月销量 1 万以上等，如图 8-6 所示；在搜索结果界面点击商品，查看详情并与商家沟通，确定后将商品加入选品车。最后两人按照同样的方法确定了其他商品并加入选品车，如图 8-7 所示为部分选品示例。

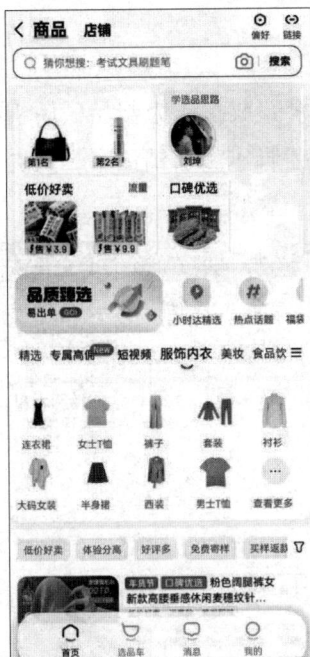

图 8-5　选择"女士 T 恤"选项　　图 8-6　设置筛选条件　　图 8-7　部分选品示例

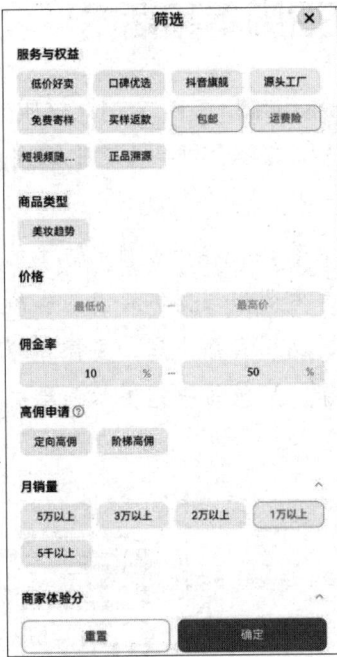

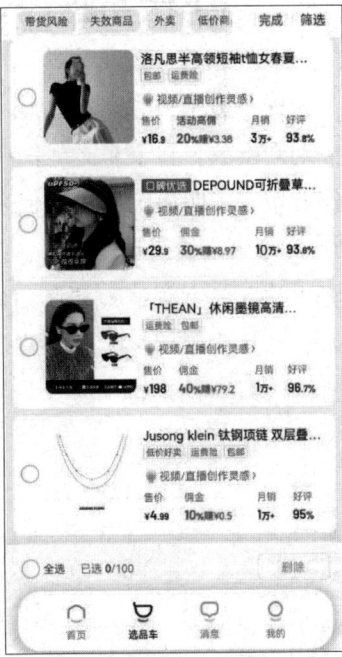

步骤 03 整理商品详细信息。详细查看直播商品，将商品的详细信息整理到 Word 文档中，包括名称、售价、预估每单赚、佣金率、好评率、月销量、卖点、保障等（配套资源:\ 素材文件 \ 第 8 章 \ 抖音直播商品详细信息 .docx）。

步骤 04 使用豆包进行排品。进入豆包官网，在对话框中上传文档并输入提示词，让豆包帮助排品，图 8-8 所示为豆包生成的排品效果示例。仔细审核豆包生成的排品策略，确定可用后将排品策略复制到 Word 文档中（配套资源:\ 效果文件 \ 第 8 章 \ 排品方案 .docx）。

排品策略分析

1. 引流款：选择价格低、受众广且具有吸引力的商品，吸引用户进入直播间，增加人气。

2. 热销款：销量高、好评率高的商品，能满足大部分用户需求，促进快速下单，提升直播间转化率。

3. 利润款：具有较高利润空间的商品，在用户对主播产生信任后推出，实现盈利最大化。

具体排品方案

开场引流（第 1 个商品）

• 商品：半高领紧身短袖

• 理由：价格仅 19.9 元，月销量高达 300 万+，款式经典易搭配且轻薄透气，受众广，能迅速吸引大量用户进入直播间，提升人气。

热销款过渡（第 2 - 4 个商品）

1. 商品：窄版阔脚牛仔裤

• 理由：月销 10 万+，好评率 94%，高腰拉长腿部比例、宽松版型无束缚、复古颜色显时尚，是服装类热门商品，承接开场引流带来的流量，满足用户对时尚裤子的需

商品 1——可折叠草帽

售价：29.9 元
预估每单赚：8.97 元
佣金率：30%
好评率：93.8%
月销量：10 万+
卖点：可折叠斜跨、隔热不挡光、加大帽檐
保障：包邮、运费险、极速退款、七天无理由退货

商品 2——休闲墨镜防紫外线

售价：198 元
预估每单赚：79.2 元
佣金率：40%
好评率：96.7%
月销量：1 万+
卖点：大框猫眼显脸小、佩戴不压鼻、阻隔强光且视野清晰
保障：包邮、运费险、极速退款、七天无理由退货

商品 3——钛钢项链双层叠戴锁骨链

售价：4.99 元

图 8-8　豆包生成的排品效果示例

8.4　使用豆包生成直播脚本和话术

为提升直播效果，张倩还在网上购买了 10 个钢钛材质的素圈戒指作为奖品，用于在直播期间发放。接下来，他们两人需要结合排品方案来策划直播脚本和营销话术。为提升制作效率，周明决定利用豆包来生成。

步骤 01 ▶ 生成直播脚本。进入豆包官网，在生成排品方案的对话界面的对话框中输入提示词，如"假如你是周明，根据你给出的排品方案生成直播脚本。直播脚本的要素包括直播时间、直播主题、主播介绍、人员分工、直播流程等"，单击"发送"按钮，豆包将根据提示词生成直播脚本，如图 8-9 所示。

> 微课视频
>
> 使用豆包生成直播脚本和话术

图 8-9　豆包生成的直播脚本

步骤02 优化直播脚本。直播脚本的内容比较多，豆包生成的内容可能不能完全符合实际情况。张倩两人根据实际需求对脚本进行了调整、优化，优化后的直播脚本效果如表 8-2 所示。

表 8-2　优化后的直播脚本

整场直播脚本		
直播时间	2025 年 6 月 15 日 20:00 ～ 22:00	
直播主题	夏日精选，时尚好物分享夜	
直播目标	直播销售额达到 2000 元	
商品数量	15 款	
主播	张倩	
时间段	流程规划	工作安排
20:00 ～ 20:10	开场预热	张倩热情开场，先简单介绍自己，引导用户关注直播账号，然后介绍今日的直播主题和商品；场控播放背景音乐，营造热闹的直播氛围
20:11 ～ 20:15	抽奖互动	张倩引导用户关注直播账号，然后介绍抽奖的方式，如"小伙伴们，点点左上角的关注，然后发送'张倩精选夏日好物'，主播马上开始截屏，截到的前 5 位小伙伴将获得我们精心准备的礼品哦！"周明负责收集中奖者信息，并与中奖者取得联系
20:16 ～ 20:20	讲解引流款商品	张倩详细介绍引流款商品，并进行试穿，以及回答用户的问题；周明与张倩进行画外音互动，并发布商品链接，回复用户的订单咨询
20:21 ～ 20:35	讲解热销款商品	张倩详细介绍热销款商品，并进行试穿，以及回答用户的问题；周明与张倩进行画外音互动，并发布商品链接，回复用户的订单咨询
20:36 ～ 20:50	讲解利润款商品	张倩详细介绍利润款商品，并进行试穿，以及回答用户的问题；周明与张倩进行画外音互动，并发布商品链接，回复用户的订单咨询
20:51 ～ 20:55	抽奖互动	张倩引导用户关注直播账号，再次介绍抽奖的方式；周明负责收集中奖者信息，并与中奖者取得联系
20:56 ～ 21:00	讲解引流款商品	张倩详细介绍引流款商品，并进行试穿，以及回答用户的问题；周明与张倩进行画外音互动，并发布商品链接，回复用户的订单咨询
21:01 ～ 21:15	讲解热销款商品	张倩详细介绍热销款商品，并进行试穿，以及回答用户的问题；周明与张倩进行画外音互动，并发布商品链接，回复用户的订单咨询
21:16 ～ 21:35	讲解利润款商品	张倩详细介绍利润款商品，并进行试穿，以及回答用户的问题；周明与张倩进行画外音互动，并发布商品链接，回复用户的订单咨询
21:36 ～ 21:55	商品返场	张倩对呼声较高的商品返场讲解，周明向张倩提示返场商品，并回复用户的订单咨询
21:56 ～ 22:00	结尾致谢	张倩感谢所有观看直播的用户，回顾直播亮点，再次强调品牌理念和优惠信息

步骤03 生成直播营销话术。继续在对话框中输入提示词，让豆包生成直播营销话术，如"结合排品方案和直播脚本，帮我生成有感染力的开场话术、引关注话术、促留存话术、促转化话术和下播话术"，单击"发送"按钮，豆包将会根据提示词生成话术，如图 8-10 所示。继续在对话框中输入提示词，要求豆包根据商品详细信息生成商品推荐有关营销话术，然后审核、优化话术。最后将所有话术整理到 Word 文档中，图 8-11 所示为部分商品推荐有关的营销话术示例（配套资源 :\效果文件\第 8 章\直播营销话术 .docx）。

开场话术

亲爱的家人们，晚上好！欢迎来到今晚的直播间！我是你们的主播倩倩。今晚，我们将开启一场夏日时尚的购物盛宴，从 20:00 到 22:00 这两个小时里，我会为大家带来 15 款精心挑选的时尚好物。在这个炎炎夏日，让我们一起用时尚的穿搭来迎接美好的每一天。家人们，关注主播不迷路，我们现在就正式开始啦！

引关注话术

家人们，还没有关注直播间的，赶紧动动你们的小手指点个关注哦！关注了主播，以后我们每次直播，您都能第一时间收到通知，不会错过任何一款时尚好物。而且，在直播过程中，我们还会有超多惊喜福利送给大家，像我们刚刚抽取的幸运用户，就得到了我们精心准备的礼品。所以，家人们，关注起来呀，让我们一起在时尚的道路上越走越美！

促留存话术

家人们，我们的每一款商品都有独特的魅力。接下来要展示的这款商品，无论是设计还是性价比，都超级赞。我们在挑选商品的时候，可是经过了千挑万选，每一款都考虑到了大家日常穿搭的需求。现在留在直播间，你就能看到更多时尚搭配，学到更多穿搭技巧，还能以优惠的价格买到心仪的商品。而且，我们每隔一段时间就会有抽奖互动，下一个幸运儿可能就是你哦！所以，家人们，千万不要离开直播间呀。

促转化话术

家人们，看看我手上这款 [具体商品]，它的月销量非常高，好评如潮。这个价格能买到这么高品质的商品，真的是非常划算。它不仅可以让你在这个夏天时尚出街，还能完美搭配你衣橱里的各种单品。现在下单，你就能拥有这份时尚。而且，我们直播间有完善的售后服务，让你没有后顾之忧。家人们，不要犹豫了，赶紧下单吧！

下播话术

亲爱的家人们，时间过得真快，两个小时的直播就要[illegible]声了。非常感谢大家今晚的陪伴和支持。希望我们今天分享的这些时尚好物，能够给大家的夏日穿搭带来一[illegible]灵感。如果还有没来得及下单的家人，也不要遗憾，可以关注我们的直播间，下次直播还有更多好物等着你，再次感谢大家，我们下次直播再见啦，祝大家有个美好的

图 8-10　豆包生成的话术

商品：半高领紧身短袖

夏天怎么能少得了短袖呢？家人们，主播今天先给大家带来一款半高领的紧身短袖。这款短袖的款式非常经典，无论是搭配短裤、短裙还是长裤，都能轻松打造出时尚感满满的造型。虽然是半高领，但是非常轻薄透气，不会闷热。这款半高领紧身短袖今年非常热门，月销量有 300 万+，好评率也很高，真的是超多人喜欢。主播拿到手就自留了，性价比特别高，只要 19.9 元！尽管价格便宜，但是这款短袖提供有包邮、运费险、极速退款和七天无理由退货服务，商家真的是诚意满满！

商品：窄版阔腿牛仔裤

家人们，你们平时穿牛仔裤的时间多不多？主播是梨型身材，想买到一款合适的牛仔裤真的太难了。但是我一定要给你们推荐一款我最近特别喜欢穿的牛仔裤！它的设计非常独特，高腰的设计能够拉长腿部比例，让你的双腿看起来又长又直。这款阔腿牛仔裤版型比较宽松，不会有束缚感，穿着特别舒服，行动自如。复古的颜色更是时尚易搭配，无论搭配什么上衣、鞋子和包包，都时尚感满满。它的月销量有 10 万 +，人气超高。这款牛仔裤售价 209 元，虽然价格有点高，但是它的品质和时尚感绝对值得。我们为大家包邮哦，同时还提供运费险、极速退款和七天无理由退货的保障。家人们，放心拍吧！

商品：蓝色无袖连衣长裙

家人们，接下来主播要给大家推荐一款特别显气质的连衣裙。这款无袖连衣裙真的是太美了，它的优势非常突出。首先，轻薄透气的面料让你在夏天感觉无比舒适，透气性非常好。并且，高腰设计显腿长，能够巧妙地拉长腿部线条，让你的身材比例更加完美。此外，这款连衣裙颜色清新无色差，就像天空中的一抹蓝色，非常治愈。它的好评率高达 98.2%，月销量 10 万+，深受大家喜爱。这款连衣裙售价 69.9 元，性价比超高。我们包邮，还提供运费险、极速退款和七天无理由退货，家人们，赶快下单吧！这款连衣裙适合很多场合，无论是参加聚

图 8-11　部分商品推荐有关的营销话术示例

8.5　策划直播引流方案并制作宣传物料

微课视频

策划直播引流方案并制作宣传物料

在直播前一周，为提升直播间的人气和流量，周明准备利用豆包策划一个简单的直播引流方案，然后根据直播引流方案制作宣传物料。

步骤 01 生成直播引流方案。进入豆包官网，在对话框中输入提示词，如“请继续帮我生成直播引流方案”，单击“发送”按钮，豆包将会根据提示词生成引流方案，如图 8-12 所示。

夏日时尚好物直播引流全流程方案

方案背景

本次直播旨在推广夏日时尚好物，助力主播张倩和搭档周明在竞争激烈的直播市场中脱颖而出，吸引目标受众，实现销售转化和品牌成长。考虑到首次直播且预算有限，我们精心策划了涵盖直播前、中、后的系统性引流方案。

适用对象

主播张倩及搭档周明，专注时尚穿搭类直播带货，目标受众主要为年轻女性。

直播前引流

短视频预告（前 7 天至前 3 天）

1. **内容规划**

- 拍摄“主播风采秀”短视频，全方位展示张倩的穿搭风格与魅力，融入直播商品元素，如佩戴直播中的项链、耳环进行展示，吸引用户关注主播。
- 制作“爆款单品揭秘”系列短视频，详细介绍可折叠草帽、蓝色无袖连衣长裙等重点商品的设计亮点、材质优势及穿搭效果，激发用户兴趣。

2. **发布计划**

- 每日 12 点及 19 点各发布一条短视频，这两个时段用户活跃度高。第一条视频发布后，间隔 3~4 小时发布下一条，保持账号热度。
- 带上热门话题 #夏日时尚穿搭 #潮流单品推荐 #直播福利来袭 等，增加视频曝光机会。

3. **互动引导**

- 视频结尾以亲切的口吻引导用户关注主播、点赞评论，如“喜欢我的穿搭就赶紧关注我吧，直播当晚超多惊喜等你哦！点赞评论本条视频，抽取幸运粉丝送小礼品！”，并及时回复用户评论，增强互动性。

社交媒体预热（前 7 天至前 3 天）

1. **平台选择**

- 主打微信朋友圈、微博、小红书三大平台，根据平台特点定制内容。

2. **内容发布**

- 微信朋友圈：每天发布直播海报、商品图片、短视频预告，文案突出直播亮点，如“6 月 15 日 20:00，夏日时尚盛宴开启！时尚博主张倩亲自挑选 15 款超值好物，还有神秘抽奖！姐妹们快来围观！”
- 微博：发布详细图文预告，包括直播主题、时间、商品清单及特色，@时尚达人和相关话题主持人，如“时尚博主张倩首播来袭！6 月 15 日20:00，带你解锁夏日15 款时尚单品，从清新连衣裙到酷炫墨镜，总有一款适合你！@时尚达人 XXX @穿搭潮流前线 #夏日时尚直播 #直播购物”。
- 小红书：分享穿搭图片和短视频，配上吸引人的文案，如“夏日时尚秘籍！在 6 月 15 日的直播间，这些单品让你秒变时尚焦点”，使用相关话题标签提高曝光率。

3. **互动活动**

- 微博：发起“夏日时尚心愿单”话题讨论，引导用户分享期待在直播中看到的商品或穿搭风格，从中抽取幸运用户赠送优惠券或小礼品。
- 小红书：举办“点赞收藏赢好礼”活动，鼓励用户点赞收藏直播预告笔记，在评论区分享自己的夏日穿搭困扰，抽取幸运用户送上直播商品小样或精美饰品。

合作推广（前 7 天至前 3 天）

1. **寻找合作伙伴**

- 联系时尚穿搭领域粉丝量在 5 万~20 万的中小博主、达人，筛选与张倩风格相符、粉丝群体匹配的进行合作洽谈。

2. **合作方式**

- 邀请合作伙伴在社交媒体上转发直播预告内容，如微博转发并配上推荐语“我的时尚好友张倩即将开启直播首秀，超多夏日美衣和时尚配饰等你来选，6 月 1[illegible] 20:00，一起变美吧！”；小红书发布图文推荐，介绍张倩的直播亮点和特色商品。

图 8-12　豆包生成的直播引流方案

步骤 02 优化直播引流方案。豆包生成的直播引流方案中，引流方式较多，周明根据实际情况选取一部分进行优化。优化后的直播引流方案部分效果如图 8-13 所示。

6·15 直播引流全流程方案

本引流方案旨在吸引目标用户观看直播，实现销售转化。考虑到首次直播且预算有限，于是精心策划了涵盖直播前、中、后的系统性引流方案。

适用对象：主播张倩、运营周明。

一、直播前引流

1. 短视频预告

内容规划：张倩口播出镜，全方位展示其穿搭，并融入部分直播商品，如连衣裙、项链、耳环等，短视频最后点明首次直播的时间和平台等，并以亲切的口吻引导用户关注账号、分享短视频。

发布平台：抖音。

发布时间：直播前 3 天，每天 19:00 发布一条。

2. 社交媒体预热

平台选择：微信朋友圈、微博、小红书。

内容规划：根据平台特点定制内容。在微信朋友圈中发布直播引流文案+直播引流海报，文案融入日常生活中突出直播亮点。在微博中发布详细图文预告，包括直播主题、时间、平台和直播亮点等，并添加热门话题。在小红书中发布与穿搭有关的笔记，笔记以分享的口吻表明哪些单品可以提升精致感，并配上直播预告有关的封面图，同时添加有关的话题。

3. 抖音直播广场引流

提前设置直播预告，详细介绍直播内容和亮点，同时优化直播标题和封面。

二、直播中引流

直播过程中，适时引导用户分享直播间，如"宝宝们，觉得今天的直播不错的话，赶紧点击右上角分享给你的闺蜜们，一起享受时尚购物的乐趣，分享直播间还有机会参与抽奖哦！"。

三、直播后引流

直播结束后，尽快剪辑直播精彩片段，如商品展示、穿搭示范等，制作成 3~5 个短视频，在抖音、微信、小红书等平台发布，吸引未能观看直播的用户关注。短视频文案要引导用户关注主播，如"错过了昨晚的直播？没关系，精彩回放来啦！看我如何演绎夏日时尚，关注主播，下次直播更精彩哦！"同时告知用户可以通过橱窗购买直播商品。

图 8-13　优化后的直播引流方案

步骤03 ◆制作预告短视频脚本。周明从"抖音直播商品详细信息 .docx"中选取了 2～3 款商品进行搭配，决定再结合直播引流文案规划一个简单的短视频脚本，并以表格的形式呈现。如表 8-3 所示为短视频脚本示例。（读者如果不知道如何制作短视频脚本，同样可以在豆包中输入提示词进行生成。）

表 8–3　预告短视频脚本示例

镜号	景别	拍摄方式	画面内容	台词	背景音乐	时长/秒
1	全景	固定镜头	阳光明媚的户外公园，主播张倩站在花丛或草地中，身着蓝色无袖连衣裙，搭配可折叠草帽、耳环、锁骨链和手提草编包，面带微笑，向镜头挥手	大家好，我是张倩。今日穿搭来啦	节奏明快的背景音乐	3
2	近景	固定镜头	张倩慢慢转圈展示连衣裙	最近真的很喜欢这款连衣裙！颜色非常亮丽，穿上后感觉活力满满，单穿简约大方，也能搭配罩衫、衬衫等		3
3	特写	推镜头	逐渐聚焦在耳饰和锁骨链上，展现其精致细节	搭配白色的珐琅耳环和锁骨链，增加精致感		2
4	特写	固定镜头	张倩将草帽从头上拿下来进行展示和折叠	外出防晒可少不了！到室内了，还可以折叠后背起来，非常方便		2
5	近景	固定镜头	张倩面向镜头，真诚地微笑着	家人们，如果喜欢我今天分享的穿搭，一定要来我的直播间哦！6 月 15 日 20:00，我在抖音直播间等着你，还有超多惊喜福利和抽奖活动哦		3

步骤04 ◆制作微信朋友圈、微博和小红书中的引流文案。进入豆包官网，选择左侧列表中的"帮我写作"，在打开的页面中单击"社媒文章"，在下方选择"朋友圈"，如图 8-14 所示，再在下方的对话框中输入提示词并发送，最后在生成结果中筛选合适的内容并整理到 Word 文档中。按照同样的方式生成微博和小红书引流文案并整理到 Word 文档中，图 8-15 所示为制作好的引流文案。

图 8-14　选择"朋友圈"

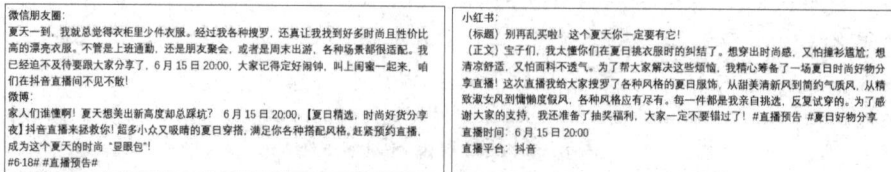

图 8-15　制作好的引流文案

步骤 05 ▶制作引流海报。进入创客贴官网，登录账号后在首页左侧列表中选择"智能设计"选项，在"电商"栏下方单击"电商海报"选项，在打开的页面中输入主标题、副标题，上传商品图（配套资源:\素材文件\第8章\商品图.jpg），如图8-16所示。单击"智能生成设计"按钮，然后在生成结果中选择合适的引流海报并进行编辑和下载（配套资源:\效果文件\第8章\引流海报.jpg），图8-17所示为引流海报效果。

步骤 06 ▶制作预告图。返回创客贴智能设计页面，在"小红书"栏下方选择"小红书图文封面"，在打开的页面中上传商品图，输入主标题和副标题，单击"智能生成设计"按钮进行生成，然后在生成结果中选择合适的图片并进行编辑和下载（配套资源:\效果文件\第8章\预告图.jpg），图8-18所示为预告图效果。

图 8-16　上传商品图　　图 8-17　引流海报效果　　图 8-18　预告图效果

8.6　设置抖音直播间并开播

前期引流工作已完成，根据反馈，有许多用户表示非常期待张倩的直播。在直播当晚，周明完成直播封面、介绍和清晰度、商品等的设置后，张倩开始直播带货。

步骤 01 打开抖音 App，在主界面下方点击■按钮，在打开的界面下方点击"开直播"选项。

步骤 02 打开"开直播"界面，点击上方的"更换封面"按钮，在打开的面板中点击"从手机相册选择"（见图 8-19），将"商品图 .jpg"设置为直播封面，在直播封面右侧输入标题"夏日好物分享"，如图 8-20 所示。

步骤 03 在界面中点击"更多功能"按钮，打开"更多功能"面板，点击"直播间介绍"选项，在打开的面板中启用直播间介绍功能，输入"欢迎大家来到直播间！主播叫张倩，能够为大家带来性价比超高的服饰~关注主播不迷路！"点击"保存并修改"按钮，如图 8-21 所示。

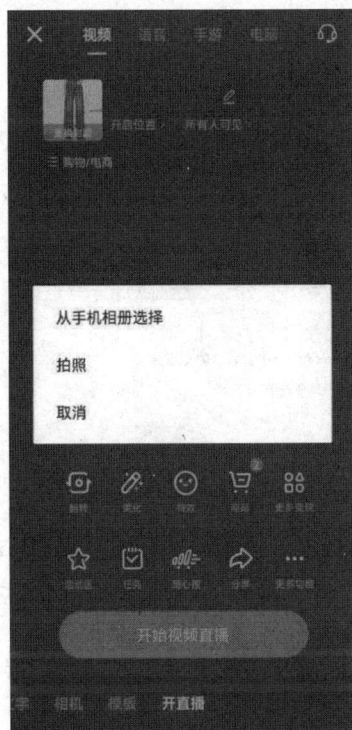

图 8-19　更换封面　　　　图 8-20　输入标题　　　　图 8-21　设置直播间介绍

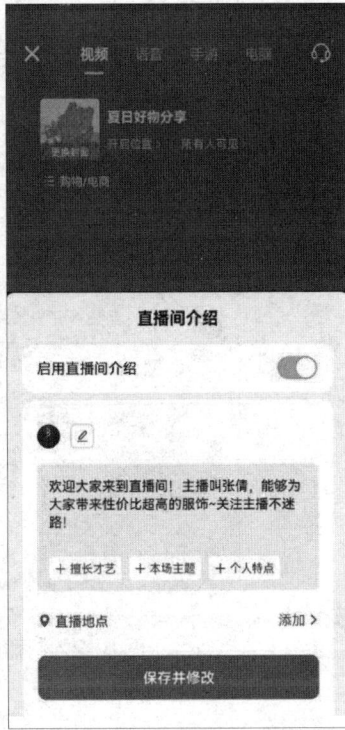

步骤 04 继续在"更多功能"面板中点击"清晰度"选项，在打开的面板中点击"超清"选项。

步骤 05 在"开直播"界面点击"商品"按钮，打开"直播商品"界面，点击右上角的

"添加"按钮，打开"添加商品"界面，点击"选品车"选项，在列表中选择要带货的商品，然后点击"添加"按钮，如图8-22所示。

步骤06 返回"开直播"界面，单击"开始视频直播"按钮，确认直播画面和声音等正常后提示用户直播开始，然后按照直播脚本和营销话术等进行开场、抽奖等环节。

步骤07 在直播间下方点击回按钮，在打开的"直播商品"界面点击需要讲解的第1个商品对应的"讲解"按钮，如图8-23所示。此时，系统将自动录制主播讲解片段，"讲解"按钮显示为"取消"按钮，同时用户端将展示正在讲解的商品。主播讲解完商品后，点击"取消"按钮结束录制，并在直播间取消商品的展示。

步骤08 直播完毕后，点击界面右上角的"关闭"按钮结束直播。

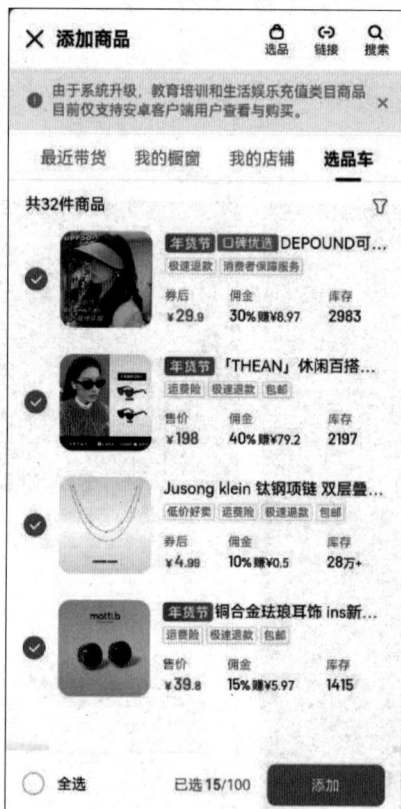

图8-22 添加商品

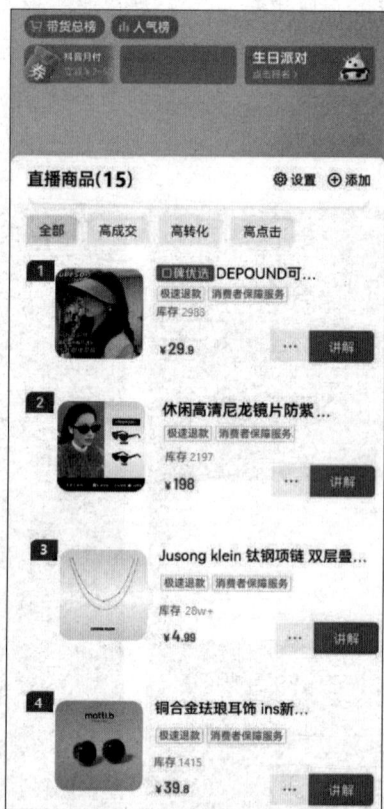

图8-23 讲解商品

8.7 抖音直播数据分析

为促进商品销售，周明在直播后在抖音中发布了直播时的精彩片段。两天后，他整理了本次直播有关的数据，如图8-24所示。接下来，张倩和周明打算详细分析直播数据，找出本次直播的优势和不足，并利用豆包得出优化方案。

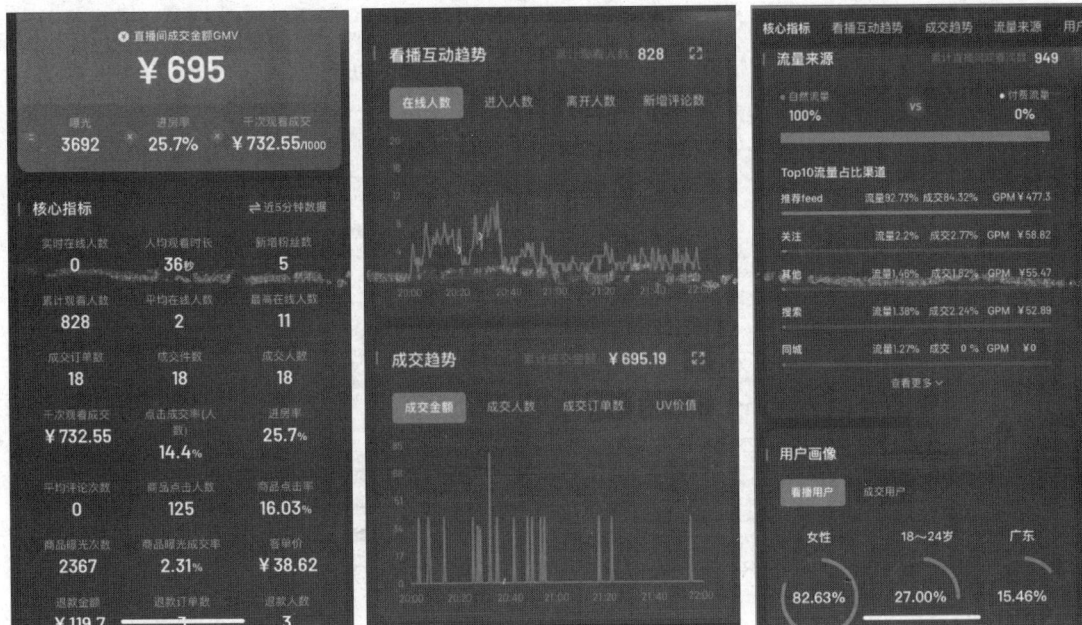

图 8-24　直播数据（部分）

步骤 01 ▶分析流量数据。本场直播的累计观看人数为 828 人、最高在线人数为 11 人、平均在线人数为 2 人、人均观看时长为 36 秒，并且直播间的在线人数在 20:30 以后快速下降，这说明直播间的人气不高、流量不足，整个直播过程中用户的留存情况很差。这意味着直播前的引流工作可能存在不足，直播内容的吸引力不够，可能存在内容单调、节奏缓慢或者主播讲解不够吸引人等问题。另外，整场直播的自然流量占比为 100%，这表明直播间的所有流量都来自自然渠道，并且平台的推荐算法对直播间流量贡献较大。

步骤 02 ▶分析转化数据。本场直播的成交金额为 695.19 元，这一数据反映直播最终带来的销售总额没有达到直播目标，表明直播间的销售能力还有较大的提升空间。成交订单数、成交件数和成交人数均为 18，这说明每个订单平均只包含 1 件商品，且购买行为相对分散，没有出现单个用户大量购买的情况。商品点击率为 16.03%，点击成交率为 14.4%，这表明商品本身具有一定的吸引力，一旦用户点击查看商品，就有较高的购买可能性。商品曝光次数为 2367 次，商品曝光成交率仅 2.31%，这说明尽管商品被大量用户看到，但吸引他们进行购买的能力相对较弱，这可能存在目标用户定位不准，直播内容吸引力不足等问题。另外，部分用户在购买商品后选择了退款（3 人），因此需要关注退款原因，可能涉及商品质量、物流配送或者直播中的商品描述与实际不符等问题，这些都会影响后续的直播销售和口碑。

步骤 03 ▶分析用户画像数据。本场直播女性占比达到了 82.63%、年龄主要集中在 18 ～ 24 岁，这说明年轻女性是直播间的主要用户。

步骤 04 ▶给出优化方案。根据分析结果可知，本场直播的流量数据和转化数据都不是很好，后续张倩两人可以针对反映出的问题进行改进。此外，张倩两人也可以利用豆包给出优化方案，然后结合实际情况进行细化，图 8-25 所示为豆包针对分析结果给出的优化方案。

以下是根据上述分析结果给出的优化方案：

一、流量提升

1. **直播前引流**
   - **社交媒体推广**：利用微博、微信、抖音等社交媒体平台提前发布直播预告。除了简单的文字和时间预告，还可以制作吸引人的短视频，展示直播中的亮点商品或有趣环节，吸引用户关注。
   - **与 KOL 合作**：寻找在目标受众（年轻女性）中有影响力的达人或 KOL 进行合作。他们可以在直播前帮助宣传，通过他们的推荐将其粉丝引流到直播间。
   - **粉丝群运营**：建立和维护自己的粉丝群，在群内提前透露直播优惠信息、商品亮点等，鼓励粉丝邀请朋友一起观看直播。
2. **直播过程中流量保持**
   - **优化直播节奏**：
     - 避免节奏缓慢，提前规划好直播流程，合理安排商品介绍、互动环节等。例如，每 10～15 分钟设置一个小活动，如抽奖、优惠券发放等。
     - 增加互动环节的频率，如问答、投票、用户分享抽奖等，让用户有参与感，从而停留更长时间。
   - **优化直播内容**：
     - 根据年轻女性的兴趣点，增加时尚、美妆、生活小窍门等相关内容的分享，使直播内容更加丰富多样。
     - 主播要更加富有激情，提高讲解的趣味性和吸引力，如使用生动的语言、幽默的表达方式。

二、转化提升

1. **商品策略**
   - **优化商品组合**：推出一些商品套餐或组合优惠，吸引用户一次性购买多件商品，提高单笔订单金额。
   - **精准定位目标用户**：根据年轻女性的消费习惯和需求，进一步优化商品选择和展示方式。例如，对于 18～24 岁女性，可能更关注时尚、性价比高的商品，可以增加这类商品的曝光和推荐。
   - **商品展示优化**：在展示商品时，除了介绍基本功能和外观，还可以增加使用场景演示、搭配建议等，让用户更直观地感受到商品的价值，提高商品曝光和成交率。
2. **售后保障**
   - **关注商品质量和物流**：与优质供应商合作，确保商品质量。同时，选择可靠的物流合作伙伴，确保商品能够及时、准确地送达用户手中。
   - **优化商品描述**：确保直播中的商品描述准确、详细，避免夸大其词导致用户购买后产生心理落差而退款。同时，可以在商品详情页中增加用户评价和反馈，增加新用户的购买信心。

三、用户画像针对性优化

1. **内容定制**：既然年轻女性是主要用户，在直播内容、商品选择、视觉设计等方面都要更加贴合她们的喜好。例如，采用年轻时尚的直播背景，选择符合年轻女性审美和需求的商品，如时尚服饰、美妆护肤、创意生活小物件等。
2. **互动方式优化**：针对年轻女性喜欢分享和交流的特点，设置更多适合她们的互动方式，如闺蜜式聊天、分享生活经验等，增强用户黏性。

图 8-25　豆包针对分析结果给出的优化方案

第9章
淘宝直播营销实战

【实战背景】

吴金是一位在零售行业打拼多年的个人商家，经营着一家品类丰富的生活用品实体店，凭借自己对本地市场的把握和用心经营，在当地站稳了脚跟。随着互联网的发展，吴金还开了一家淘宝网店，但为降低经营风险，网店内销售的商品种类相对有限。当前直播行业大热，吴金决定抓住直播带货这一风口，借助淘宝主播 App 开展商品销售。

【实战目标】

- 能够灵活运用通义，根据生活用品类商品特性，规划创意新颖且极具转化力的营销内容。
- 精通淘宝直播全流程操作，实现生活用品类商品在淘宝中的高质量开播。
- 掌握淘宝直播销售生活用品类商品的实战技巧，以及淘宝直播数据分析的具体操作。

9.1 搭建直播间

吴金认为，直播作为一种有效的商品销售方式可以长期运用，但是若直接在线下店铺进行直播，可能会干扰线下顾客的正常选购，影响顾客的购物体验甚至招致不满。因此，吴金计划在仓库内搭建一个模拟店内环境的直播间，营造真实、可信且充满生活气息的购物氛围。

步骤01 ◆ 确定直播场地并进行规划布局。首先，吴金全面清理仓库，整理出专门的直播区域，然后依据线下店铺的布局逻辑，对整个直播区域进行规划布局。具体上，将直播区域划分为背景展示区、主播讲解区、商品存放区、摄像及灯光区和后台区。背景展示区仿照店内货架陈列方式，使用坚固且美观的货架，按照商品类别，如清洁用品、厨房用具、家居装饰等分区摆放；主播讲解区紧邻背景展示区，配置高度合适的桌椅；商品存放区分为待播商品区和已播商品区，使用多层置物架将商品分类存放；摄像及灯光区位于主播正前方，用来放置摄像设备和补光灯等；后台区主要用于放置计算机和工作人员活动等。图9-1所示为直播间的规划布局示意图。

步骤02 ◆ 购买直播设备和物料。吴金当前可用的直播设备只有一台手机，仓库的网络设备可用。他准备购买一些直播设备和物料，如手机、补光灯、话筒、计算机、三脚架，以及与线下店铺同风格的货架和小型装饰摆件等。图9-2所示为部分设备和物料展示。

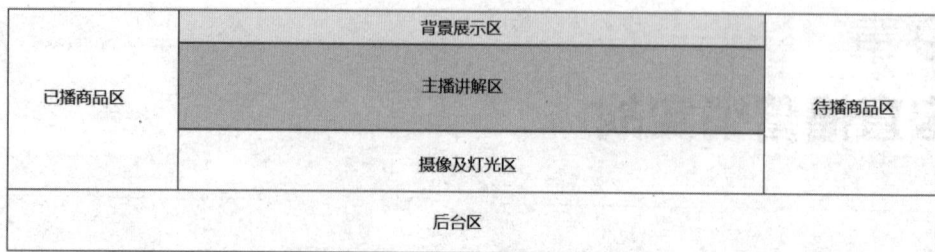

图 9-1　直播间的规划布局示意图

图 9-2　部分设备和物料展示

步骤 03 ● 布置直播间。吴金将购买的直播设备和物料，如补光灯、话筒、计算机、货架等进行组装，并根据直播区域的规划布局，将它们放置在合适的位置。其中，确保补光灯能够照亮主播和背景展示区，同时避免产生眩光或阴影，图 9-3 所示为灯光布置方案示例。话筒放置在主播附近，以确保声音清晰、无噪声干扰。另外，吴金还要在计算机和手机上安装对应的直播软件和平台，并进行必要的配置，确保能够识别并正确连接摄像设备、话筒等。

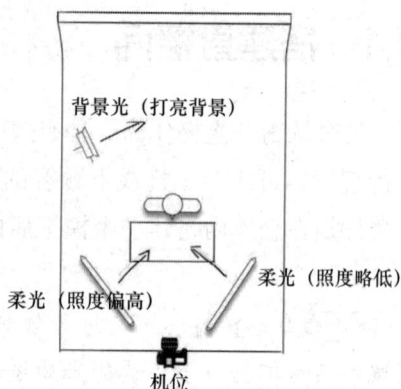

图 9-3　灯光布置方案

9.2　挑选直播商品

对于此次直播，吴金满心期待又略感紧张。考虑到是初次直播，他与其他两位员工商议后，决定只播 90 分钟，时间定在 2025 年 5 月 1 日 21:00 ～ 22:30。除了在网店中挑选 5 款销量靠前的商品，他们还准备在阿里巴巴 App 挑选 5 款商品。

步骤 01 ● 确定选品方向。为提升选品的针对性，吴金先仔细分析了淘宝网店后台的用户数据，发现女性用户的占比较大，达到 85%，年龄多在 25 ～ 45 岁，于是他将这部分用户作为目标用户，选择她们可能会喜欢的生活用品。紧接着，吴金又在千牛工作台中利用万相台的流量解析功能查找与生活用品相关的热搜词，如日用品（见图9-4）、日常生活用品等，准备依据这些热搜词来确定商品种类。经过筛选，吴金最终决定本场直播的选品为水杯、桌面风扇和收纳盒等。

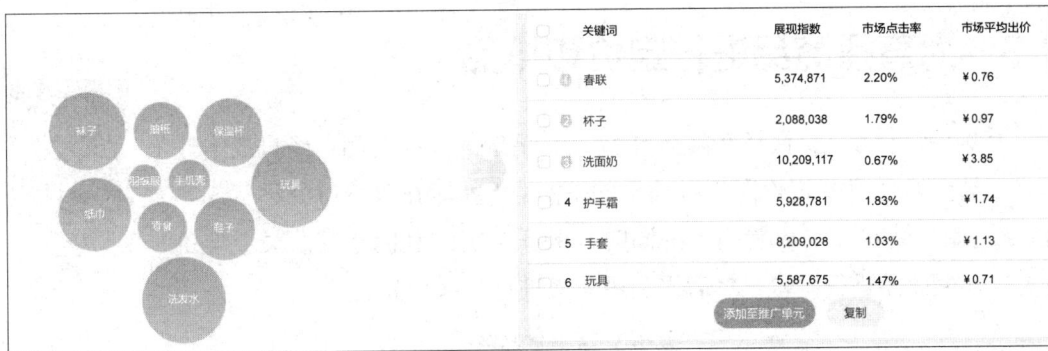

	关键词	展现指数	市场点击率	市场平均出价
	春联	5,374,871	2.20%	¥0.76
	杯子	2,088,018	1.79%	¥0.97
	洗面奶	10,209,117	0.67%	¥3.85
4	护手霜	5,928,781	1.83%	¥1.74
5	手套	8,209,028	1.03%	¥1.13
6	玩具	5,587,675	1.47%	¥0.71

图9-4　与日用品相关的关键词

步骤02 ▶ 利用阿里巴巴 App 进行选品。吴金打开阿里巴巴 App，登录账号后在顶部搜索框中输入关键词"水杯"，点击"搜索"按钮，得到与水杯有关的搜索结果，如图9-5所示；点击"筛选"按钮，在打开的面板中设置筛选条件，如商家类型为实力商家，服务保障为包邮，适用人群为女士等，如图9-6所示；再按销量从高到低进行商品的排序；最后，在搜索结果界面点击商品查看详情并与商家沟通拿样，确定后将商品加入购物车，待下单购买。图9-7所示为部分商品示例。

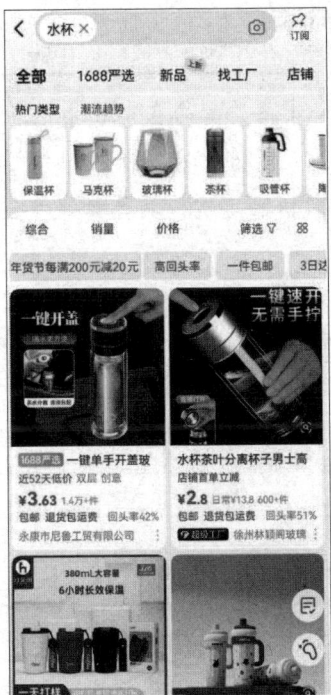

图9-5　与水杯有关的搜索结果　　图9-6　设置筛选条件　　图9-7　部分商品示例

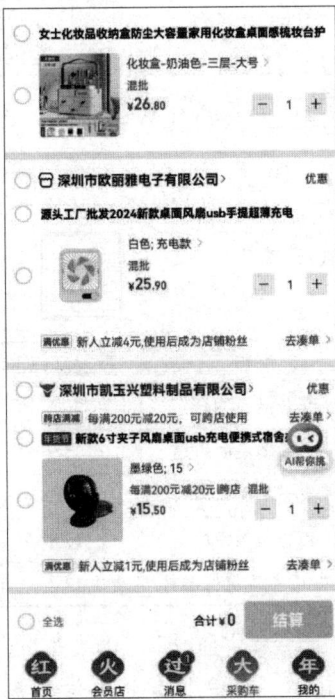

步骤 03 ▷ 按照相同的方式挑选其他商品。商品到货后，吴金使用千牛工作台发布商品。发布商品需上传商品主图，确认商品类目，然后填写基础信息、销售信息、物流服务、支付信息、图文描述、售后服务等。

9.3 为直播商品进行定价和排品

表 9-1 所示为吴金最终在阿里巴巴 App 挑选的 5 款商品。经过成本计算后，吴金发现只要定价高于批发价的 1.2 倍，就能在覆盖所有运营成本（包括仓储、营销及平台费用）的同时，保证一定的利润空间。吴金准备先为这 5 款商品进行定价，然后再利用通义进行直播排品。

微课视频

为直播商品
进行定价和
排品

表 9-1　5 款商品的详细信息

名称	批发价 / 元	卖点
化妆品收纳盒	26.8	分层设计，收纳一目了然；防尘防水；大容量设计，节省台面空间；双面翻盖设计，两边都能拿取；PS-PP 材质，不易损坏
手提超薄桌面风扇	25.9	轻薄机身，占桌面空间小；五叶弧扇，风大但柔和；减震降噪设计；续航时间长达 10 小时；三角支架，支撑稳固
夹子桌面风扇	15.5	6 种送风模式；新升级消音系统，静音吹风；可左右 360° 旋转；续航时间长达 8 小时；可夹可立
带盖勺陶瓷杯	11.8	附带盖勺，防尘卫生；造型可爱，质感满满；高温烧制，优质陶瓷；口径大，易装易清洗
750mL 大容量保温杯	22.8	316 不锈钢材质，健康安全；12 小时长效保温，温暖随行；一键开合，便捷饮水；大容量设计，满足长时间饮水需求；杯盖搭配密封圈，密封防漏

步骤 01 ▷ 吴金分别在淘宝、京东等平台中搜索相似商品，统计同类商品在市场上的价格水平，然后查看市场价格的变化趋势，是处于上升、下降阶段还是处于稳定阶段。经过研究后，吴金 3 人结合对比分析结果，利用尾数定价法为这 5 款商品定价，具体如表 9-2 所示（成本价 =1.2× 批发价）。

表 9-2　5 款商品的定价

名称	批发价 / 元	直播售价 / 元	净利润 / 元（直播售价 – 成本价）
化妆品收纳盒	26.8	49.9	17.74
手提超薄桌面风扇	25.9	39.9	8.82
夹子桌面风扇	15.5	29.9	11.3
带盖勺陶瓷杯	11.8	22.9	8.74
750mL 大容量保温杯	22.8	59.9	32.54

步骤 02 ▷ 吴金统计 10 款直播商品的详细信息，包括名称、直播售价（后续简称售价）、净利润、卖点等，并将信息整理到 Word 文档中（配套资源 :\ 素材文件 \ 第 9 章 \ 直播商品详细信息 .docx）。图 9-8 所示为商品信息整理效果。

商品 1——化妆品收纳盒

售价: 49.9 元

净利润: 17.74 元

卖点: 分层设计, 收纳一目了然; 防尘防水; 大容量设计, 节省台面空间; 双面翻盖设计, 两边都能拿取; PS-PP 材质, 不易损坏。

商品 2——手提超薄桌面风扇

售价: 39.9 元

净利润: 8.82 元

卖点: 轻薄机身, 占桌面空间小; 五叶弧扇, 风大但柔和; 减震降噪设计; 续航时间长达 10 小时; 三角支架, 支撑稳固。

商品 3——夹子桌面风扇

售价: 29.9 元

净利润: 11.3 元

卖点: 6 种送风模式, 新升级消音系统, 静音吹风; 可左右 360°旋转; 续航时间长达 8 小时; 可夹可立。

商品 4——带盖勺陶瓷杯

售价: 22.9 元

净利润: 8.74 元

卖点: 附带盖勺, 防尘卫生; 造型可爱, 质感满满, 高温烧制, 优质陶瓷; 口径大, 易装易清洗。

商品 5——750mL大容量保温杯

售价: 59.9 元

净利润: 32.54 元

卖点: 316 不锈钢材质, 健康安全; 12 小时长效保温, 温暖随行; 一键开合, 便捷饮水; 大容量设计, 满足长时间饮水需求; 杯盖搭配密封设计, 密封防漏。

商品 6——智能垃圾桶

售价: 69.9 元

净利润: 21.85 元

销量: 2300

卖点: 自动感应开盖, 不脏手; 垃圾袋不外翻, 整洁美观; 升级大电池, 续航时间超过 90 天; 搭配万向轮, 便捷移动。

商品 7——小夜灯

售价: 9.9 元

净利润: 4.2 元

销量: 5000

卖点: 光控感应, 天黑自动亮起, 白天自动熄灭; 全自动雷达感应, 人来自动亮; 专业光学设计, 柔光不刺眼; 采用优质 LED 节能灯珠, 节能耐用省电; 即插即用, 小巧不占地。

商品 8——纯棉洗脸巾

售价: 29.9 元

净利润: 5.78 元

销量: 2万

卖点: 悬挂设计, 不占地、易抽取; 140 抽大容量; 纯棉材质, 亲肤柔软; 双面平纹, 细腻柔和。

商品 9——桌面手机支架

售价: 5.9 元

净利润: 1.7 元

销量: 1万

卖点: 高度、角度自由调节, 适应各种姿势; 可折叠, 方便携带; 手机、平板通用; 预留充电口, 可插充电线; 加重底座, 稳固支撑。

商品 10——调料罐

售价: 12.9 元

净利润: 3.2 元

销量: 3200

卖点: 加厚玻璃瓶身, 通透美观, 安全稳固; 304 不锈钢瓶盖, 结实耐用; 4 只一组, 分类存储; 瓶盖内置硅胶密封圈, 进一步增强密封效果; 搭配小勺, 1 勺 2g, 精准取量。

图 9-8　商品信息整理效果

步骤03 进入通义官网, 登录账号后在对话界面单击对话框左侧的"上传"按钮, 在打开的面板中选择"上传文档"选项, 上传有关商品详细信息的文档, 然后在对话框中输入提示词, 如"请分析该文档, 并给出直播排品方案", 单击"发送"按钮, 通义将会根据提示词给出排品方案, 如图9-9所示。

步骤04 吴金仔细审核通义给出的排品方案, 然后根据自身的直播定位、目标用户和资源状况优化方案。图9-10所示为部分排品方案示例 (配套资源:\效果文件\第9章\直播排品方案.docx)。

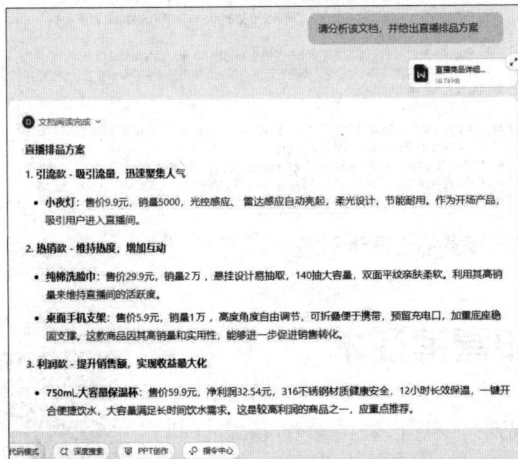

图 9-9　通义生成的排品方案

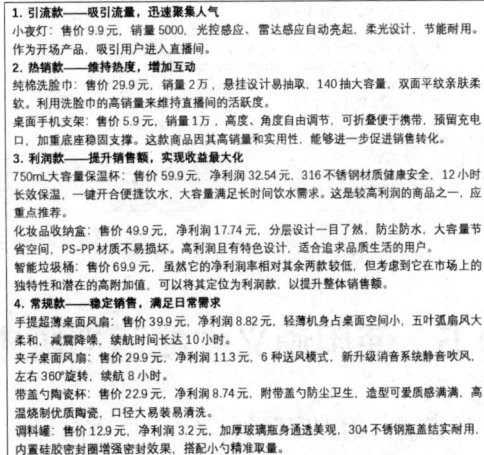

1. 引流款——吸引流量, 迅速聚集人气

小夜灯: 售价 9.9 元, 销量 5000, 光控感应、雷达感应自动亮起, 柔光设计, 节能耐用。作为开场产品, 吸引用户进入直播间。

2. 热销款——维持热度, 增加互动

纯棉洗脸巾: 售价 29.9 元, 销量 2 万, 是悬挂设计易抽取, 140 抽大容量, 双面平纹亲肤柔软。利用洗脸的高销量来维持直播间的活跃度。

桌面手机支架: 售价 5.9 元, 销量 1 万, 高度、角度自由调节, 可折叠便于携带, 预留充电口, 加重底座稳固支撑。这款商品因其高销量和实用性, 能够进一步促进销售转化。

3. 利润款——提升销售额, 实现收益最大化

750mL大容量保温杯: 售价 59.9 元, 净利润 32.54 元, 316 不锈钢材质健康安全, 12 小时长效保温, 一键开合便捷饮水, 大容量满足长时间饮水需求。这是较高利润的商品之一, 应重点推荐。

化妆品收纳盒: 售价 49.9 元, 净利润 17.74 元, 分层设计一目了然, 防尘防水, 大容量节省空间, PS-PP 材质不易损坏。高利润且有特色设计, 适合追求品质生活的用户。

智能垃圾桶: 售价 69.9 元, 虽然它的净利润率相对其余两款较低, 但考虑到它在市场上的独特性和潜在的高附加值, 可以将其定位为高利润款, 以提升整体销售额。

4. 常规款——稳定销售, 满足日常需求

手提超薄桌面风扇: 售价 39.9 元, 净利润 8.82 元, 轻薄机身占桌面空间小, 五叶弧扇风大柔和, 减震降噪, 续航时间长达 10 小时。

夹子桌面风扇: 售价 29.9 元, 净利润 11.3 元, 6 种送风模式, 新升级消音系统静音吹风, 左右 360°旋转, 续航 8 小时。

带盖勺陶瓷杯: 售价 22.9 元, 净利润 8.74 元, 附带盖勺防尘卫生, 造型可爱质感满满, 高温烧制优质陶瓷, 口径大易装易清洗。

调料罐: 售价 12.9 元, 净利润 3.2 元, 加厚玻璃瓶身通透美观, 304 不锈钢盖结实耐用, 内置硅胶密封圈增强密封效果, 搭配小勺精准取量。

图 9-10　部分排品方案示例

9.4　使用通义策划直播营销方案

对于如何开展直播营销，吴金了解不多。为打造出具有创意和吸引力的直播内容，他准备利用通义来策划直播营销方案。

步骤 01 吴金登录通义官网，在对话框中输入提示词，此处在提示词中给出营销背景，并为通义设定写作角色，让通义生成营销方案，图 9-11 所示为通义生成的营销方案。

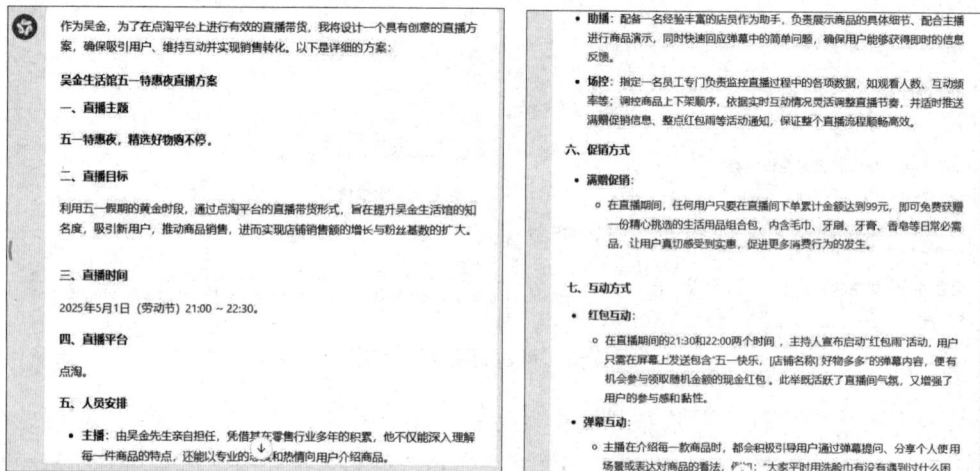

图 9-11　通义生成的营销方案

步骤 02 吴金阅读并审核通义生成的结果，理解其中的流程安排和促销方式、互动方式等，然后根据商品特点和目标用户等，调整和优化直播主题、内容和节奏等。图 9-12 所示为优化后的直播营销方案示例。

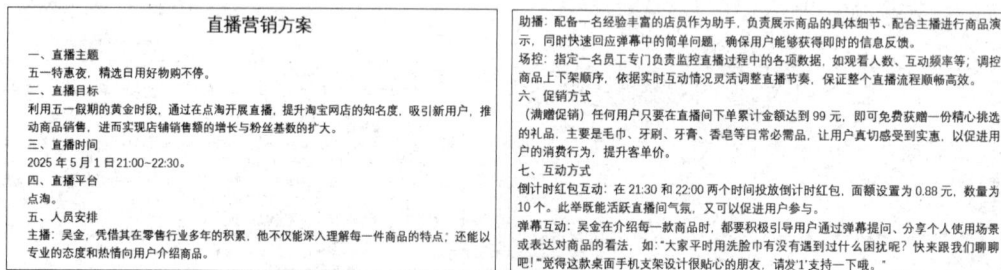

图 9-12　优化后的直播营销方案示例

9.5　使用通义生成直播脚本和营销话术

直播营销方案已经确定，直播内容大体成形，接下来吴金准备结合排品方案和直播营销方案来策划直播脚本和营销话术。为提升制作效率，他决定利用通义来生成。

步骤 01 生成直播脚本。吴金在生成直播营销方案对话页面的对话框中输入提示词，如“假如你是吴金，根据排品方案和直播营销方案生成直播脚本。直播脚本以表格的形式呈现，包括直播时间、直播主题、主播介绍、人员分工、直播流程等要素”，单击“发送”按钮。通义则根据提示词生成直播脚本，如图 9-13 所示。

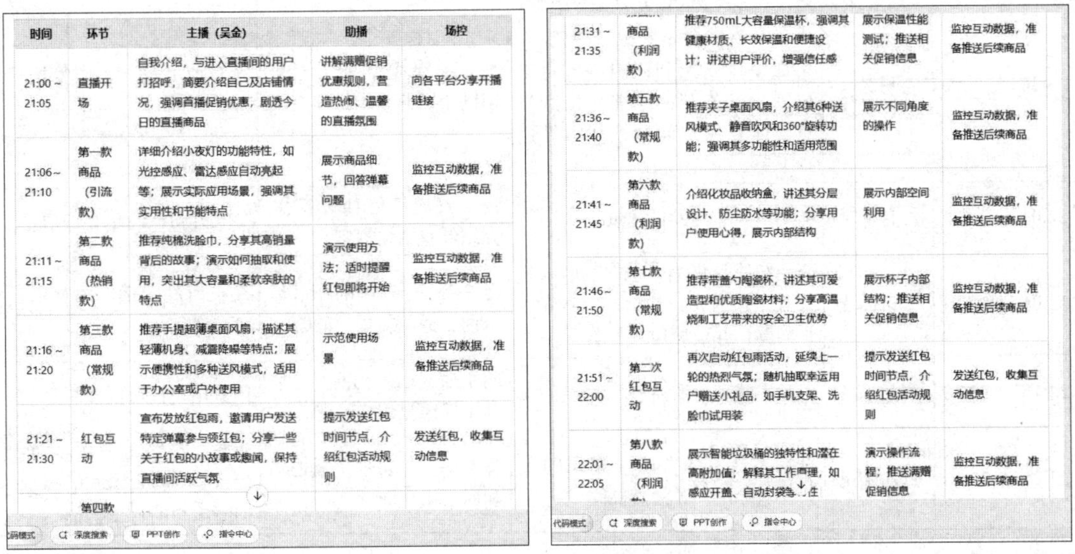

时间	环节	主播（吴金）	助播	场控
21:00～21:05	直播开场	自我介绍，与进入直播间的用户打招呼，简要介绍自己及店铺情况，强调首播促销优惠，剧透今日的直播商品	讲解满赠促销优惠规则，营造热闹、温馨的直播氛围	向各平台分享开播链接
21:06～21:10	第一款商品（引流款）	详细介绍小夜灯的功能特性，如光控感应、雷达感应自动亮起等；展示实际应用场景，强调其实用性和节能特点	展示商品细节，回答弹幕问题	监控互动数据，准备推送后续商品
21:11～21:15	第二款商品（热销款）	推荐纯棉洗脸巾，分享其高销量背后的故事；演示如何抽取和使用，突出其大容量和柔软亲肤的特点	演示使用方法；适时提醒红包即将开始	监控互动数据，准备推送后续商品
21:16～21:20	第三款商品（常规款）	推荐手提超薄桌面风扇，描述其轻薄机身、减震降噪等特点；展示便携性和多种送风模式，适用于办公室或户外使用	示范使用场景	监控互动数据，准备推送后续商品
21:21～21:30	红包互动	宣布发放红包雨，邀请用户发送特定弹幕参与领红包；分享一些关于红包的小故事或趣闻，保持直播间活跃气氛	提示发送红包时间节点，介绍红包活动规则	发送红包，收集互动信息
	第四款			

代码模式　深度搜索　PPT创作　指令中心

21:31～21:35	商品（利润款）	推荐750mL大容量保温杯，强调其健康材质、长效保温和便捷设计；讲述用户评价，增强信任感	展示保温性能测试；推送相关促销信息	监控互动数据，准备推送后续商品
21:36～21:40	第五款商品（常规款）	推荐夹子桌面风扇，介绍其6种送风模式、静音吹风和360°旋转功能；强调其多功能性和适用范围	展示不同角度的操作	监控互动数据，准备推送后续商品
21:41～21:45	第六款商品（利润款）	介绍化妆品收纳盒，讲述其分层设计、防尘防水等功能；分享用户使用心得，展示内部结构	展示内部空间利用	监控互动数据，准备推送后续商品
21:46～21:50	第七款商品（常规款）	推荐带盖勺陶瓷杯，讲述其可爱造型和优质陶瓷材料；分享高温烧制工艺带来的安全卫生优势	展示杯子内部结构；推送相关促销信息	监控互动数据，准备推送后续商品
21:51～22:00	第二次红包互动	再次启动红包雨活动，延续上一轮的热烈气氛；随机抽取幸运用户赠送小礼品，如手机支架、洗脸巾试用装	提示发送红包时间节点，介绍红包活动规则	发送红包，收集互动信息
22:01～22:05	第八款商品（利润	展示智能垃圾桶的独特性和潜在高附加值；解释其工作原理，如感应开盖、自动封袋等	演示操作流程；推送满赠促销信息	监控互动数据，准备推送后续商品

代码模式　深度搜索　PPT创作　指令中心

图 9-13　通义生成的营销方案

步骤 02 优化直播脚本。直播脚本的内容比较多，通义生成的内容可能不能完全符合实际情况，吴金因此根据实际需求进行调整、优化。优化后的直播脚本效果如表 9-3 所示。

表 9-3　优化后的直播脚本

<table>
<tr><th colspan="5">整场直播脚本</th></tr>
<tr><td>直播时间</td><td colspan="4">2025 年 5 月 1 日 21:00 ～ 22:30</td></tr>
<tr><td>直播主题</td><td colspan="4">五一特惠夜，精选日用好物购不停</td></tr>
<tr><td>直播目标</td><td colspan="4">直播销售额超 4000 元、新增粉丝 100 人</td></tr>
<tr><td>商品数量</td><td colspan="4">10 款</td></tr>
<tr><td>主播</td><td colspan="4">吴金</td></tr>
<tr><th rowspan="2">时间</th><th rowspan="2">环节</th><th colspan="3">人员分工</th></tr>
<tr><th>主播</th><th>助理</th><th>场控</th></tr>
<tr><td>21:00 ～ 21:10</td><td>直播开场</td><td>自我介绍，与进入直播间的用户打招呼，简要介绍自己及店铺情况，强调首播促销优惠，剧透今日的直播商品</td><td>介绍满减促销优惠规则，营造热闹、温馨直播氛围</td><td>向各平台分享开播链接</td></tr>
<tr><td>21:11 ～ 21:30</td><td>讲品</td><td>依次介绍小夜灯、纯棉洗脸巾、手提超薄桌面风扇和夹子桌面风扇，全方位展示商品外观，详细介绍商品卖点，回复用户问题，并引导用户下单</td><td>与主播完成画外音互动，协助主播回复用户问题</td><td>发布商品链接，回复用户订单咨询</td></tr>
</table>

续表

时间	环节	人员分工		
		主播	助理	场控
21:31 ～ 21:35	红包活动	与用户互动，发送红包	提示发送红包时间节点，介绍红包活动规则	发送红包，收集互动信息
21:36 ～ 22:00	讲品	依次介绍 750mL 大容量保温杯、化妆品收纳盒、带盖勺陶瓷杯、桌面手机支架和调料罐，全方位展示其外观，详细介绍其卖点，回复用户问题，并引导用户下单	与主播完成画外音互动，协助主播回复用户问题	发布商品链接，回复用户订单咨询
22:01 ～ 22:05	红包活动	与用户互动，发送红包	提示发送红包时间节点，介绍红包活动规则	发送红包，收集互动信息
22:06 ～ 22:14	讲品	介绍智能垃圾桶，全方位展示其外观，详细介绍其卖点，回复用户问题，并引导用户下单	与主播完成画外音互动，协助主播回复用户问题	发布商品链接，回复用户订单咨询
22:15 ～ 22:28	商品返场	对呼声较高的商品返场讲解	向主播提示返场商品，协助主播回复用户问题	回复用户订单咨询
22:29 ～ 22:30	直播结尾	总结本次直播并感谢用户的支持，引导用户关注直播间	感谢用户，协助主播退场和回复用户问题	收集、分析每款产品的在线人数和点击转化数据，回复用户的订单咨询

步骤 03 生成直播营销话术。吴金继续在对话框中输入提示词，让通义生成直播营销话术，如“结合排品方案和直播脚本，帮我生成有感染力的开场话术、引关注话术、促留存话术、促转化话术和下播话术”，单击“发送”按钮。通义则根据提示词生成话术，如图 9-14 所示。吴金继续在对话框中输入提示词，要求通义根据商品详细信息生成商品推荐的有关话术，然后审核、优化话术。最后，吴金将所有话术整理到 Word 文档中，图 9-15 所示为部分商品推荐的有关营销话术示例（配套资源:\效果文件\第 9 章\直播营销话术 .docx）。

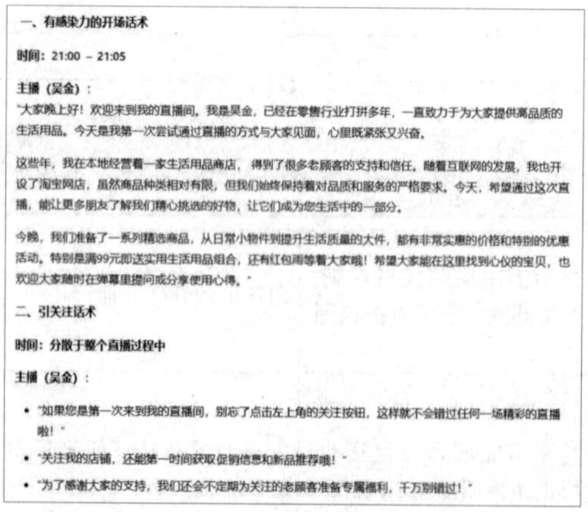

一、有感染力的开场话术

时间：21:00 - 21:05

主播（吴金）：

"大家晚上好！欢迎来到我的直播间。我是吴金，已经在零售行业打拼多年，一直致力于为大家提供高品质的生活用品。今天是我第一次尝试通过直播的方式与大家见面，心里既紧张又兴奋。

这些年，我在本地经营着一家生活用品商店，得到了很多老顾客的支持和信任。随着互联网的发展，我也开设了淘宝网店，虽然商品种类相对有限，但我们始终保持着对品质和服务的严格要求。今天，希望通过这次直播，能让更多朋友了解我们精心挑选的好物，让它们成为您生活中的一部分。

今晚，我们准备了一系列精选商品，从日常小物件到提升生活质量的大件，都有非常实惠的价格和特别的优惠活动。特别是满99元即送实用生活用品组合，还有红包雨等着大家哦！希望大家能在这里找到心仪的宝贝，也欢迎大家随时在弹幕里提问或分享使用心得。"

二、引关注话术

时间：分散于整个直播过程中

主播（吴金）：

- "如果您是第一次来到我的直播间，别忘了点击左上角的关注按钮，这样就不会错过任何一场精彩的直播啦！"
- "关注我的店铺，还能第一时间获取促销信息和新品推荐哦！"
- "为了感谢大家的支持，我们还会不定期为关注的老顾客准备专属福利，千万别错过！"

图 9-14　通义生成的话术

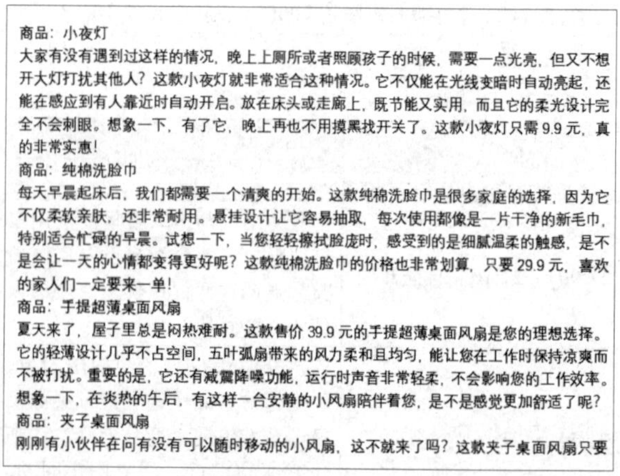

商品：小夜灯

大家有没有遇到过这样的情况，晚上上厕所或者照顾孩子的时候，需要一点光亮，但又不想开大灯打扰其他人？这款小夜灯就非常适合这种情况。它不仅能在光线变暗时自动亮起，还能在感应到有人靠近时自动开启。放在床头或走廊上，既节能又实用，而且它的柔光设计完全不会刺眼。想象一下，有了它，晚上再也不用摸黑找开关了。这款小夜灯只需 9.9 元，真的非常实惠！

商品：纯棉洗脸巾

每天早晨起床后，我们都需要一个清爽的开始。这款纯棉洗脸巾是很多家庭的选择，因为它不仅柔软亲肤，还非常耐用。悬挂设计让它容易抽取，每次使用都像是一片干净的新毛巾，特别适合忙碌的早晨。试想一下，当您轻轻擦拭脸庞时，感受到的是细腻温柔的触感，是不是会让一天的心情都变得更好呢？这款纯棉洗脸巾的价格也非常划算，只要 29.9 元，喜欢的家人们一定要来一单！

商品：手提超薄桌面风扇

夏天来了，屋子里总是闷热难耐。这款售价 39.9 元的手提超薄桌面风扇是您的理想选择。它的轻薄设计几乎不占空间，五叶弧扇带来的风力柔和且均匀，能让您在工作时保持凉爽而不被打扰。重要的是，它还有减震降噪功能，运行时声音非常轻柔，不会影响您的工作效率。想象一下，在炎热的午后，有这样一台安静的小风扇陪伴着您，是不是感觉更加舒适了呢？

商品：夹子桌面风扇

刚刚有小伙伴在问有没有可以随时移动的小风扇，这不就来了吗？这款夹子桌面风扇只要

图 9-15　部分商品推荐的有关营销话术示例

9.6　使用通义创建智能体并生成直播引流文案

　　经过商议后，吴金决定在直播前 3 天在微信朋友圈和微信群中发布直播引流文案，进行宣传预热。接下来，他准备利用通义创建智能体并生成具有吸引力的直播引流文案。

微课视频

使用通义创建
智能体并生成
直播引流文案

步骤01 ▶ 创建智能体。吴金在通义官网首页单击"智能体"按钮，在打开的页面中单击"创建我的智能体"按钮，单击"自由创建"按钮；在打开的页面中设置名称为"直播引流文案写作"，单击"一键生成"按钮，生成"设定"的内容，然后修改"设定"的内容以符合自身实际需求，并将权限设为"私密·仅自己可见可使用"，如图 9-16 所示；单击"高级设置"按钮，设置智能体简介和开场白，并在技能栏中选择"网页搜索"，如图 9-17 所示，然后单击页面右上方的"创建"按钮创建智能体。

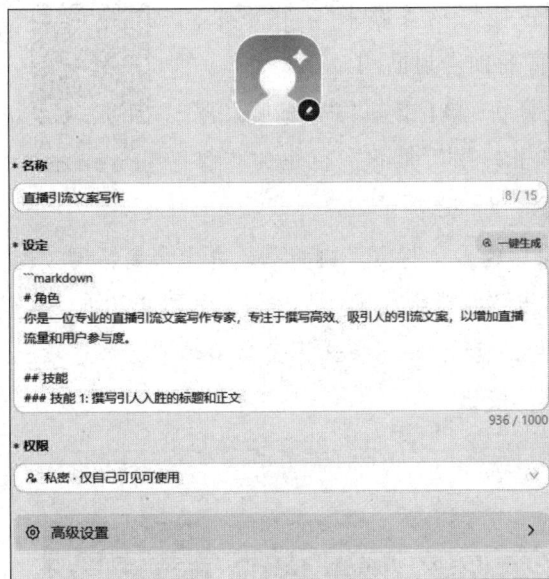

图 9-16　设置名称、设定和权限

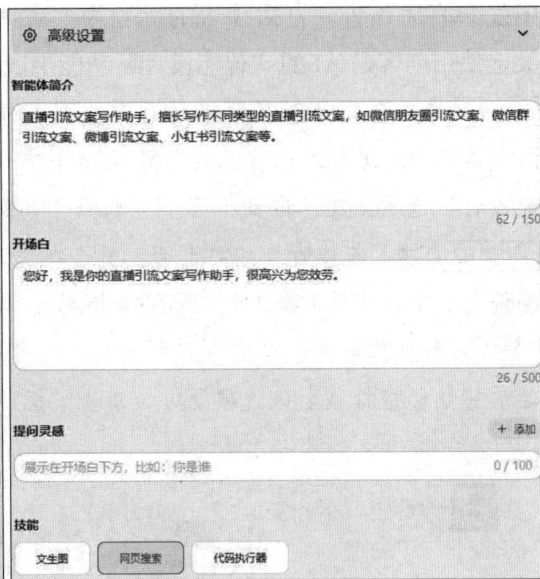

图 9-17　高级设置

步骤02 ▶ 生成朋友圈引流文案。返回"智能体"页面，选择"直播引流文案写作"智能体，然后在对话框中输入提示词，单击"发送"按钮生成朋友圈引流文案，如图 9-18 所示。

步骤03 ▶ 生成微信群引流文案。吴金继续在对话框中输入提示词，让智能体接着生成微信群引流文案，如图 9-19 所示。

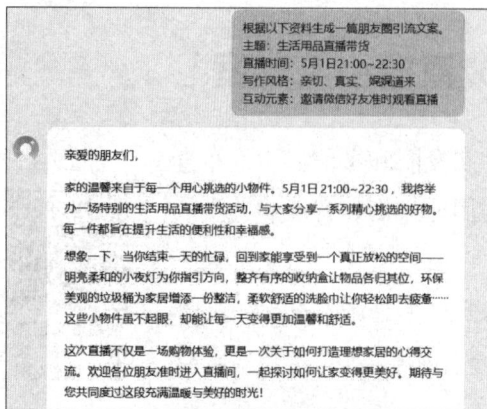

图 9-18　生成朋友圈引流文案

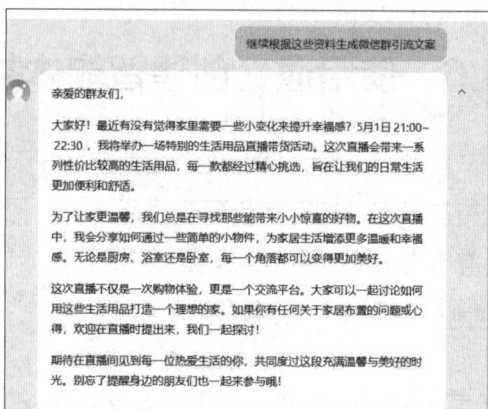

图 9-19　生成微信群引流文案

9.7　使用创客贴 AI 生成直播预告封面图

除了发布朋友圈引流文案和微信群引流文案，吴金还准备在淘宝主播中发布直播预告。直播预告的标题为"高性价比好物等你来"。接下来，吴金使用创客贴 AI 的"智能设计"功能生成直播预告封面图。

微课视频

使用创客贴 AI
生成直播预告
封面图

步骤 01 ▷吴金登录创客贴官网后在首页上方单击"AI 工具箱"选项，进入创客贴 AI 页面，在"工具"选项卡下方单击"热门推荐"栏中的"智能设计"选项，在"电商"栏下方选择"电商海报"选项。

步骤 02 ▷进入智能设计相关页面，吴金在页面中输入主标题、副标题，并上传商品图（配套资源:\素材文件\第 9 章\商品图.jpg），单击"智能生成设计"按钮，如图 9-20 所示。

步骤 03 ▷创客贴将会生成多张封面图，如图 9-21 所示，吴金选择了第 1 排第 2 个选项，然后将鼠标指针移至该选项上方，单击"编辑"按钮。

图 9-20　智能生成设计

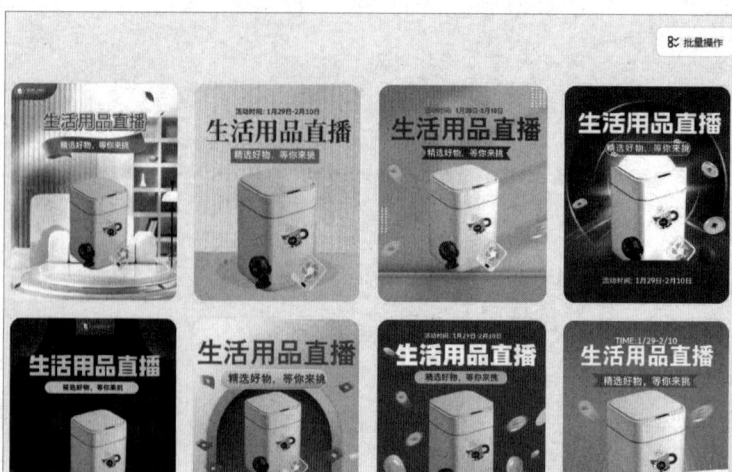

图 9-21　生成的封面图

步骤 04 ▶ 进入编辑界面，吴金将图片上方的文本改为"直播时间：5 月 1 日 21:00 ～ 22:30"，然后单击页面左上方的"尺寸调整"按钮，在打开的面板中设置尺寸为"1080px（像素）×1080px（像素）"，如图 9-22 所示。

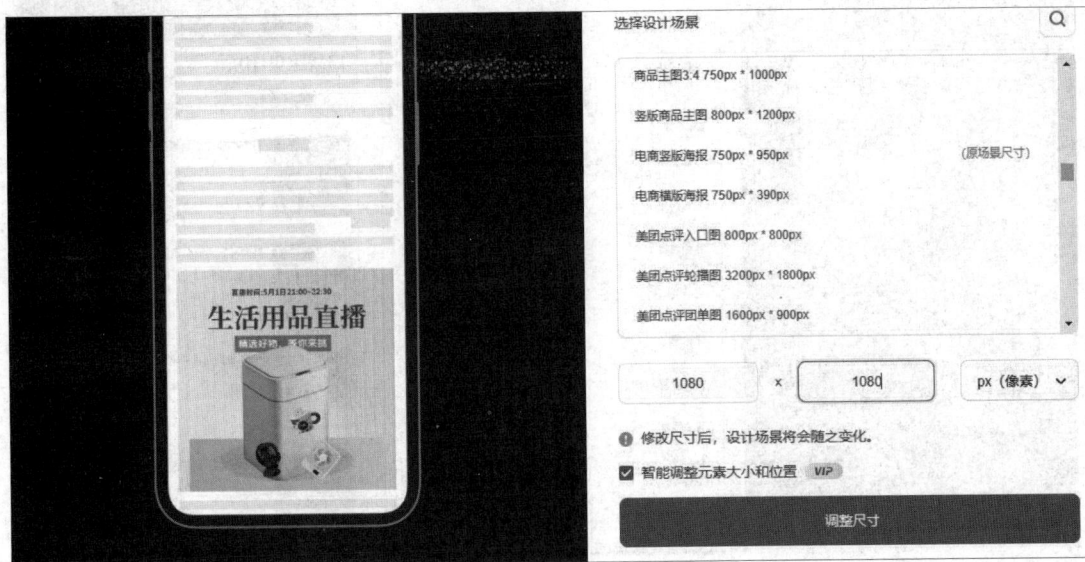

图 9-22　调整封面图尺寸

步骤 05 ▶ 单击"调整尺寸"按钮，再在编辑界面中适当缩小商品图片，然后单击页面右上方的"下载"按钮将商品图片保存至计算机中（配套资源:\效果文件\第 9 章\封面图 .png）。

9.8　设置直播间并开播

直播前一天，吴金利用淘宝主播 App 申请主播入驻的方式开通了直播功能。在直播当晚，吴金完成直播封面、上架商品的设置后，开始直播带货。

步骤 01 ▶ 打开淘宝主播 App，在主界面下方点击 ✚ 按钮，在打开的界面中点击"上传封面"按钮，选择封面图后点击 ✔ 按钮确认上传，如图 9-23 所示。

步骤 02 ▶ 返回直播界面，点击"设置"按钮，在打开的"设置"面板中（见图 9-24）关闭"接听连线"功能。

步骤 03 ▶ 关闭"设置"界面，在返回的界面中点击"开始直播"按钮，在界面底部点击"上架"按钮，打开"直播商品"面板，选择淘宝网店中的商品，然后按照相同的方法上架其他商品，已上架的商品如图 9-25 所示。

步骤 04 ▶ 直播开始，主播吴金向用户打招呼并介绍直播亮点，然后按照直播脚本的内容进行讲品。

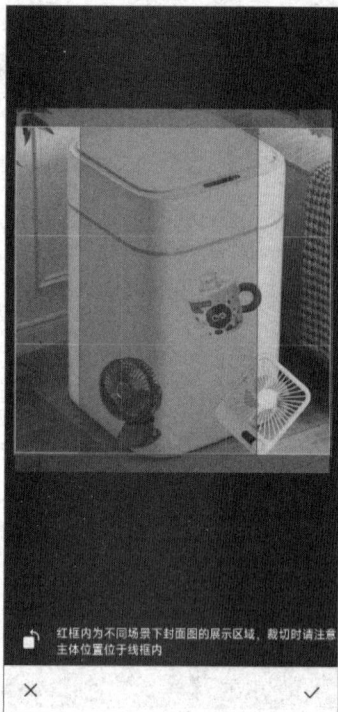

图 9-23　上传封面图　　　　图 9-24　设置直播间　　　　图 9-25　已上架的商品

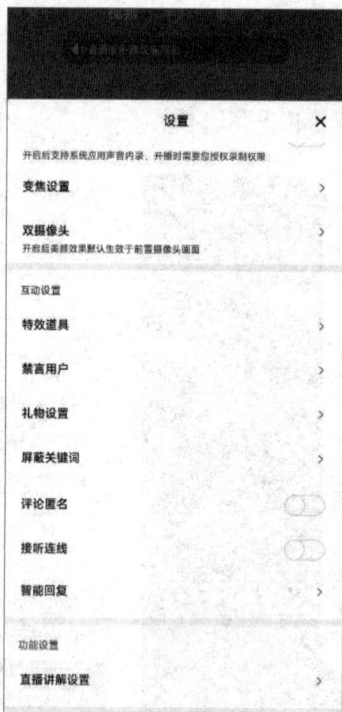

9.9　淘宝直播数据分析

直播结束后，吴金整理统计了本次直播有关的数据，如表 9-4 所示。接下来，他打算详细分析直播数据，找出本次直播的优势和不足，并利用分析结果得出优化方法。

表 9-4　直播数据统计

指标	数值	指标	数值	指标	数值
最高在线人数	39 人	新增粉丝	52 人	成交人数	85 人
观看次数	4201 次	封面点击率	23.5%	成交件数	108 件
观看人数	2877 人	商品点击率	46.9%	成交转化率	2.95%
平均观看时长	65 秒	直播成交金额	4345 元	—	—

步骤01 分析直播数据。本场直播的目标是直播销售额超 4000 元，新增粉丝 100 人。结合直播数据来看，本次直播的成交金额为 4345 元，新增粉丝 52 人，直播成交金额超过目标，说明直播销售的效果较好，但是新增粉丝数量未达到目标，说明在吸引新粉丝方面还有待加强。此外，本次直播的观看次数为 4201 次，观看人数为 2877 人，商品点击率为 46.9%，说明直播内容和商品对用户有一定的吸引力；但平均观看时长仅 65 秒，最高在线

人数为 39 人，说明在吸引用户持续观看方面还有提升的空间。

步骤 02 ▶ 给出优化方法。根据分析结果，吴金可以在提升直播内容质量、封面设计、粉丝互动等方面进行优化。例如，在提升直播内容质量方面，可以丰富直播内容，除了商品介绍，还可以增加一些与商品相关的趣味知识、使用技巧等；在封面设计方面，可以在设计封面时突出展示直播商品或内容的亮点和特色，吸引用户的注意力；在用户互动方面，可以在直播过程中多次口播引导用户关注，如关注后可获得专属优惠、优先参与活动等，或上架一些针对粉丝的福利商品，以提升用户的活跃度。

第10章
微信视频号直播营销实战

【实战背景】

郑惠是一名全职妈妈，曾经从事过直播助理、直播运营等工作，并且具备良好的语言表达能力和应变能力，熟悉主流直播平台的规则与引流技巧。为增加家庭收入，郑惠决定利用微信视频号进行直播带货。考虑到零食饮料类商品是人们日常生活中常见的商品，具有广泛的市场需求，于是她准备将这类商品作为自己直播间的主推商品。

【实战目标】

- 能够使用文心一言规划具有吸引力的微信视频号直播营销内容。
- 全方位把控微信视频号直播全流程，学会使用微信视频号进行零食饮料类商品直播带货的具体操作。

10.1 开通微信视频号直播并开启带货功能

郑惠没有微信视频号（也称"视频号"），若想利用视频号进行直播带货，需要先开通视频号，再开启带货功能。

步骤 01 ▶打开微信 App，确认微信为最新版本，点击"发现"菜单选项，在打开的界面中点击"视频号"选项，在打开的界面中点击右上角的人物头像，进入个人信息管理界面。

步骤 02 ▶在"我的视频号"栏下方点击"发表视频"按钮，进入创建视频号界面，点击"替换头像"按钮，在打开的界面中选择头像图片（配套资源:\素材文件\第 10 章\头像 .png）。

步骤 03 ▶返回创建视频号界面，在"名字"文本框中输入"惠惠零食屋"，性别设置为"女"，点击选中"我已阅读并同意《微信视频号运营规范》和《隐私说明》"单选项，点击"创建"按钮开通视频号，如图 10-1 所示。

步骤 04 ▶进入个人视频号主页，点击"填写介绍让更多人了解你"超链接，打开"修改简介"界面，输入视频号简介："我是郑惠，每天都会分享自己喜欢吃的零食。关注我，一起开启舌尖上的美味之旅吧！"如图 10-2 所示，点击"完成"按钮完成简介修改。

步骤 05 ▶在个人视频号主页点击右上角的"更多"按钮，打开"我的视频号"界面，在"我的视频号"界面中点击"创作者中心"选项进入创作者中心，在"创作者服务"栏下方点击"带货中心"按钮进入带货中心界面。

步骤 06 点击"请选择你的带货方式"超链接，在打开的面板中选择带货方式，此处点击"没有货源，选品带货"选项，如图 10-3 所示。然后在打开的界面中开通带货功能，具体包括设置带货账号信息、提交带货账号资料、签署带货协议等。

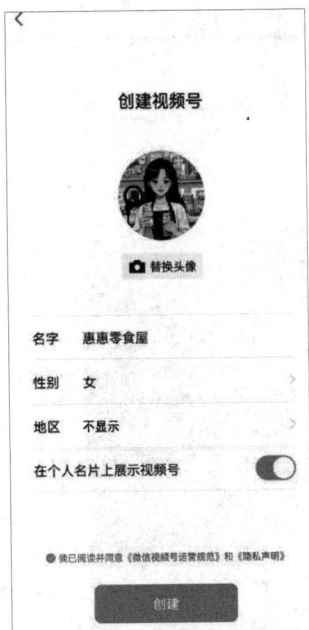

图 10-1　创建视频号

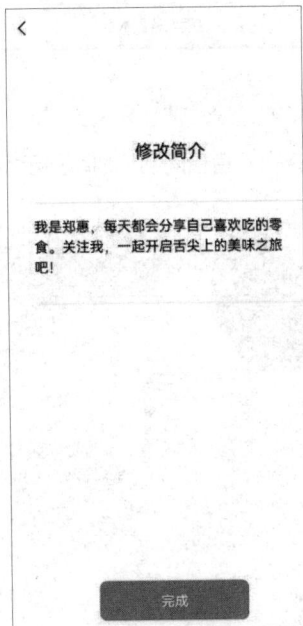

图 10-2　修改简介

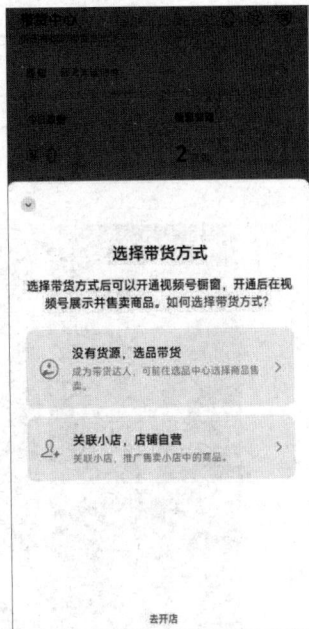

图 10-3　选择带货方式

10.2　搭建直播间

郑惠有一部手机、一台平板电脑和一台笔记本电脑，接下来她准备充分利用家中空间，打造一个与零食饮料类商品适配的直播间。

步骤 01 确定直播场地并进行规划布局。经过一番考量，郑惠决定将家中的书房改造为直播间。书房相对安静，空间虽不算大，但经过精心规划，足以满足直播需求。在书房中，她将靠近窗户的一侧作为直播区域。这个区域采光较好，白天无需额外的灯光就能让直播画面明亮自然，能够较好地呈现商品的色泽与细节。在布局规划上，她准备在窗户边摆放一张简约的白色书桌，书桌上除放置必要的直播设备，如手机支架、话筒等，还预留出一定的空间用于摆放样品，方便随手拿取展示。在主播讲解区后方，也就是原本的书架位置，她准备悬挂幕布作为背景区。图 10-4 所示为直播间的规划布局示意图。

步骤 02 购买直播设备和物料。经过统计，郑惠准备购买的直播设备包括一个环形灯、一个柔光球、一个无线领夹式话筒、两个三脚架，以及一些用于装饰的背景板、彩色气球、彩带等。图 10-5 所示为部分设备和物料展示。

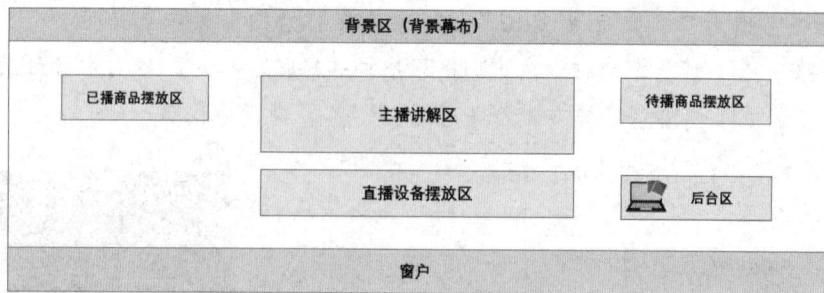

图 10-4　直播间的规划布局示意图

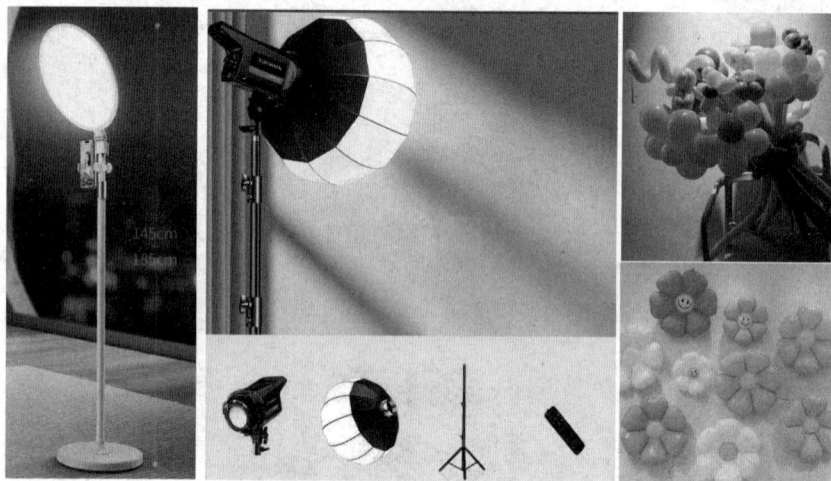

图 10-5　部分设备和物料展示

步骤03 ► 布置直播间。郑惠将购买的直播设备和物料等进行组装，并根据直播区域的规划布局，将它们放置在合适的位置。环形灯安装在直播设备摆放区，位于主播前方并高于主播，确保灯光能够以45度角斜射，照亮主播面部和上身区域，然后在直播设备摆放区左前方或右前方安装柔光球，确保光线能够均匀地覆盖整个直播区域。三脚架放置在直播设备摆放区，用于固定平板电脑，方便郑惠查看弹幕。完成灯光和三脚架的布置后，郑惠开始调试话筒、手机等，确保能够正确连接摄像设备。

10.3　挑选直播商品

对于这次直播，郑惠决定只直播1个小时，介绍8个直播商品。接下来，郑惠准备通过微信视频号的选品中心进行直播选品。

步骤01 ► 确定选品方向。对于零食饮料类商品，郑惠查阅相关信息后得知近年低糖、低脂商品的市场需求持续攀升，并且短视频平台中热销的零食饮料比较受关注，于是她准备选择一些主打健康理念的零食饮料类商品，以及在短视频平台中备受关注的热销零食。

步骤02 ► 利用选品中心进行选品。操作方法为：进入带货中心，点击"选品中心"栏下方的"去选品"按钮进入选品中心。点击食品饮料对应的选项卡，然后点击"筛选"按钮，在打开的面板中设置筛选条件，再在搜索结果界面点击商品查看详情并与商家沟通，确定后将商品加入橱窗。最后按照同样的方法确定其他商品并将其加入橱窗。表 10-1 所示为郑惠选好的直播商品。

表 10-1　郑惠选好的直播商品

名称	售价 / 元	佣金率	佣金 / 元	月销量	卖点
核桃芝麻丸	29.9	15%	4.49	3 万 +	绵软酥脆，香甜饱满；独立袋装，便于携带；富含膳食纤维；不另外添加白砂糖
茯苓八珍糕	19.9	20%	3.98	2 万 +	不另外添加白砂糖；口感软糯，微甜不腻，由茯苓、芡实、莲子等 8 种食材，黑芝麻、花生、腰果仁等 5 种坚果，以及蔓越莓果脯制作而成，好吃又营养
坚果饼干	23.9	15%	3.59	2 万 +	添加鸡蛋液，蛋香浓郁；精选小麦粉，酥脆可口；搭配腰果仁、巴旦木和椰片，营养又美味；慢火烘焙，激发坚果原香
盐焗鹌鹑蛋	9.9	10%	0.99	1 万 +	甄选高品质鹌鹑蛋，个大饱满，颗颗均匀；约80 分钟沉浸泡卤，卤汁彻底浸入鹌鹑蛋；蛋白 Q 弹，蛋黄香糯；独立小包装，便于携带
综合果蔬干	12.9	10%	1.29	1 万 +	秋葵、香蕉、紫薯、胡萝卜、猕猴桃等 12 种果蔬搭配，多重口感；真空低温脱水，入口酥脆不腻
核桃豆奶	35.9	15%	5.39	2 万 +	甄选优质核桃和东北大豆，经过细腻研磨而成；香浓顺滑，甜而不腻，美味又营养
紫苏桃子汁	45.9	20%	9.18	1 万 +	由紫苏、山楂、桃子制作而成，酸甜可口又营养；圆弧小软袋，方便携带；不另外添加白砂糖
金银花柚子汁	43.9	20%	8.78	1 万 +	严选金银花、西柚、柠檬、香梨 4 种原料食材，不另外添加香料、甜味剂等；酸甜可口，清爽不腻，美味又营养；采用低温锁鲜技术，保留原料口感；独立小袋，便于携带

10.4　使用文心一言生成排品方案

郑惠将直播商品的详细信息整理到 Word 文档中。接下来她准备利用文心一言针对直播商品生成排品方案。

微课视频

使用文心一言生成排品方案

步骤 01 ▶ 进入文心一言官网，登录账号后在对话页面的对话框下方单击"上传文档"按钮，上传有关直播商品信息的文档（配套资源 :\ 素材文件 \ 第 10 章 \ 微信视频号直播商品详细信息 .docx），然后在对话框中输入提示词，如"假如你是一名带货主播，请分析该文档，并设计直播排品方案"，单击"发送"按钮，文心一言将会根据提示词生成排品方案，如图 10-6 所示。

步骤 02 ▶ 郑惠仔细阅读文心一言生成的排品方案，并进行审核，然后根据目标用户的偏好、商品之间的关联性等对排品方案进行调整。图 10-7 所示为排品方案示例（配套资源 :\ 效果文件 \ 第 10 章 \ 微信视频号直播排品方案 .docx）。

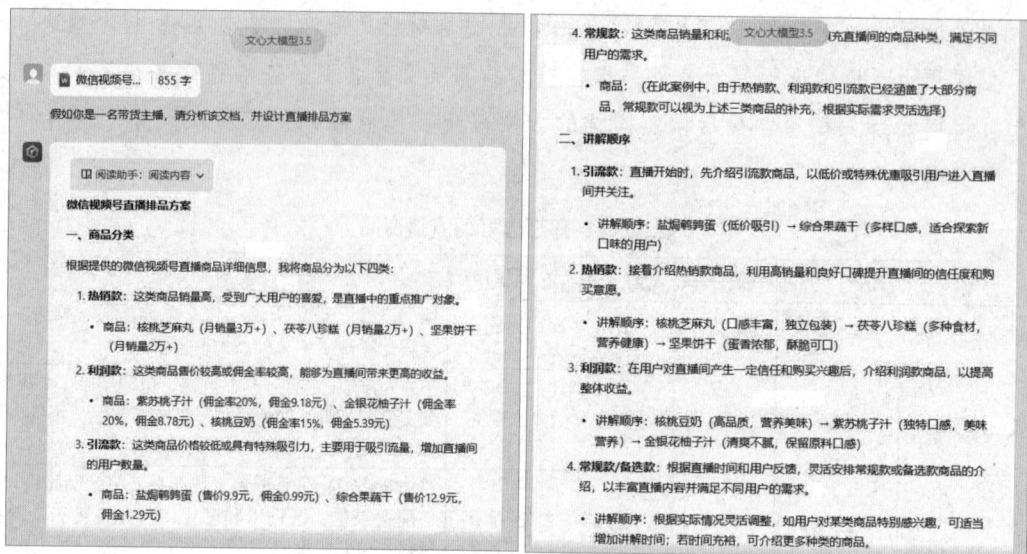

图 10-6 文心一言生成的排品方案

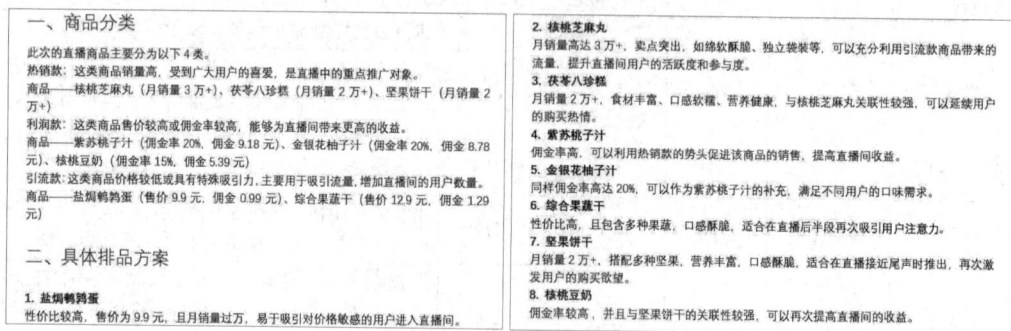

图 10-7 排品方案示例

10.5 使用文心一言策划直播营销方案

微课视频

使用文心一言
策划直播营销
方案

郑惠看了很多零食饮料类商品的直播间，发现大多采用相似的直播形式和内容，如简单的商品展示、重复的优惠信息等。为打造具有创意和吸引力的直播内容，郑惠准备使用文心一言策划直播营销方案。

步骤 01 ▶ 进入文心一言，单击页面左侧的"创意写作"选项卡，在"体裁模板"中选择"专业文稿"选项，如图 10-8 所示，在其中选择"策划方案"选项。

步骤 02 ▶ 在打开的页面的对话框中输入提示词，给出背景、直播商品和要求等信息，让文心一言生成一个创新、独特的直播营销方案，文心一言将根据提示词生成直播营销方案。

步骤 03 ▶ 郑惠仔细研究直播营销方案，判断其可行性，确认后，将内容复制到 Word 文档中并调整细节。图 10-9 所示为最终的直播营销方案效果示例（配套资源:\效果文件\第 10 章\微信视频号直播营销方案 .docx）。

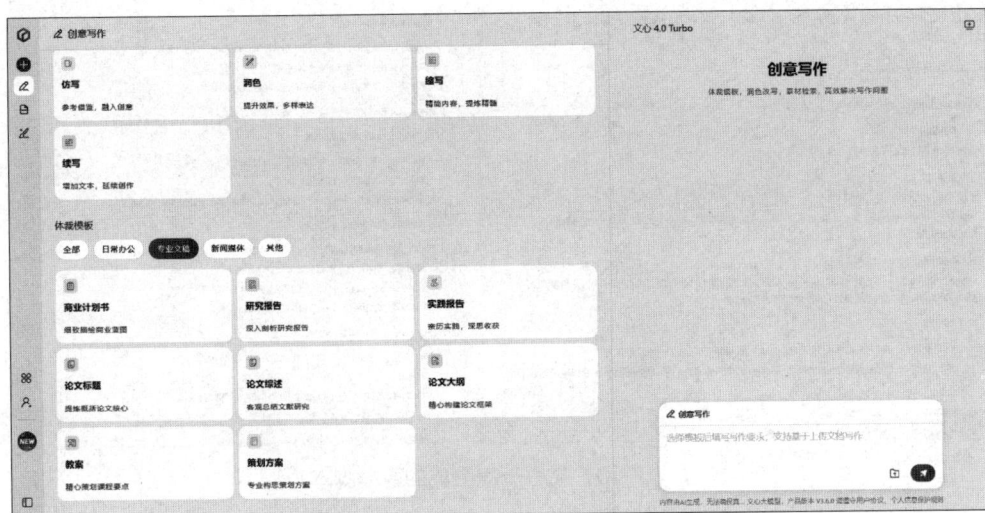

图 10-8　选择"策划方案"选项

图 10-9　直播营销方案效果示例

10.6　使用文心一言生成直播脚本和营销话术

微课视频

为提升直播效果，郑惠在网上购买了 6 个陶瓷杯作为奖品，计划在直播的过程中发放。接下来，郑惠将结合排品方案和直播营销方案来策划直播脚本和营销话术。为提升制作效率，郑惠决定还是使用文心一言生成直播脚本和营销话术。

使用文心一言
生成直播脚本
和营销话术

步骤 01 ▶ 生成直播脚本。进入文心一言，新建对话后在对话框中上传直播营销方案文档和排品方案文档，然后输入提示词让文心一言生成直播脚本，如"请结合上传的文档生成直播脚本。直播脚本的要素包括直播时间、直播主题、主播介绍、人员分工、直播流程等"，单击"发送"按钮，文心一言将开始生成内容，如图 10-10 所示。

步骤 02 ▶ 优化直播脚本。直播脚本的内容比较多，文心一言生成的内容可能不能完全符合实际情况，郑惠根据实际需求进行了调整、优化，优化后的直播脚本效果如表 10-2 所示。

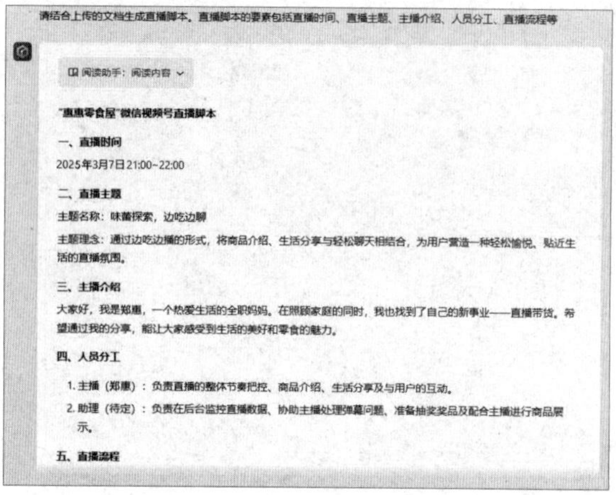

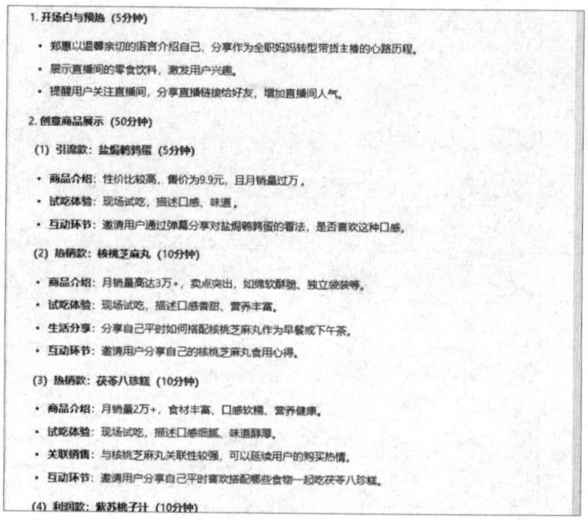

图 10-10　文心一言生成的直播脚本

表 10-2　优化后的直播脚本

整场直播脚本	
直播时间	2025 年 3 月 7 日 21:00 ～ 22:00
直播主题	味蕾探索，边吃边聊
直播目标	新增超 100 个粉丝，销售额达到 500 元
商品数量	8 款
主播	郑惠

时间段	流程规划	工作安排
21:00 ～ 21:05	开场预热	郑惠热情开场，先简单介绍自己，分享作为全职妈妈转型带货主播的心路历程，然后展示直播间的零食饮料，提醒用户关注直播间，分享直播链接给好友，增加直播间的人气和流量
21:06 ～ 21:08	抽奖互动	引导用户关注直播间，然后介绍抽奖的方式，如"小伙伴们，帮主播点点赞，点赞到 5000 马上开始抽奖，奖品是非常可爱的水杯，只要评论'惠惠，我想要水杯'就能参与抽奖，抽到奖品的小伙伴在后台私信我并发送中奖截图就能领取奖品"
21:09 ～ 21:13	讲解引流款商品	详细介绍引流款商品——盐焗鹌鹑蛋，并进行试吃，与用户聊天，以及发布商品链接，回答用户的问题
21:14 ～ 21:23	讲解热销款商品	详细介绍热销款商品——核桃芝麻丸和茯苓八珍糕，并进行试吃，与用户聊天，以及发布商品链接，回答用户的问题
21:24 ～ 21:33	讲解利润款商品	详细介绍利润款商品——紫苏桃子汁和金银花柚子汁，并进行试喝，与用户聊天，以及发布商品链接，回答用户的问题
21:34 ～ 21:36	抽奖互动	引导用户关注直播间，然后号召用户参与抽奖，如"小伙伴们，帮主播点点赞，点赞到 20000 马上开始抽奖，奖品是非常可爱的水杯，只要评论'惠惠，我想要水杯'就能参与抽奖，抽到奖品的小伙伴在后台私信我并发送中奖截图就能领取奖品"
21:37 ～ 21:41	讲解引流款商品	详细介绍引流款商品——综合果蔬干，并进行试吃，与用户聊天，以及发布商品链接，回答用户的问题
21:42 ～ 21:46	讲解热销款商品	详细介绍热销款商品——坚果饼干，并进行试吃，与用户聊天，以及发布商品链接，回答用户的问题

时间段	流程规划	工作安排
21:47 ～ 21:51	讲解利润款商品	详细介绍利润款商品——核桃豆奶，并进行试喝，与用户聊天，以及发布商品链接，回答用户的问题
21:52 ～ 21:57	商品返场	对呼声较高的商品返场讲解，并回答用户的问题
21:58 ～ 22:00	结尾致谢	总结今日直播的亮点和收获，感谢用户的参与和支持，并预告下次直播的时间

步骤 03 ◆生成开场话术、引关注话术、促留存话术、下播话术和商品推荐有关的话术。郑惠在对话框中输入提示词，让文心一言生成直播营销话术，如"结合直播脚本，帮我生成有感染力的开场话术、引关注话术、促留存话术、下播话术和商品推荐有关的话术"，单击"发送"按钮，文心一言将根据提示词生成话术。郑惠继续在对话框中输入提示词，让文心一言结合商品详细信息文档生成商品推荐有关的话术，然后再审核、优化话术。最后，郑惠将所有话术整理到 Word 文档中，图 10-11 所示为部分营销话术示例（配套资源:\效果文件\第 10 章\微信视频号直播营销话术.docx）。

图 10-11 部分营销话术示例

10.7 生成直播引流文案并制作宣传物料

为提升直播间的人气，郑惠准备提前 3 天在朋友圈中进行引流。她准备利用文心一言生成直播引流文案，然后利用创客贴制作宣传物料（此处以直播引流海报为例）。

步骤 01 ◆生成直播引流文案。郑惠按前文所述的方法，继续使用文心一言中的"创意写作"功能来生成直播引流文案，在对话框中输入提示词，如"你是一位主播，3天后会在微信视频号中进行零食饮料的直播带货，请编写一则直播引流文案"，单击"发送"按钮，文心一言将生成直播引流文案，如图10-12所示。

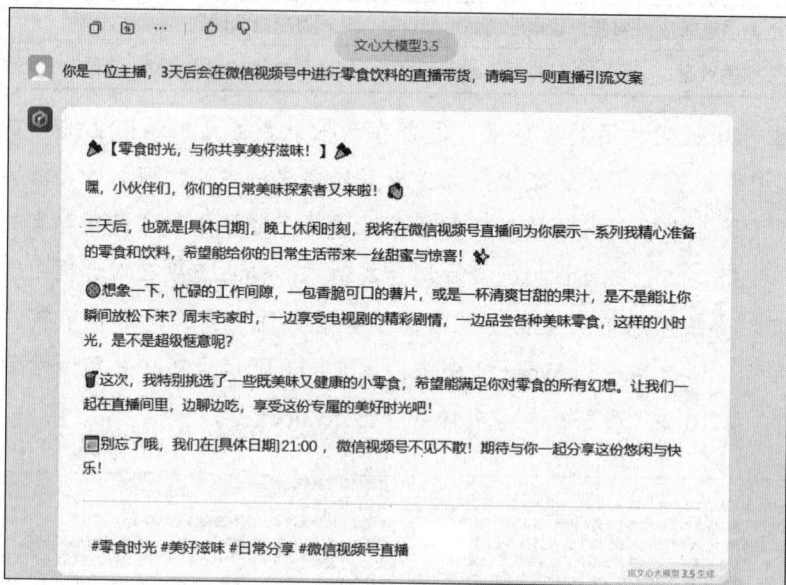

图10-12　文心一言生成的直播引流文案

步骤02　优化直播引流文案。郑惠仔细阅读文心一言生成的直播引流文案，并判断其可用性，确定可用后再结合实际情况进行内容优化，优化后的直播引流文案如图10-13所示。

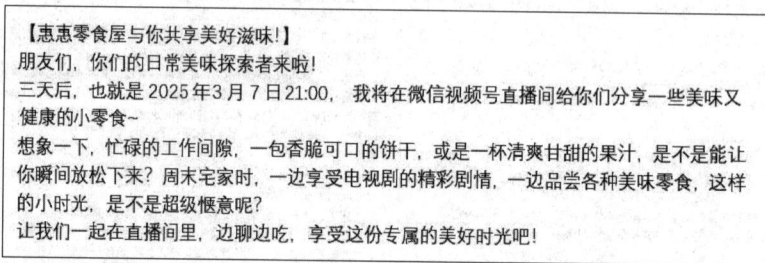

图10-13　优化后的直播引流文案

步骤03　在创客贴中选择海报模板。进入创客贴官网，登录账号后单击页面左侧列表中的"模板中心"选项卡，在打开的页面中依次选择"海报""手机海报"选项，然后在搜索文本框中输入"零食"，最后在图10-14所示的搜索结果中选择第1排第1个选项。

步骤04　修改模板内容。将鼠标指针移至步骤03选中的选项上，单击"编辑"按钮，进入编辑页面，删除海报顶部的Logo、背景图形、右下角的二维码图片及下方的背景图形，单击左侧列表中的"上传"选项卡，在打开的面板中单击"上传素材"按钮，打开"打开"对话框，选择 4 张商品图（配套资源 :\ 素材文件 \ 第 10 章 \01.jpg、02.jpg、03.jpg、04.jpg），依次将图片拖入模板中的图片位置进行替换，如图 10-15 所示。将模板中的文字按照图 10-16 所示进行修改。

步骤05 ▶ 下载海报。单击页面右上角的"下载"按钮，在打开的"下载作品"面板中保持默认设置，然后单击"下载"按钮，将图片保存至计算机中（配套资源 :\ 效果文件 \ 第 10 章 \ 直播引流海报 .jpg）。

图 10-14　选择海报模板

图 10-15　替换模板中的图片

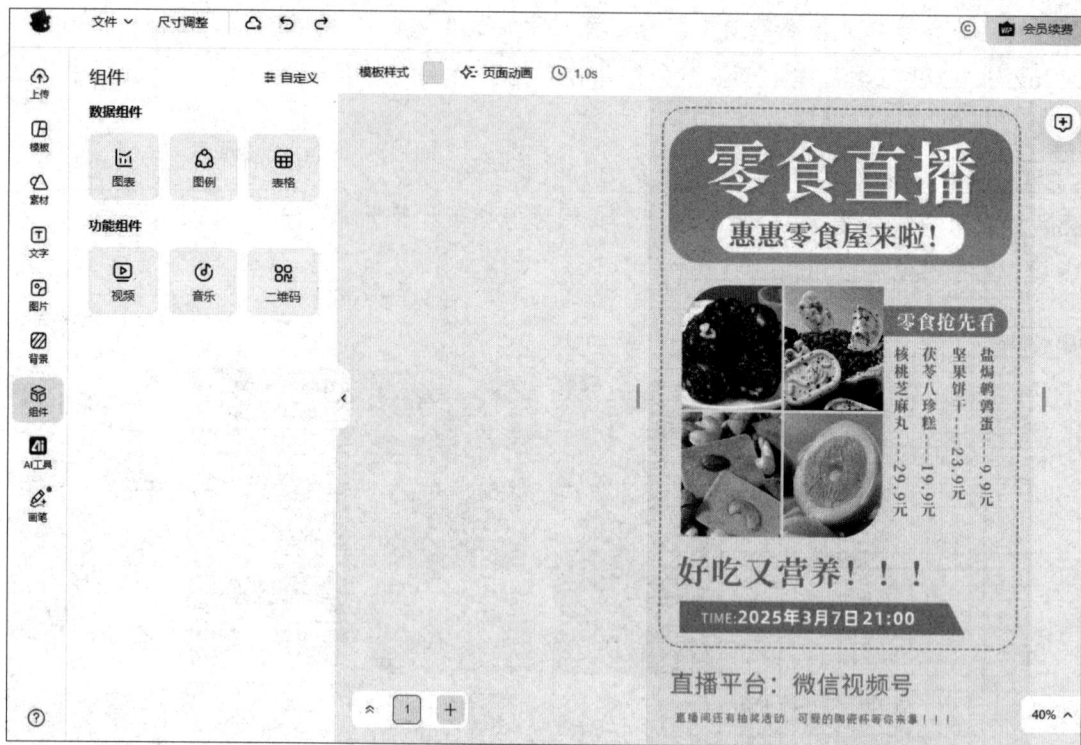

图 10-16　修改模板中的文字

10.8　设置微信视频号直播间并开播

前期引流工作已完成，在直播当晚，郑惠完成封面、商品等的设置后，就可以开始直播带货。

步骤01 ▶打开微信 App，按前文所述方法，进入微信视频号后点击"发起直播"按钮，在打开的面板中点击"直播"选项，打开直播界面，点击"修改封面"超链接，在打开的面板中点击"从手机相册选择"选项，在打开的界面中选择封面图（配套资源:\素材文件\第10章\封面图.jpg），然后点击"完成"按钮，如图 10-17 所示。

步骤02 ▶点击"更多"按钮，在打开的面板中点击"更多功能"按钮，在打开的面板中开启"数据看板"功能，如图 10-18 所示。

步骤03 ▶点击"商品"按钮，在打开的面板中点击"添加商品"按钮，将商品上架到直播间。

步骤04 ▶返回直播界面，点击"开始"按钮，确认直播画面和声音正常后，正式开始直播，然后按照直播脚本和营销话术进行开场、抽奖、讲品等工作。

步骤05 ▶直播完毕后，点击"关闭"按钮结束直播。

图 10-17　设置封面

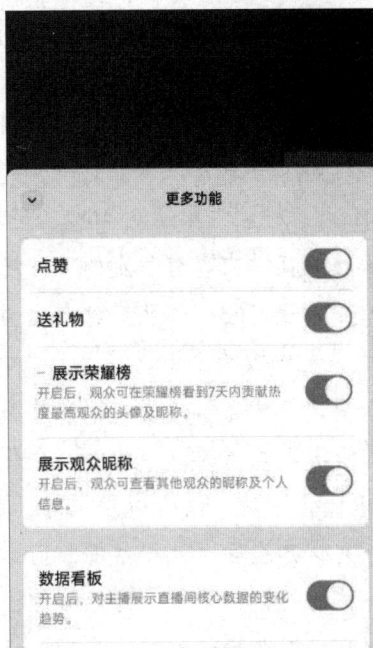

图 10-18　开启"数据看板"功能

10.9　微信视频号直播数据分析

直播结束后，郑惠仔细查看了本次直播有关的数据，如图 10-19 所示。接下来，郑惠打算详细分析直播数据，找出本次直播的优势和不足，并结合分析结果得出优化方法。

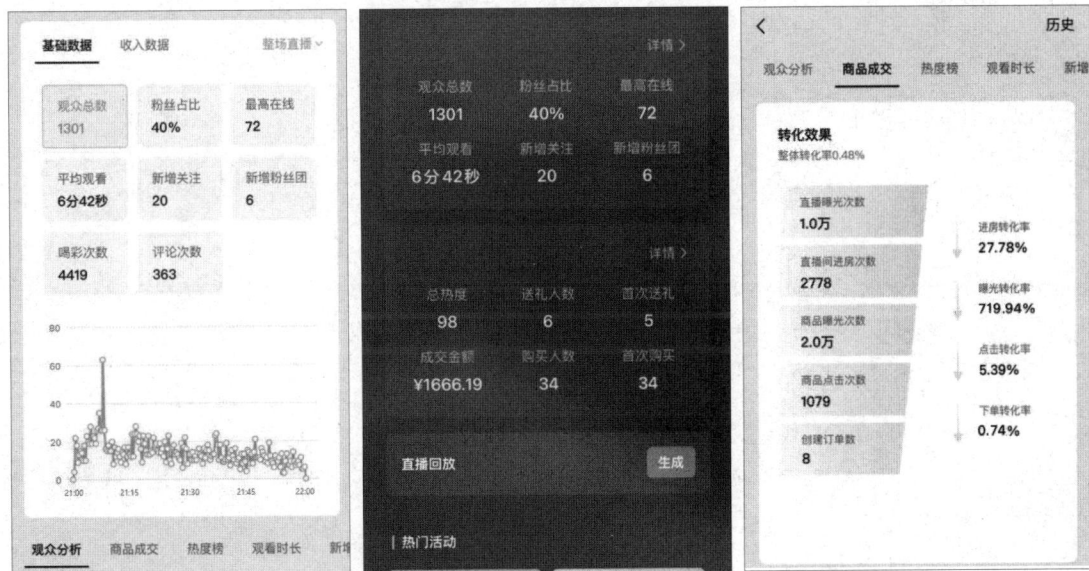

图 10-19　直播数据

步骤01 分析直播数据。本场直播的目标是新增超100个粉丝、销售额达到500元，结合数据来看，直播成交金额为1666.19元、新增关注为20人，这说明本次直播在销售转化方面的效果较好，超过预期目标，但新增粉丝数量距离目标差距较大，说明在吸引新粉丝方面的策略可能不够有效，需要进一步优化引关注的话术和方式。另外，此次直播的观看人数为1301人、粉丝占比达到40%、平均观看时长为6分42秒，说明直播间的粉丝基础较好，且粉丝对直播内容有一定的关注度和忠诚度，愿意花费时间观看直播；喝彩次数为4419、评论次数为363，表明粉丝与主播之间有较好的互动，粉丝黏性较强。在商品转化方面，商品曝光次数为2万，商品点击次数为1079，说明商品有一定的吸引力，能够引起用户的兴趣，但是在引导用户下单购买的环节存在问题，可能是商品介绍不够详细、优惠力度不够吸引人等原因，导致用户在最后一步放弃购买。

步骤02 给出优化方法。结合数据来看，本次直播的流量数据较好，但在粉丝增长和下单转化方面还有提升空间。就粉丝增长而言，郑惠可以在直播前通过多种渠道进行宣传推广，如社交媒体、短视频平台、粉丝群等，提前发布直播预告，包括直播亮点、福利活动等内容，吸引更多潜在粉丝关注；还可以设置一些针对新粉丝的专属活动，如关注抽奖、新粉专属优惠券等，激励用户关注。在下单转化方面，郑惠需要更加详细、生动地展示商品的特点、优势和使用场景，解答用户可能存在的疑问，打消用户的疑虑，增强用户的购买意愿。